여러분의 합격을 응원하는
해커스경찰의 특별 혜택!

KB141455

FREE 경찰 형사소송법 **특강**

해커스경찰(police.Hackers.com) 접속 후 로그인 ▶ 상단의 [무료강좌 → 경찰 무료강의] 클릭하여 이용

해커스경찰 온라인 단과강의 **20% 할인쿠폰**

5A38F6CFE8695T5N

해커스경찰(police.Hackers.com) 접속 후 로그인 ▶ 상단의 [내강의실] 클릭 ▶
[쿠폰/포인트] 클릭 ▶ 쿠폰번호 입력 후 이용

* 등록 후 7일간 사용 가능(ID당 1회에 한해 등록 가능)

쿠폰 이용 관련 문의 **1588-4055**

단기 합격을 위한

해커스 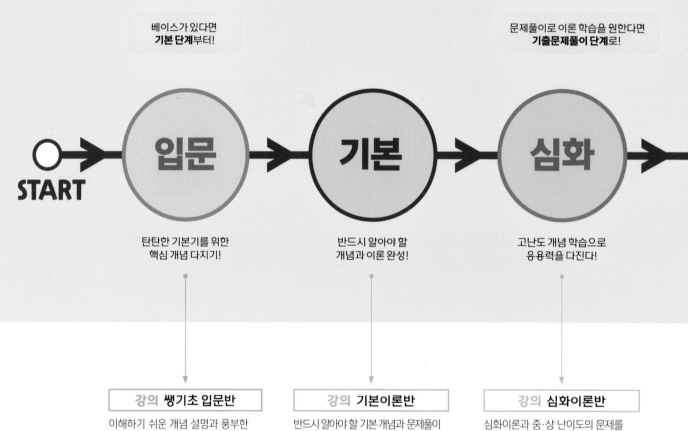 커리큘럼

베이스가 있다면 기본 단계부터!

문제풀이로 이론 학습을 원한다면 기출문제풀이 단계로!

START

입문 → **기본** → **심화**

탄탄한 기본기를 위한
핵심 개념 다지기!

반드시 알아야 할
개념과 이론 완성!

고난도 개념 학습으로
응용력을 다진다!

강의 쌩기초 입문반

이해하기 쉬운 개념 설명과 풍부한
연습문제 풀이로 부담 없이 기초를
다질 수 있는 강의

강의 기본이론반

반드시 알아야 할 기본 개념과 문제풀이
전략을 학습하여 핵심 개념 정리를
완성하는 강의

강의 심화이론반

심화이론과 중·상 난이도의 문제를
함께 학습하여 고득점을 위한 발판을
마련하는 강의

* 커리큘럼은 과목별·선생님별로 상이할 수 있으며, 자세한 내용은 해커스경찰 사이트에서 확인하세요.

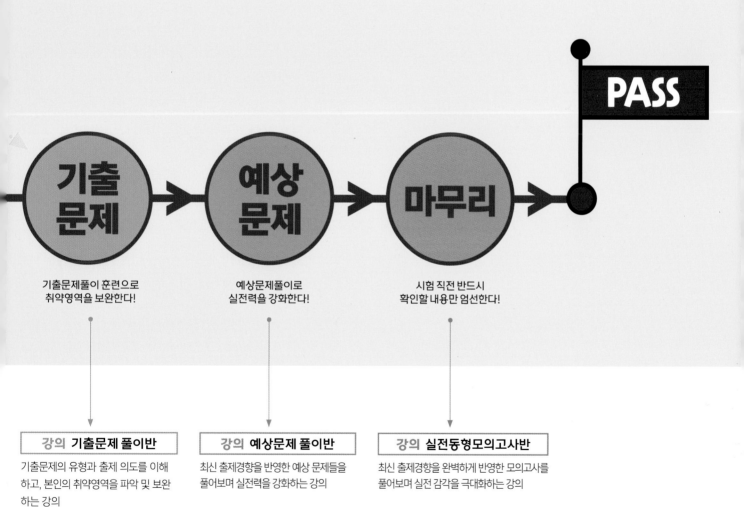

**기출
문제**

**예상
문제**

마무리

PASS

기출문제풀이 훈련으로
취약영역을 보완한다!

예상문제풀이로
실전력을 강화한다!

시험 직전 반드시
확인할 내용만 엄선한다!

강의 기출문제 풀이반

기출문제의 유형과 출제 의도를 이해
하고, 본인의 취약영역을 파악 및 보완
하는 강의

강의 예상문제 풀이반

최신 출제경향을 반영한 예상 문제들을
풀어보며 실전력을 강화하는 강의

강의 실전동형모의고사반

최신 출제경향을 완벽하게 반영한 모의고사를
풀어보며 실전 감각을 극대화하는 강의

강의 봉투모의고사반

시험 직전에 실제 시험과 동일한 형태의
모의고사를 풀어보며 실전력을 완성하는 강의

해커스 **갓대환**만 따라가면 누구나 합격!

쏟아지는 경찰승진 합격수기!

do*****8

승진시험 고득점 합격!

어제 시행된 경찰승진 시험 형법, 형사소송법 고득점했습니다. 여러모로 회사 다니면서 공부하려니 개인사 등의 문제로 공부를 열심히 한 건 아니었는데, **선생님이 포인트 잡아 주신 부분에서 많이 출제되어서 가성비 높은 공부를 하였습니다.** 채용 때부터 승진까지 많은 도움을 받고 있습니다. 정말 감사합니다.

cih1***

경찰 승진시험 합격!

2016년도에 윌비스에서 듣다가 형소법이 두문자가 너무 많고 성적이 안 올라서 **김대환 선생님 기출강의 무료로 해주시길래 갈아타서 수강했구요. 그 뒤로 계속 형소법 90점에서 95점 나와서 채용 합격하고, 이번에 승진시험 초시로 봤는데 합격했습니다!** 다시금 고르라고 해도 무조건 갓대환입니다. 감사합니다.

wo******3

승진시험 합격!

채용 때부터 형소법 김대환 선생님 것 듣고 올해 늦은 시기에 승진 준비하면서 형법강의도 하시는 걸 알게 되어서 **두 과목 다 선생님 강의만 듣고 준비했는데 부족한 공부시간에도 불구하고 형법 2개 틀리고 형소법 100점 맞아서 승진 시험에 합격했네요.** 감사합니다. 모두 갓대환님만 믿고 따라가면 됩니다.

해커스경찰

갓대환
형사법 형사소송법 (공판)
핵심요약집

해커스경찰

김대환

약력

현 | 해커스 경찰학원 형사법·형법·형사소송법 강의
전 | 경찰공제회 경찰 채용 형법·형사소송법 강의
  김대환 경찰학원 형법·형사소송법 강의
  아모르이그잼경찰 / 메가CST 형사소송법 대표교수
  경찰대학교 행정학과 졸업(16기)
  용인대학교 경찰행정학과 석사 수료
  사법시험 최종합격(제46회, 2004)
  사법연수원 수료(제36기)

저서

갓대환 형사법 기본서 1권 형법, 해커스경찰
갓대환 형사법 기본서 2권 형사소송법(수사와 증거), 해커스경찰
갓대환 형사법 기본서 3권 형사소송법(공판), 해커스경찰
갓대환 형사법 핵심요약집 형법, 해커스경찰
갓대환 형사법 핵심요약집 형사소송법(수사와 증거), 해커스경찰
갓대환 형사법 핵심요약집 형사소송법(공판), 해커스경찰
갓대환 형사법 기출총정리, 해커스경찰
갓대환 형법 기출1200제, 해커스경찰
갓대환 형사소송법 기출1000제, 해커스경찰
갓대환 형법 기적의 특강, 해커스경찰
갓대환 형사소송법 기적의 특강, 해커스경찰
갓대환 형사법 진도별 문제풀이 1000제 1차 시험 대비, 해커스경찰
갓대환 형사법 진도별 문제풀이 1000제 2차 시험 대비, 해커스경찰
갓대환 형사법 심화문제집, 해커스경찰
갓대환 형사법 전범위 모의고사, 해커스경찰
갓대환 형법/형사소송법 진도별 문제풀이 500제, 해커스경찰
갓대환 형법/형사소송법 기본서, 해커스경찰
갓대환 핵심 요약집 형법/형사소송법, 해커스경찰
갓대환 형법 기출 1200제, 멘토링
갓대환 형법 기적의 특강 with 5개년 최신판례, 멘토링
갓대환 형법, 형사소송법 승진 삼삼 모의고사, 멘토링
갓대환 형법, 형사소송법 경찰 오오 모의고사, 멘토링
갓대환 형법 적중 모의고사: 시즌1, 시즌2
갓대환 형법/형사소송법 단원별 문제풀이

기적의 적중률로 합격을 이끌어 내라!

저자는 2007년부터 노량진에서 형법강의를 시작하였으며, 현재는 형사소송법까지 강의하고 있습니다. 2022년부터 과목개편이 있어, 형법과 형사소송법을 포함한 교재인 형사법으로 출간하였습니다.

공무원 시험은 판례와의 싸움입니다. 시험문제마다 '다툼이 있으면 판례에 의함'이라는 전제가 붙어 있습니다. 중요한 판례는 모두 담아서 굳이 기본서를 다시 확인할 필요가 없도록 하였습니다. 또한 판례의 키워드만 적시한 기존의 요약서와는 달리 판결요지까지 수록하였으며, 그중에 중요한 내용은 색자와 볼드로 구분하여 그것만 읽어도 판례를 이해할 수 있도록 구성하였습니다.

〈2025 해커스경찰 갓대환 형사법 핵심요약집 형사소송법(공판)〉의 특징을 간략히 소개하면 다음과 같습니다.

첫째, 2023년 최신 판례와 최신 기출문제를 반영하였습니다.

둘째, 판례마다 경찰채용, 경찰간부, 경찰승진, 국가직 7급·9급, 사법시험, 변호사시험 등의 기출문제를 반영하여 표시하였습니다.

더불어 경찰공무원 시험 전문 해커스경찰(police.Hackers.com)에서 학원강의나 인터넷 동영상강의를 함께 이용하여 꾸준히 수강한다면 학습효과를 극대화할 수 있을 것입니다.

이 책이 세상 밖으로 나올 수 있도록 도와주신 모든 분들께 고마움을 전합니다. 더불어 이 책이 공무원 수험준비로 힘든 생활 속에서도 열심히 공부하는 모든 수험생들에게 합격의 초석이 되길 간절히 기원합니다.

2024년 4월
김대환

목차

제4편 상소 · 비상구제절차 · 특별절차

2025 해커스경찰
갓대환 형사법 핵심요약집
형사소송법(공판)

형사소송법

해커스경찰

police.Hackers.com

2025 해커스경찰
갓대환 형사법 핵심요약집
형사소송법(공판)

제1편

서론

제1편 서론

제1절 형사소송법의 의의와 성격

01 의의

개념	형사절차(수사 · 공판 · 형집행)를 규율하는 법률체계
형법과 형사소송법	① 형법은 형벌권의 발생요건과 법률효과를 규율하는 실체법 ② 형사소송법은 형법에 기초하여 발생한 형벌권을 구체적으로 실현하기 위한 법적 절차를 규율하는 절차법
형사절차 법정주의	국민의 인권침해 방지를 위하여 형사절차는 국회에서 제정한 형식적 의미의 법률로써 규정해야 한다는 원칙

02 성격

형사법	형사소송법은 형사법이며, 그 시대의 정치적 상황을 반영하므로 민사법에 비하여 정치적 성격이 강함
절차법	형사소송법은 절차법으로 기술적 성격이 강함 ➡ 형법은 윤리적 · 도덕적 성격
공법	형사소송법은 국가와 국민 사이의 법률관계를 규율하는 공법에 해당하고 배분적 정의실현을 목적으로 함 ➡ 민사법은 평균적 정의실현(《주의》 형사소송법은 평균적 정의실현을 목적으로 한다. ×)
사법법	형사소송법은 국가 사법작용의 행사방법을 규율하는 사법법(司法法)에 해당하고, 상대적으로 합법성 또는 법적 안정성을 중시 ➡ 행정법 등은 합목적성 중시

제2절 형사소송법의 법원(法源)과 적용범위

01 법원

헌법	① 헌법에 규정된 각종 형사절차에 관한 사항은 형사소송법의 법원이 됨 ② **헌법에 규정된 사항** 14·16·17. 경찰승진, 15·17·19. 경찰간부, 16·18. 경찰채용 　ⓐ 형사절차법정주의와 적법절차원칙 　ⓑ 고문금지와 진술거부권 　ⓒ 영장주의와 영장주의의 예외 　ⓓ 변호인의 조력을 받을 권리와 국선변호인 제도 　ⓔ 체포·구속의 이유와 변호인선임권을 고지받을 권리 등 　ⓕ 체포·구속적부심사청구권 　ⓖ 자백배제법칙과 자백보강법칙 　ⓗ 일사부재리의 원칙 　ⓘ 재판을 받을 권리와 신속한 공개재판을 받을 권리 　ⓙ 무죄추정의 원칙 　ⓚ **범죄피해자의 재판절차진술권과 범죄피해자 구조제도** 　ⓛ 형사보상청구권 　ⓜ 국회의원의 불체포특권·면책특권 및 대통령의 불소추특권 　ⓝ 법원의 조직과 권한에 관한 규정 　ⓞ 헌법재판소의 조직과 권한(헌법소원 등)에 관한 규정 등
법률	형사절차법정주의 원칙상 법률은 가장 중요한 형사소송법의 법원이 됨 ① 형식적 의미의 형사소송법: '형사소송법'이란 명칭을 가진 법률 ② 실질적 의미의 형사소송법 　㉠ 법원조직법, 검찰청법, 경찰관 직무집행법 등 　㉡ 국민의 형사재판참여에 관한 법률, 소년법, 치료감호법, 군사법원법, 즉결심판에 관한 절차법, 소송촉진 등에 관한 특례법 등
대법원규칙	① 법률에 저촉되지 아니하는 범위 안에서 소송에 관한 절차 등을 규율한 대법원규칙은 형사소송법의 법원이 됨 ② 형사소송규칙, 소년심판규칙, 법정좌석에 관한 규칙, 법정방청 및 촬영 등에 관한 규칙 등
대통령령	상호협력·수사준칙규정은 검사와 사법경찰관의 상호협력과 일반적 수사준칙을 규정한 것으로 형사소송법의 법원이 됨
법무부령	① 재기수사의 명령이 있는 사건에 관하여 지방검찰청 검사가 다시 불기소처분을 하고자 하는 경우에는 미리 그 명령청의 장의 승인을 얻도록 한 **검찰사건사무규칙의 규정은 법규적 효력을 가진 것이 아님** ② **검찰징수사무규칙**은 벌금형 등의 집행에 관한 사항을 정한 것으로서 그 근거나 입법형식 및 내용에 비추어 대외적으로 구속력을 갖는 법규명령이라고 할 것이고 이를 검찰청 내부의 사무처리준칙에 불과하다고 볼수는 없어 **법규적 효력을 인정**

02 적용범위

인적 · 장소적 적용범위	원칙	① 속지주의: 형사소송법은 **대한민국 영역 내에서** 죄를 범한 내국인과 외국인에게 적용됨 ② 속인주의: 형사소송법은 대한민국 영역 외에서 죄를 범한 **내국인**에게 적용됨 ③ 보호주의: 형사소송법은 대한민국 영역 외에서 **대한민국 또는 대한민국 국민에 대하여 죄를 범한 외국인**에게 적용됨

	예외	① 국내법상 예외
		  ⊙ **대통령**은 내란 또는 외환의 죄를 범한 경우를 제외하고는 재직 중 형사상의 소추를 받지 아니함
		  ⓒ **국회의원**은 현행범인인 경우를 제외하고는 회기 중 국회의 동의 없이 체포 또는 구금되지 아니함 15. 경찰간부, 17. 경찰승진
		  ⓒ **국회의원**이 회기 전에 체포 또는 구금된 때에는 현행범인이 아닌 한 국회의 요구가 있으면 회기 중 석방됨
		  ⓔ **국회의원**은 국회에서 직무상 행한 발언과 표결에 관하여 국회 외에서 책임을 지지 아니함
		② 국제법상 예외
		  ⊙ 외국의 원수, 그 가족 및 대한민국 국민이 아닌 수행자
		  ⓒ 신임받은 외국의 사절, 그 직원 및 가족(예 외국의 대사와 공사)
		  ⓒ 한미주둔군지위협정에 의하여 재판권이 면제되는 미군 등

시간적 적용범위		① 형사소송법은 시행시부터 폐지시까지 효력을 가짐 ② 형사소송법은 절차법이기 때문에 형법과 같은 엄격한 **소급효금지의 원칙이 적용되지 않으며**, 법률의 변경이 있는 경우에 신법 · 구법의 적용 여부는 입법정책의 문제에 속함 14. 경찰채용

형사소송법 부칙(2007.6.1. 법률 제8496호로 일부개정된 것)

제1조 【시행일】 이 법은 2008년 1월 1일부터 시행한다.

제2조 【일반적 경과조치】 이 법은 이 법 시행 당시 수사 중이거나 법원에 계속 중인 사건에도 적용한다. 다만, 이 법 시행 전에 종전의 규정에 따라 행한 행위의 효력에는 영향을 미치지 아니한다.

🔨판례 |

1 대한민국 법원이 재판권을 행사할 수 있는 경우

① 외국인이 대한민국 공무원에게 알선한다는 명목으로 **금품을 수수하는 행위가 대한민국 영역 내에서 이루어진 이상** 형법 제2조에 의하여 대한민국의 형벌법규인 구 변호사법 제90조 제1호가 적용되어야 한다(대판 2000.4.21, 99도3403). 14. 경찰간부 · 경찰채용

② **대한민국 내에 있는 미국문화원이** 치외법권지역이고 그 곳을 미국영토의 연장으로 본다 하더라도 **그 곳에서 죄를 범한 대한민국 국민에 대하여** 우리 법원에 먼저 공소가 제기되고 미국이 자국의 재판권을 주장하지 않고 있는 이상 속인주의를 함께 채택하고 있는 우리나라의 재판권은 동인들에게도 당연히 미친다(대판 1986.6.24, 86도403 **을지로 미문화원 점거 사건**). 16 · 18. 경찰간부, 17. 경찰승진

③ 필리핀국에서 카지노의 외국인 출입이 허용되어 있다 하여도 형법 제3조에 따라 **(내국인인) 피고인에게** 우리나라 형법이 당연히 적용된다(대판 2001.9.25, 99도3337). 14. 경찰간부 · 경찰채용

④ 내국 법인의 대표자인 외국인이 내국 법인이 외국에 설립한 특수목적법인에 위탁해 둔 자금을 정해진 목적과 용도 외에 임의로 사용한 데 따른 **횡령죄의 피해자는 당해 금전을 위탁한 내국 법인이므로** 우리 형법이 적용되어(형법 제6조), 우리 법원에 재판권이 있다(대판 2017.3.22, 2016도17465 **파이시티 사건**). 17·18. 국가직 7급, 20. 경찰채용

2 대한민국 법원이 재판권을 행사할 수 없는 경우

① **캐나다 시민권자인 피고인이 캐나다에서 위조사문서를 행사**하였다는 내용으로 기소된 경우, 위조사문서행사죄는 형법 제5조 제1호 내지 제7호에 열거된 죄에 해당하지 않고, 위조사문서행사를 형법 제6조의 대한민국 또는 대한민국 국민의 법익을 직접적으로 침해하는 행위라고 볼 수도 없으므로 피고인의 행위에 대하여는 우리나라에 재판권이 없다(대판 2011.8.25, 2011도6507). 14·16·18. 경찰간부, 14·16. 경찰채용, 17. 경찰승진

② [1] 중국 북경시에 소재한 대한민국 영사관 내부는 여전히 중국의 영토에 속할 뿐 이를 대한민국의 영토로서 그 영역에 해당한다고 볼 수 없을 뿐 아니라 사문서위조죄가 형법 제6조의 대한민국 또는 대한민국 국민에 대하여 범한 죄에 해당하지 아니함은 명백하다. [2] 따라서 원심이 내국인이 아닌 피고인이 위 영사관 내에서 甲 명의의 여권발급신청서 1장을 위조하였다는 취지의 공소사실에 대하여 외국인의 국외범에 해당한다는 이유로 피고인에 대한 재판권이 없다고 판단한 것은 옳다(대판 2006.9.22, 2006도5010). 15. 변호사·경찰간부, 17. 국가직 7급

③ 형법 제239조 제1항의 **사인위조죄**는 형법 제6조의 '대한민국 또는 대한민국 국민에 대하여 범한 죄'에 해당하지 아니하므로 **중국 국적자가 중국에서** 대한민국 국적 주식회사의 인장을 위조한 경우에는 외국인의 국외범으로서 그에 대하여 재판권이 없다(대판 2002.11.26, 2002도4929). 14. 경찰채용

3 면책특권 관련 판례

면책특권의 대상이 되는 행위는 국회의 직무수행에 필수적인 국회의원의 **국회 내에서의 직무상 발언과 표결**이라는 의사표현행위 자체에만 국한되지 아니하고 **이에 통상적으로 부수하여 행하여지는 행위까지 포함**하며, 그와 같은 부수행위인지 여부는 구체적인 행위의 목적·장소·태양 등을 종합하여 개별적으로 판단하여야 한다(대판 2011.5.13, 2009도14442 **노회찬 의원 사건**). 16. 변호사·경찰채용, 16·18. 경찰간부

4 면책특권의 대상이 되는 행위

① '구 국가안전기획부의 불법 녹음 내용'과 '검사들이 삼성그룹으로부터 떡값 명목의 금품을 수수하였다'는 내용이 게재된 보도자료를 국회 법제사법위원회 개의 당일 국회 의원회관에서 기자들에게 배포한 경우(대판 2011.5.13, 2009도14442 **노회찬 의원 사건**) 14. 변호사

② 국회 예산결산위원회 회의장에서 법무부장관을 상대로 대정부질의를 하던 중 대통령 측근에 대한 대선자금 제공 의혹과 관련하여 이에 대한 수사를 촉구하는 과정에서 **발언**을 한 경우(대판 2007.1.12, 2005다57752 **허태열 의원 사건**)

③ 국회의 위원회나 국정감사장에서 국무위원·정부위원 등에 대하여 **질문이나 질의**를 하거나 직무상 질문이나 질의를 준비하기 위하여 국회 내에서 정부·행정기관에 대하여 **자료제출을 요구**한 경우(대판 1996.11.8, 96도1742 **박은태 의원 사건**) 16. 변호사

④ 국회 본회의에서 질문할 **원고를 사전에 배포**한 경우(대판 1992.9.22, 91도3317 **유성환 의원 사건**)

5 면책특권의 효과

국회의원의 면책특권에 속하는 행위에 대하여는 공소를 제기할 수 없으며 이에 반하여 공소가 제기된 것은 결국 **공소권이 없음에도 공소가 제기된 것**이 되어 형사소송법 제327조 제2호의 공소제기의 절차가 법률의 규정에 위반하여 무효인 때에 해당되므로 공소를 기각하여야 한다(대판 1992.9.22, 91도3317 **유성환 의원 사건**). 14. 경찰간부, 14·17. 경찰승진·국가직 7급, 16. 변호사, 20. 해경채용

6 미국 군인·군속 등에 대한 재판권

① 미군범죄에 관하여는 원칙적으로 오로지 합중국의 재산이나 안전에 대한 범죄 또는 오로지 합중국 군대의 타 구성원이나 군속 또는 그들의 가족의 신체나 재산에 대한 범죄, 공무집행 중의 작위 또는 부작위에 의한 범죄인 경우에는 합중국 군당국이 재판권을 행사할 1차적 권리를 가지며, **기타의 범죄인 경우에는 대한민국 당국이 재판권을 행사할 1차적 권리를 가진다**(대판 1980.9.9, 79도2062 **의정부 미군 택시강도 사건**).

② [1] 협정 제22조(형사재판권) 제4항은 "본조의 전기 제 규정은 합중국 군당국이 대한민국의 국민인 자 또는 대한민국에 통상적으로 거주하고 있는 자에 대하여 재판권을 행사할 권리를 가진다는 것을 뜻하지 아니한다."고 규정하고 있다. 위 조항들에 의하면, **미합중국 군대의 군속 중 통상적으로 대한민국에 거주하고 있는 자는 협정이 적용되는 군속의 개념에서 배제되므로** 그에 대하여는 대한민국의 형사재판권 등에 관하여 협정에서 정한 조항이 적용될 여지가 없다(**협정에서 정한 미합중국 군대의 군속에 관한 형사재판권 관련 조항이 적용될 수 없다**). [2] 협정 제22조 제1항에 관한 합의의사록에서는 "합중국 법률의 현 상태에서 합중국 군당국은 평화시에는 군속 및 가족에 대하여 유효한 형사재판권을 가지지 아니한다."고 정하고 있다. 위 조항들을 종합하면, **한반도의 평시상태에서 미합중국 군당국은 미합중국 군대의 군속에 대하여 형사재판권을 가지지 않으므로 대한민국은** 협정 제22조 제1항 (나)에 따라 미합중국 군대의 군속이 대한민국 영역 안에서 저지른 범죄로서 대한민국 법령에 의하여 처벌할 수 있는 범죄에 대한 **형사재판권을 바로 행사할 수 있다**(대판 2006.5.11, 2005도798 **미군부대 배급직원 사건**). 15·16. 경찰간부, 16. 국가직 9급·경찰채용

7 형사소송법 부칙(2007.6.1.) 제2조의 규정 취지 등

[1] **형사소송법 부칙 제2조**는 형사절차가 개시된 후 종결되기 전에 형사소송법이 개정된 경우 신법과 구법 중 어느 법을 적용할 것인지에 관한 입법례 중 이른바 혼합주의를 채택하여 구법 당시 진행된 소송행위의 효력은 그대로 인정하되 신법 시행 후의 소송절차에 대하여는 신법을 적용한다는 취지에서 규정된 것이다.
[2] 따라서 **항소심이 신법 시행을 이유로 구법이 정한 바에 따라 적법하게 진행된 제1심의 증거조사절차 등을 위법하다고 보아 그 효력을 부정하고 다시 절차를 진행하는 것은 허용되지 아니하며,** 다만 이미 적법하게 이루어진 소송행위의 효력을 부정하지 않는 범위 내에서 신법의 취지에 따라 절차를 진행하는 것은 허용된다(대판 2008.10.23, 2008도2826). 15·18. 경찰간부, 16·20. 경찰채용

제3절 형사소송법의 목적·이념

01 실체적 진실발견

의의	사안의 진상을 규명하여 객관적 진실을 발견하려는 소송법상 원리 → 민사소송법은 형식적 진실주의
내용	① 적극적 실체진실주의: 범죄사실을 명백히 하여 죄 있는 자를 빠짐없이 처벌하자는 원리 ② 소극적 실체진실주의: 죄 없는 자를 유죄로 하여서는 안 된다는 원리 ③ 현행 형사소송법은 소극적 실체진실주의가 더 강조됨(다수설·판례)
구현제도	① 수사절차 　㉠ 증거수집을 위한 임의수사 및 강제수사 　㉡ 증거보전과 증인신문청구제도 ② 공판절차 　㉠ 증거조사와 증거법칙 　㉡ 상소와 재심

02 적정절차

의의	헌법정신을 구현한 공정한 법정절차에 의하여 형벌권이 실현되어야 한다는 원칙
내용	① 공정한 재판의 원칙 　㉠ 공평한 법원의 구성 　㉡ 피고인의 방어권 보장 　㉢ 무기평등의 원칙 ② 비례의 원칙 ③ 피고인 보호의 원칙

⚖ 판례 │

1 헌법 제12조 제1항의 '적법절차'의 의의

① 헌법 제12조 제1항 후문이 규정하고 있는 **'적법절차'란 법률이 정한 절차 및 그 실체적 내용이 모두 적정하여야 함**을 말하는 것으로서 적정하다고 함은 공정하고 합리적이며 상당성이 있어 정의관념에 합치되는 것을 뜻한다(대판 1988.11.16, 88초60 **사회보호법 제5조 위헌제청 사건**). 15·19. 경찰간부, 16. 경찰승진, 19. 경찰채용

② 적법절차의 원칙은 법률이 정한 형식적 절차와 실체적 내용이 모두 합리성과 정당성을 갖춘 적정한 것이어야 한다는 실질적 의미를 지니고 있는 것으로서 특히 형사소송절차와 관련시켜 적용함에 있어서는 형사소송절차의 전반을 기본권 보장의 측면에서 규율하여야 한다는 기본원리를 천명하고 있는 것으로 이해하여야 한다(헌재 1997.3.27, 96헌가11 **음주측정강제 위헌심판 사건**). 14. 국가직 7급

2 헌법 제12조 제1항의 '적법절차'의 적용범위

헌법 제12조 제1항 후문과 제3항에 규정된 적법절차의 원칙은 형사절차상의 제한된 범위뿐만 아니라 국가작용으로서 모든 입법 및 행정작용에도 광범위하게 적용된다(헌재 2009.6.25, 2007헌마451 **게임법 수정이송 사건**). 16. 경찰승진, 21. 경찰간부

3 공정한 재판의 의의

공정한 재판을 받을 권리 속에는 신속하고 공개된 법정의 **법관의 면전에서 모든 증거자료가 조사·진술되고 이에 대하여 피고인이 공격·방어할 수 있는 기회가 보장되는 재판**, 즉 원칙적으로 당사자주의와 구두변론주의가 보장되어 당사자가 공소사실에 대한 답변과 입증 및 반증하는 등 **공격·방어권이 충분히 보장되는 재판을 받을 권리가 포함되어 있다**(헌재 1998.12.24, 94헌바46 **형사소송법 제279조·제299조 위헌소원 사건**). 16. 국가직 9급

03 신속한 재판

의의		형사절차는 신속하게 진행되어야 하며 부당하게 지연시켜서는 안 된다는 원칙
구현제도	수사	① 수사기관의 구속기간 제한 ② 공소시효 ③ 기소편의주의 등
	공판	① 공판준비절차 ② 궐석재판제도 ③ 심판범위의 한정 ④ 증거동의 ⑤ 법원의 구속기간 제한 ➡ 그러나 판례는 적정절차 구현제도로 본다(《주의》 판례는 법원의 재판기간 내지 심리기간 자체를 제한하려는 규정으로 본다. ×). ⑥ 판결선고기간의 제한 ⑦ 상소기간 등의 제한 등
	기타	① 간이공판절차 ② 집중심리주의 ③ 약식절차와 즉결심판절차 등

⚖ 판례 |

1 신속한 재판의 의의 및 필요성

① '**신속한 재판**'이라 함은 공정하고 적정한 재판을 하는 데 필요한 기간을 넘어 **부당하게 지연됨이 없는 재판**을 말한다(헌재 2009.7.30, 2007헌마732 **헌법재판소법 제38조 헌법소원 사건**).

② **신속한 재판을 받을 권리는 주로 피고인의 이익을 보호**하기 위하여 인정된 기본권이지만 동시에 **실체적 진실발견, 소송경제, 재판에 대한 국민의 신뢰와 형벌목적의 달성과 같은 공공의 이익**에도 근거가 있기 때문에 어느 면에서는 이중적인 성격을 갖고 있다고 할 수 있어 형사사법체제 자체를 위하여서도 아주 중요한 의미를 갖는 기본권이다(헌재 1995.11.30, 90헌마44 **소송기록송부지연 헌법소원 사건**). 15. 국가직 9급, 16·17·21. 경찰간부, 20. 경찰채용·국가직 7급

2 법원의 구속기간 제한에 관한 형사소송법 제92조 제1항의 취지(= 적정절차의 보장)

형사소송법 제92조 제1항은 미결구금의 부당한 장기화로 인하여 **피고인의 신체의 자유가 침해되는 것을 방지하기 위한 목적**에서 미결구금기간의 한계를 설정하고 있는 것이지 신속한 재판의 실현 등을 목적으로 법원의 재판기간 내지 심리기간 자체를 제한하려는 규정이라 할 수는 없다(헌재 2001.6.28, 99헌가14 **형사소송법 제92조 위헌심판 사건**). 14. 경찰승진, 16. 경찰간부

3 신속한 재판을 받을 권리가 침해되었다고 볼 수 없는 경우

① 위헌제청신청을 하였는데도 불구하고 재판부 구성원의 변경, 재판의 전제성과 관련한 본안심리의 필요성, 청구인에 대한 송달불능 등을 이유로 법원이 재판을 하지 않다가 **5개월이 지나서야 그 신청을 기각했다**고 하더라도 피청구인(부산지방법원 제1형사부)이 위헌제청신청사건에 대한 재판을 특별히 지연시켰다고 볼 수 없다(헌재 1993.11.25, 92헌마169). 14. 경찰승진

② 구속사건에 대해서는 법원이 구속기간 내에 재판을 하면 되는 것이고 **구속만기 25일을 앞두고 제1회 공판이 있었다** 하여 헌법에 정한 신속한 재판을 받을 권리를 침해하였다 할 수 없다(대판 1990.6.12, 90도672 **현대중공업 파업 사건**). 15·17. 경찰간부, 18·20. 경찰채용

③ 검사와 피고인 쌍방이 항소한 경우에 **1심 선고형기 경과 후 2심 공판이 개정되었다**고 하여 이를 위법이라 할 수 없고 신속한 재판을 받을 권리를 박탈한 것이라고 할 수 없다(대판 1972.5.23, 72도840). 15. 경찰간부, 18. 경찰채용, 20. 해경채용

제4절 형사소송의 기본구조

01 소송구조론

의의		소송주체가 누구이고 소송주체 사이의 관계를 어떻게 구성할 것인가에 관한 이론
규문주의와 탄핵주의	규문주의	**소추기관과 재판기관이 분리되어 있지 않고** 규문판사 스스로 수사를 개시하여 심리·재판을 하는 형사절차
	탄핵주의	**소추기관과 재판기관이 분리**되어 소추기관의 공소제기에 의하여 재판기관이 심리·재판을 하는 형사절차
직권주의와 당사자주의	직권주의	**법원**이 소송에서 주도적 역할을 하는 소송구조
	당사자주의	**당사자**에게 소송의 주도권을 인정하여, 당사자 사이의 공격과 방어에 의하여 심리가 진행되는 소송구조

02 현행 형사소송법의 구조

⚖ 판례 | 현행 형사소송의 기본구조(= 기본적으로 당사자주의)

1 우리나라 형사소송법은 그 해석상 소송절차의 전반에 걸쳐 **기본적으로 당사자주의 소송구조**를 취하고 있는 것으로 이해된다(헌재 1995.11.30, 92헌마44). 21. 경찰간부

2 형사소송법은 **당사자주의를 그 기본 골격으로 하면서** 한편으로는 직권주의적 규정을 아울러 두고 있다(대판 1983.3.8, 82도3248). 20. 국가직 7급

탄핵주의	형사소송법은 소추기관과 재판기관이 분리되어 있는 탄핵주의 소송구조를 취함	
직권주의와 당사자주의의 절충	당사자주의적 요소	① 공소사실의 특정 요구 ② 공소장변경제도, 다만 판례는 공소장변경제도는 직권주의요소라는 입장 ③ 공소장일본주의 ④ 공소장부본의 송달 ⑤ 당사자의 모두진술과 증거신청권 ⑥ 교호신문제도 등
	직권주의적 요소	① 피고인신문제도 ② 직권증거조사 ③ 공소장변경요구 ④ 증거동의에 대한 법원의 진정성 조사 ⑤ 기타 법원의 소송행위

> ⚖ **판례 | 공소장변경제도(직권주의적 요소)**
>
> 형사소송법상 인정되는 공소장변경제도는 실체적 진실발견이라는 형사소송이념을 실현하기 위한 직권주의적 요소로서 형사소송법이 절차법으로서 가지는 소송절차의 발전적·동적 성격과 소송경제의 이념 등을 반영하고 있다[대판 2009.10.22, 2009도7436(전합)].

해커스경찰

police.Hackers.com

2025 해커스경찰
갓대환 형사법 핵심요약집
형사소송법(공판)

제2편

소송주체와 일반이론

제1장 소송주체와 소송관계인

제1절 법원

01 의의

1. 개념

개념	국법상 의미	① 사법행정상 의미에 있어서의 법원 ② 종류 　㉠ 일반법원: 대법원, 고등법원, 지방법원(지원) 등 　㉡ 군사법원: 고등군사법원과 보통군사법원
	소송법상 의미	① 구체적 사건에 대하여 재판권을 행사하는 법원 ② **합의부와 단독판사**
수소법원		① 검사로부터 공소제기를 받은 단독판사와 합의부 ② 경찰서장으로부터 즉결심판의 청구를 받은 판사도 포함

2. 법원과 법관(판사)

법원	단독판사	① **1인**의 법관으로 구성된 법원 ② 제1심은 원칙적으로 단독판사 관할
	합의부	① **3인 이상**의 법관으로 구성된 법원 ② 제1심은 예외적으로 합의부 관할, 제2심·제3심은 언제나 합의부 관할
법관 (판사)	재판장 14. 국가직 9급	① 법원이 합의부인 경우 그 구성원 중 1인으로, **소송지휘권과 법정경찰권 등을 행사** ② 사건의 심리·재판과 합의에 관하여는 다른 합의부원과 권한이 동일
	수명법관	합의부 법원이 그 구성원인 법관에게 특정한 **소송행위를 하도록 명한 경우** 그 명을 받은 법관
	수탁판사	어떤 법원이 다른 법원의 법관에게 특정한 **소송행위를 하도록 촉탁한 경우** 그 촉탁을 받은 법관
	수임판사	① **수소법원과 독립**하여 소송법상 일정한 권한을 행사하는 개개의 법관(예 수사단계에서 각종 영장을 발부하는 판사, 증거보전을 행하는 판사, 증인신문을 행하는 판사 등) 14. 국가직 9급 ② 수임판사의 재판에 대해서는 불복이 허용되지 않음 ➜ 증거보전청구를 기각하는 결정은 예외

02 제척 · 기피 · 회피

1. 의의

개념	불공평한 재판을 할 염려가 있는 법관을 직무집행에서 배제시키는 제도	
적용절차	① 통상의 공판절차, 약식절차, 즉결심판절차, 재심심판절차 ② 재정신청절차 ③ 증거보전절차와 증인신문절차	
적용대상	적용 ○	① 법관 ② 법원사무관 등 및 통역인 ➡ 형사소송법 제17조 제7호 제외 ③ 전문심리위원 ④ 배심원
	적용 ✕	① 검사(다수설) ② 감정인 ③ 증인

2. 제척

의의	법관이 불공평한 재판을 할 우려가 현저한 경우를 유형적으로 정해 놓고 그 사유에 해당하는 **법관을 직무집행에서 당연히 배제시키는 제도**
사유	① 법관이 피해자인 때 ➡ 직접피해자에 한정된다 ② 법관이 **피고인 또는 피해자의 친족 또는 친족관계가 있었던 자인 때** ③ 법관이 피고인 또는 피해자의 법정대리인 · 후견감독인인 때 ④ 법관이 사건에 관하여 증인 · 감정인 · 피해자의 대리인으로 된 때 ⑤ 법관이 사건에 관하여 피고인의 대리인 · 변호인 · 보조인으로 된 때 ⑥ 법관이 사건에 관하여 검사 또는 사법경찰관의 직무를 행한 때 14. 경찰간부 ⑦ 법관이 사건에 관하여 **전심재판 또는 그 기초되는 조사 · 심리에 관여한 때** ⑧ 법관이 사건에 관하여 피고인의 변호인이거나 피고인 · 피해자의 대리인인 법무법인, 법무법인(유한), 법무조합, 법률사무소, 외국법자문사법 제2조 제9호에 따른 합작법무법인에서 퇴직한 날부터 2년이 지나지 아니한 때 22. 법원직 9급 ⑨ 법관이 피고인인 법인 · 기관 · 단체에서 임원 또는 직원으로 퇴직한 날부터 2년이 지나지 아니한 때
효과	제척의 사유가 있는 법관은 법률의 규정에 의하여 직무집행에서 당연히 배제됨 ➡ 신청 및 결정을 요하지 않음

⚖️ 판례 |

1 피해자의 사실혼 배우자인 것이 제척사유에 해당하는지의 여부(소극)

사실혼 관계에 있는 사람은 민법 소정의 친족이라고 할 수 없어 형사소송법 제17조 제2호에서 말하는 친족에 해당하지 않으므로 통역인이 피해자의 사실혼 배우자라고 하여도 통역인에게 제척사유가 있다고 할 수 없다(대판 2011.4.14, 2010도13583). 15. 경찰채용, 16. 변호사, 17. 국가직 9급

2 '증인으로 된 때'에 해당하여 통역인이 제척되는 경우

통역인이 사건에 관하여 증인으로 증언한 때에는 직무집행에서 제척되고, 제척사유가 있는 통역인이 통역한 증인의 증인신문조서는 유죄 인정의 증거로 사용할 수 없다(대판 2011.4.14, 2010도13583). 16. 변호사, 16·17. 국가직 9급, 17. 경찰간부

3 '법관이 사건에 관하여 사법경찰관의 직무를 행한 때'에 해당하지 않는 경우

선거관리위원장으로서 공직선거법 위반 혐의사실에 대하여 수사기관에 수사의뢰를 한 법관이 당해 형사피고사건의 재판을 하는 경우 그것이 적절하다고는 볼 수 없으나 형사소송법 제17조 제6호의 제척 원인인 **'법관이 사건에 관하여 사법경찰관의 직무를 행한 때'에 해당한다고 할 수 없다**(대판 1999.4.13, 99도155). 17. 경찰승진·국가직 9급, 18. 법원직 9급

4 '전심재판에 관여한 때'에 해당하여 법관이 제척되는 경우

약식명령을 발부한 법관이 그 정식재판절차의 제2심에 관여하는 경우(대판 2011.4.28, 2011도17) 14. 경찰간부, 15·17. 변호사, 16·17. 국가직 9급

5 '전심재판에 관여한 때'에 해당하지 않아 법관이 제척되지 않는 경우

① **약식명령**을 발부한 법관이 그 정식재판절차의 **제1심**에 관여하는 경우(대판 2002.4.12, 2002도944) 14. 변호사, 14·17. 경찰승진, 16·17·18. 국가직 9급, 16. 경찰간부
② 재심청구의 대상인 확정판결에 관여한 법관이 **재심청구사건**에 관여하는 경우(대결 1982.11.15, 82모11) 17. 국가직 9급, 19. 경찰간부
③ **파기환송 전 원심**에 관여한 법관이 **파기환송 후 다시 원심**에 관여하는 경우(대판 1979.2.27, 78도3204) 16. 변호사·경찰간부, 17. 경찰채용, 18. 법원직 9급

6 '전심재판의 기초되는 조사·심리에 관여한 때'에 해당하여 법관이 제척되는 경우

제1심에서 피고인에 대한 유죄의 증거로 사용된 증거를 조사한 법관이 **제2심**에 관여하는 경우(대판 1999.10.22, 99도3534) 17. 국가직 9급, 18. 법원직 9급

7 '전심재판의 기초되는 조사·심리에 관여한 때'에 해당하지 않아 법관이 제척되지 않는 경우

① 제2심의 합의부원인 법관이 **제2심 재판장에 대한 기피신청 사건의 심리와 기각결정에 관여**하였다가 다시 제2심에 관여하는 경우(대판 2010.12.9, 2007도10121 **강정구 교수 사건**)
② 제1심 법관에 대한 **기피신청 기각결정에 대한 즉시항고 사건을 심리**하여 기각결정을 한 법관이 그 사건의 제2심에 관여하는 경우(대판 2001.12.24, 2001도5126)
③ 고발인의 피고인에 대한 고발사실 중 검사가 불기소한 부분에 관하여 한 **재정신청사건에 관여하여 이를 기각**한 법관들이, 고발사실 중 공소가 제기된 사건의 항소심에서 재판장과 주심판사로 관여한 경우(대판 2014.1.16, 2013도10316 **박덕흠 의원 사건**) 18. 경찰채용
④ **구속적부심사**를 했던 법관이 그 사건의 공판절차에 관여하는 경우(대판 2004.10.28, 2004도5710) 16. 변호사
⑤ 피고인에 대한 **구속영장 발부에 있어서 심문을 담당**한 법관이 다시 그 피고인에 대한 공판절차에 관여하는 경우(대판 2002.12.10, 2001도7095)
⑥ **수사단계에서 피고인에 대하여 구속영장을 발부**한 법관이 다시 그 피고인에 대한 공판절차에 관여하는 경우(대판 1989.9.12, 89도612) 14. 경찰승진, 18. 법원직 9급

24 해커스경찰 police.Hackers.com

⑦ 법관이 선거관리위원장으로서 공직선거법 위반 혐의사실에 대하여 **수사기관에 수사의뢰**를 하고, 그 후 당해 형사피고사건의 항소심 재판에 관여하는 경우(대판 1999.4.13, 99도155) 17. 경찰승진·국가직 9급, 18. 법원직 9급

⑧ 공소제기 전에 검사의 **증거보전청구에 의하여** 증인신문을 했던 법관이 그 사건의 공판절차에 관여하는 경우(대판 1971.7.6, 71도974) 14·16. 경찰간부, 17. 경찰채용

3. 기피

(1) 의의와 사유 등

의의	법관에게 제척의 사유가 있거나 기타 불공평한 재판을 할 염려가 있는 경우에 **당사자의 신청에 의한 법원의 결정으로 당해 법관을 직무집행에서 배제시키는** 제도
사유	① 법관이 제척의 사유에 해당되는 때 ② 법관이 불공평한 재판을 할 염려가 있는 때
기피신청	① 신청권자 　㉠ 검사 또는 피고인 　㉡ 변호인 ➡ 피고인의 명시한 의사에 반할 수 없음 16. 국가직 9급, 19. 경찰간부 ② 관할 　㉠ 합의부 법관에 대한 기피는 **그 법관 소속법원에 신청** 　㉡ 수명법관·수탁판사·단독판사에 대한 기피는 **당해 법관에게 신청** 17. 경찰승진 ③ 신청방식 　㉠ 서면 또는 구두로 신청 　㉡ 기피사유는 신청한 날로부터 **3일 이내에 서면으로 소명하여야 함** 17. 경찰승진·경찰채용 　㉢ 기피신청은 판결선고 전까지 가능

⚖ 판례 |

1 기피사유인 '불공정한 재판을 할 염려가 있는 때'의 의미

'불공정한 재판을 할 염려가 있는 때'라고 함은 당사자가 불공평한 재판이 될지도 모른다고 추측할 만한 주관적인 사정이 있는 때를 말하는 것이 아니라 통상인의 판단으로서 **법관과 사건과의 관계상 불공평한 재판을 할 것이라는 의혹을 갖는 것이 합리적이라고 인정할 만한 객관적인 사정이 있는 때**를 말한다(대결 2001.3.21, 2001모2)(《주의》 주관적인 사정이 있는 때를 말한다. ×). 15. 경찰채용, 16. 경찰승진·국가직 9급

2 기피의 원인이 되는 경우

법관이 심리 중 피고인으로 하여금 **유죄를 예단하는 취지로 미리 법률판단**을 한 경우(대결 1974.10.16, 74모68 김대중 전대통령 사건)

3 기피의 원인이 되지 않는 경우

① 검사의 공소장변경허가신청에 대하여 불허가결정을 한 경우(대결 2001.3.21, 2001모2)

② 재판부가 당사자의 증거신청을 채택하지 아니하거나 이미 한 증거결정을 취소한 경우(대결 1995.4.3, 95모10) 14. 경찰승진, 15. 경찰채용, 16. 변호사, 18. 국가직 7급, 19. 경찰간부

③ 피고인의 소송기록열람신청에 대하여 재판장이 국선변호인이 선임되어 있으니 **국선변호인을 통하여 소송기록의 열람 및 등사신청을 하도록 알려준 경우**(대결 1996.2.9, 95모93)

(2) 기피신청의 재판

간이기각결정	① 소송지연을 목적으로 함이 명백하거나 기피신청이 부적법한 때에는 **신청을 받은 법원·법관은 결정으로 이를 기각함** 14. 국가직 9급, 17 · 18. 경찰채용, 19. 경찰간부 ② 간이기각결정에 대하여도 즉시항고할 수 있으나 **재판의 집행이 정지되지 않음**(《주의》 간이기각결정에 대해 즉시항고 할 수 있고 재판의 집행이 정지된다. ×) 14. 국가직 7급 · 국가직 9급, 17. 경찰채용, 19. 경찰간부
의견서의 제출	① 기피당한 법관은 간이기각결정의 경우를 제외하고는 지체 없이 기피신청에 대한 의견서를 제출함 ② 기피당한 법관이 기피의 신청을 이유 있다고 인정하는 때에는 기피신청 인용결정이 있는 것으로 간주함
기피재판의 관할	① **기피당한 법관의 소속법원 합의부**에서 결정으로 함 14. 경찰승진, 16. 경찰간부 ② 기피당한 법관은 이 결정에 관여하지 못함
소송진행의 정지	① 기피신청이 있는 때에는 **소송진행을 정지**해야 함. 다만, 간이기각결정의 경우와 급속을 요하는 경우는 예외 ② 정지되는 소송진행은 피고사건의 실체적 재판에의 도달을 목적으로 하는 본안의 소송절차인 증거조사, 피고인신문, 변론 등을 말함(《주의》 판결의 선고와 구속기간의 갱신도 정지된다. ×)
기피신청의 재판	① 기피신청이 이유 없다고 인정하는 때에는 결정으로 기피신청을 기각하며, 기각결정에 대하여는 **즉시항고할 수 있음** 16. 변호사, 17. 경찰승진, 18. 국가직 9급 ② 기피신청이 이유 있다고 인정하는 때에는 결정으로 기피당한 법관을 당해 사건의 절차에서 배제시키는 결정을 하며, 인용결정에 대하여는 **항고하지 못함** 18. 국가직 9급

⚖ 판례 |

1 간이기각결정에 관한 형사소송법 제20조 제1항이 헌법에 위반되는지의 여부(소극)

소송의 지연을 목적으로 함이 명백한 경우에 신청을 받은 법원 또는 법관이 이를 기각할 수 있도록 규정한 **형사소송법 제20조 제1항**의 규정은 기피신청의 남용을 방지하여 형사소송절차의 신속성의 실현이라는 공익을 달성하고자 하는 것으로서 **헌법에 위반된다고 할 수 없다**(대판 2008.12.24, 2006도1427). 15 · 16. 경찰간부, 18. 경찰채용

2 기피신청이 있는 때에 정지될 '소송진행'의 의미

① 기피신청이 있는 경우에 정지될 소송진행은 그 피고사건의 실체적 재판에의 도달을 목적으로 하는 본안의 소송절차를 말하고 '판결의 선고'는 이에 해당되지 않는다(대결 1987.5.28, 87모10). 16. 국가직 7급 · 국가직 9급

② 정지하여야 할 소송절차란 실체재판에의 도달을 직접의 목적으로 하는 본안의 소송절차를 말하며, **'구속기간의 갱신절차'는 이에 포함되지 아니한다**(대결 1987.2.3, 86모57).

3 기피신청을 받은 법원이 소송진행을 정지하지 않고 한 소송행위의 효력(= 무효)

기피신청을 받은 법관이 본안의 소송절차를 정지하지 않은 채 그대로 소송을 진행하여서 한 소송행위는 그 **효력이 없고**, 이는 그 후 그 기피신청에 대한 기각결정이 확정되었다고 하더라도 마찬가지이다(대판 2012.10.11, 2012도8544 **기피신청 개무시 사건**). 15 · 16. 국가직 9급, 16. 변호사, 18. 경찰채용

4. 회피

의의	법관 스스로 기피원인이 있다고 판단하는 때에 **자발적으로 직무집행에서 탈퇴**하는 제도
절차	① 회피는 소속법원에 서면으로 신청하여야 함 16. 변호사 ② 회피신청에 대한 재판에 관하여는 기피에 관한 규정이 준용됨 ③ 회피신청에 대한 법원의 결정에 대하여는 항고하지 못함

5. 법원사무관 등에 대한 제척·기피·회피

준용대상	① 전문심리위원: 제척·기피만 준용 ② 법원사무관 등 및 통역인: 제척·기피·회피 모두 준용
준용사유	① 전문심리위원은 제17조의 모든 사유 준용 ② 법원사무관 등 및 통역인은 제17조 제7호(전심재판 관여)를 제외한 나머지 사유 준용

03 법원의 관할

1. 의의

개념		법원에 대한 재판권의 분배, 즉 특정법원이 특정사건을 재판할 수 있는 권한
재판권과 관할권	재판권	① 대한민국 전체 법원의 일반적·추상적 심판권을 의미하는 국법상의 개념 ② 재판권이 없으면 공소기각판결 선고
	관할권	① 재판권을 전제로 특정사건에 대하여 특정법원이 재판권을 행사할 수 있는 구체적 한계를 정하는 소송법상의 개념 ② 관할권이 없으면 관할위반판결 선고

2. 관할의 종류

사건관할	피고사건 자체의 심판에 관한 관할	법정관할	법률의 규정에 의하여 정해지는 관할	고유관할	토지관할, 사물관할, 심급관할
				관련사건관할	고유관할과 관련해서 인정되는 관할
		재정관할	법원의 재판을 통해서 정해지는 관할(예 관할의 지정과 이전)		
직무관할	특수절차의 심판에 관한 관할(예 재심, 비상상고, 재정신청, 형사보상에서의 관할 등)				

3. 법정관할

(1) 토지관할

의의	동등법원 사이에 있어 지역적·장소적 관계에 의한 제1심 법원의 관할 분배
결정기준	① **범죄지** 15. 법원직 9급, 17. 경찰채용 ② **피고인의 주소·거소·현재지**(《주의》 피해자 ×, 등록기준지 ×) 15. 법원직 9급, 17. 경찰채용 ③ **선박·항공기에 있어 선적지·기적지 또는 선착지·기착지** 14. 국가직 9급, 15. 법원직 9급

1 지방법원 본원과 지방법원 지원의 관계(= 토지관할의 분배)

제1심 형사사건에 관하여 지방법원 본원과 지방법원 지원은 소송법상 별개의 법원이자 각각 일정한 토지관할구역을 나누어 가지는 대등한 관계에 있으므로 지방법원 본원과 지방법원 지원 사이의 관할의 분배도 지방법원 내부의 사법행정사무로서 행해진 지방법원 본원과 그 지원 사이의 단순한 사무분배에 그치는 것이 아니라 **소송법상 토지관할의 분배에 해당한다**(대판 2015.10.15, 2015도1803 **세월호 해경찰간부 사건**).

2 토지관할이 인정되는 경우

① [1] 형사소송법 제4조 제1항에 규정된 '현재지'라고 함은 공소제기 당시 피고인이 현재한 장소로서 임의에 의한 현재지뿐만 아니라 적법한 강제에 의한 현재지도 이에 해당한다. [2] 소말리아 해적인 피고인들에 대한 체포·구금·인도 등이 적법한 절차에 따라 이루어져 피고인들이 현재 부산구치소에 구금되어 있으므로 형사소송법 제4조 제1항에 따라 부산지방법원에 토지관할이 있다(대판 2011.12.22, 2011도12927 **소말리아 해적 사건**). 14·16. 경찰채용·국가직 9급, 16. 국가직 7급, 18. 변호사

② 형사소송법 제4조 제1항은 토지관할을 범죄지, 피고인의 주소·거소 또는 현재지로 하고 있으므로 **제1심 법원이 피고인의 현재지인 이상**, 그 범죄지나 주소지가 아니더라도 그 판결에 **토지관할 위반의 위법은 없다**(대판 1984.2.28, 83도3333). 14. 국가직 7급·국가직 9급

3 토지관할이 인정되지 않는 경우

[1] 형사소송법 제4조에 의하여 지방법원 본원에 제1심 토지관할이 인정된다고 볼 특별한 사정이 없는 한, 지방법원 지원에 제1심 토지관할이 인정된다는 사정만으로 당연히 지방법원 본원에도 제1심 토지관할이 인정된다고 볼 수는 없다. [2] 피고인의 범죄지인 **전라남도 진도군**은 광주지방법원 해남지원의 관할에 속하므로 검사가 광주지방법원 본원에 공소를 제기한 사건에 관하여, **원심**이 제1심 토지관할은 광주지방법원 해남지원에만 있을 뿐이고, 지방법원 지원의 관할구역이 당연히 지방법원 본원의 관할구역에 포함된다고 해석할 수 없다는 이유를 들어 **관할위반의 선고를 한 제1심판결을 그대로 유지한 것은 정당하다**(대판 2015.10.15, 2015도1803 **세월호 해경찰간부 사건**).

(2) 사물관할(제1심)

의의	사건의 경중이나 성질에 의한 **제1심 법원의 관할 분배**
단독판사 관할사건 (원칙)	① 제1심은 원칙적으로 단독판사 관할 ② 단기 1년 이상의 징역·금고에 해당하는 사건이지만 단독판사 관할사건 　㉠ 형법 제258조의2(특수상해), 제331조(특수절도), 제332조(상습특수절도), 제350조의2(특수공갈), 제363조(상습장물) 　㉡ 폭력행위처벌법 제2조 제3항 제2호·제3호, 제6조, 제9조 위반 　㉢ 병역법 위반 　㉣ 특정범죄가중법 제5조의3 제1항(도주차량운전), 제5조의4 제5항 제1호·제3호(절도·장물누범가중), 제5조의11(위험운전치사) 위반 　㉤ 보건범죄단속법 제5조(부정의료업자처벌) 위반 　㉥ 부정수표단속법 제5조(수표위조·변조) 위반 　㉦ 도로교통법 제148조의2 제1항(2회 이상 음주운전), 제2항(음주측정거부), 제3항 제1호(0.2% 이상 음주운전)·제2호(0.08% 이상 0.2% 미만 음주운전)

합의부 관할사건 (예외)	① 합의부에서 심판할 것으로 합의부가 결정한 사건(재정합의사건)
	② 사형·무기 또는 단기 1년 이상의 징역·금고에 해당하는 사건 ➡ 예외 있음
	③ 지방법원판사에 대한 제척·기피사건 15. 경찰간부
	④ 다른 법률에 의하여 지방법원합의부의 권한에 속하는 사건(예 국민참여재판, 선거사건, 형사보상사건, 비용보상사건 등)

⚖️**판례 | 사물관할 관련 판례**

1 **보증금몰수사건**은 그 성질상 당해 형사본안 사건의 기록이 존재하는 법원 또는 그 기록을 보관하는 검찰청에 대응하는 법원의 토지관할에 속하고, 그 법원이 지방법원인 경우에 있어서 **사물관할은 지방법원 단독판사**에게 속한다(대결 2002.5.17, 2001모53). 15. 국가직 9급, 16. 국가직 7급, 17. 경찰승진

2 **상습특수절도를 목적으로 한 범죄단체조직** 사건도 그 목적한 죄인 상습특수절도죄에 관한 사건에 준하여 **단독판사가 심판**하여야 하는 것으로 해석함이 타당하다(대판 1980.8.19, 79도1345).

3 법원조직법 제32조 제1항 제1호에 의하면 지방법원 합의부는 합의부에서 심판할 것으로 합의부가 결정한 사건을 제1심으로 심판할 수 있도록 규정되어 있는바, **지방법원 합의부가 피고인이 범한 각 죄를 합의부에서 심판할 것으로 결정**하였음을 인정할 수 있으므로 **지방법원 합의부가 제1심으로 심판한 것은 적법**하다(대판 1994.2.8, 93도3335).

(3) 심급관할(제2심·제3심)

의의	상소관계에 있어서의 관할, 즉 **상소심 법원의 심판권**
제2심	① 지방법원(지원) 단독판사의 판결·결정에 대한 항소·일반항고: **지방법원 본원 합의부** 관할 ② 지방법원(지원) 합의부의 판결·결정에 대한 항소·일반항고: **고등법원** 관할
제3심	상고·재항고는 언제나 **대법원** 관할

(4) 관련사건 관할

의의	관할이 인정된 하나의 사건을 전제로 그 사건과 주관적 또는 객관적 관련성이 인정되는 사건	
관련사건의 정의 16. 경찰간부	① 1인이 범한 수죄 ② 수인이 공동으로 범한 죄 ③ 수인이 동시에 동일장소에서 범한 죄 ④ 범인은닉죄·증거인멸죄·위증죄·허위감정통역죄·장물에 관한 죄와 그 본범의 죄	
관련사건의 병합관할 (관할의 확장)	토지관할	토지관할을 달리하는 수개의 사건이 관련된 때에는 1개의 사건에 관하여 관할권 있는 법원은 다른 사건까지 관할함
	사물관할	사물관할을 달리하는 수개의 사건이 관련된 때에는 법원합의부가 병합관할함
관련사건의 병합심리 (기소 후 병합절차)	토지관할	① 토지관할을 달리하는 수개의 관련사건이 각각 다른 법원에 계속된 때에는 공통되는 직근 상급법원은 **검사·피고인의 신청에 의하여** 결정으로 1개 법원으로 하여금 병합심리하게 할 수 있음 15. 법원직 9급, 17. 경찰채용, 18. 경찰간부 ② 당사자의 신청에 의하고, 사물관할이 같은 것을 전제로 함

	사물관할	① 사물관할을 달리하는 수개의 관련사건이 각각 법원합의부와 단독판사에 계속된 때에는 **합의부는 결정으로** 단독판사에 속한 사건을 병합하여 심리할 수 있음 17·18. 경찰승진, 17. 국가직 9급·법원직 9급 ② 관련사건이 **토지관할을 달리하는 경우에도 적용.** 관련사건이 고등법원과 지방법원본원합의부에 계속된 경우에도 적용 16. 법원직 9급 ③ 법원의 직권에 의함. 사물관할이 다른 것을 전제로 함
심리의 분리	토지관할	토지관할을 달리하는 수개의 관련사건이 동일법원에 계속된 경우에 병합심리의 필요가 없는 때에는 법원은 결정으로 이를 분리하여 관할권 있는 다른 법원에 이송할 수 있음 14·15. 경찰채용, 18. 경찰승진
	사물관할	합의부가 단독판사의 사물관할에 속하는 사건을 병합심리하는 경우에 병합심리의 필요성이 없으면 결정으로 관할권 있는 단독판사에게 이송할 수 있음

⚖ 판례 |

1 관련사건 관할이 병합기소나 병합심리를 전제로 하는지의 여부(소극)

형사소송법 제5조에 정한 **관련사건의 관할**은 이른바 **고유관할사건 및 그 관련사건이 반드시 병합기소되거나 병합되어 심리될 것을 전제요건으로 하는 것은 아니고**, 고유관할사건 계속 중 고유관할 법원에 관련사건이 계속된 이상 그 후 양 사건이 병합되어 심리되지 아니한 채 고유사건에 대한 심리가 먼저 종결되었다 하더라도 관련사건에 대한 관할권은 여전히 유지된다고 볼 것이다(대판 2008.6.12, 2006도8568 **배기선 의원 사건**). 14·17. 경찰승진, 15. 국가직 9급

2 관련사건이 마산지방법원 항소부와 부산고등법원에 각각 계속된 경우에 '토지관할 병합심리'가 가능한지의 여부(소극)

형사소송법 제6조는 토지관할을 달리하는 수개의 관련사건이 각각 다른 법원에 계속된 때에는 공통되는 직근 상급법원은 검사 또는 피고인의 신청에 의하여 결정으로 1개 법원으로 하여금 병합심리하게 할 수 있다고 규정하고 있는데, 여기서 말하는 '**각각 다른 법원**'이란 사물관할은 같으나 토지관할을 달리 하는 동종·동등의 법원을 말하는 것이므로 사건이 각각 계속된 **마산지방법원 항소부와 부산고등법원은 심급은 같을지언정 사물관할을 같이하지 아니하여 여기에 해당하지 아니한다**(대결 1990.5.23, 90초56 **마산부산 사건**). 14. 변호사·국가직 7급

3 토지관할 병합심리신청 사건의 관할법원

토지관할을 달리하는 수개의 제1심 법원들에 관련사건이 계속된 경우에 그 소속 고등법원이 같은 경우에는 그 고등법원이, 그 소속 고등법원이 다른 경우에는 대법원이 위 제1심 법원들의 공통되는 직근 상급법원으로서 **토지관할 병합심리신청 사건의 관할법원**이 된다[대결 2006.12.5, 2006초기335(전합) **서울성남 사건**]. 15. 경찰채용, 16. 국가직 7급, 17. 국가직 9급

4. 재정관할

의의	법원의 재판에 의하여 정해지는 관할
관할의 지정	① 관할법원이 없거나 관할법원이 명확하지 않은 경우 상급법원이 사건을 심판할 법원을 지정하는 것 ② 사유 　㉠ 법원의 관할이 명확하지 아니한 때 　㉡ 관할위반을 선고한 재판이 확정된 사건에 관하여 다른 관할법원이 없는 때 ③ **검사는** 관계있는 제1심 법원에 공통되는 직근 상급법원에 관할지정을 **신청해야 함**(**《주의》** 검사 또는 피고인 ×) 14. 경찰채용, 18. 경찰승진
관할의 이전	① 관할법원이 재판권을 행사할 수 없거나 재판의 공평을 유지하기 어려운 경우 사건을 관할권 없는 다른 법원으로 옮기는 것 ② 사유 17. 경찰승진 　㉠ 관할법원이 법률상의 이유 또는 특별한 사정으로 재판권을 행할 수 없는 때 　㉡ 범죄의 성질, 지방의 민심, 소송의 상황 기타 사정으로 재판의 공평을 유지하기 어려울 염려가 있는 때 ③ **검사는** 관할이전의 사유가 있으면 직근 상급법원에 관할이전을 **신청해야 하고, 피고인도 이 신청을 할 수 있음** 14. 변호사, 17. 경찰승진

5. 관할의 경합

의의	동일사건에 대하여 둘 이상의 법원이 관할권을 가지고 또한 이중으로 기소된 경우의 해결 방법
우선순위	① 사물관할의 경합 　㉠ 합의부 우선의 원칙 　㉡ 동일사건이 사물관할을 달리하는 수개의 법원에 계속된 때에는 **법원 합의부가 심판함** 14. 경찰채용, 18. 경찰간부 ② 토지관할의 경합 　㉠ 선착수 우선의 원칙 　㉡ 동일사건이 사물관할을 같이하는 수개의 법원에 계속된 때에는 원칙적으로 **먼저 공소를 받은 법원이 심판함** 14·17. 경찰승진, 15. 법원직 9급, 17. 경찰채용·국가직 9급
관할경합의 효과	① 관할의 경합으로 심판을 할 수 없는 법원은 **공소기각결정 고지** ② 후순위 법원이 (유죄·무죄·면소의) 판결을 선고하고 이것이 확정된 경우 선순위 법원은 면소판결 선고

6. 관할권 부존재의 효과

관할의 조사		법원은 직권으로 관할을 조사해야 함 16·17. 법원직 9급, 18. 경찰간부
관할위반 판결의 선고	원칙	피고사건이 법원의 관할에 속하지 아니한 때에는 판결로써 관할위반 선고(《주의》 관할위반 결정 ×) 14·18. 경찰간부
	예외	① 소송행위는 관할위반인 경우에도 그 효력에는 영향이 없음 15. 경찰채용 ② 법원은 피고인의 신청이 없으면 토지관할에 관하여 관할위반의 선고를 하지 못함. 관할위반의 신청은 피고사건에 대한 진술 전에 해야 함 14. 경찰간부, 15·17. 법원직 9급
관할위반과 상소		① 관할위반의 재판이 법률에 위반됨을 이유로 원심판결을 파기하는 때에는 판결로써 사건을 원심법원 또는 제1심 법원으로 환송 ② 관할인정이 법률에 위반됨을 이유로 원심판결을 파기하는 때에는 판결로써 사건을 관할법원에 이송 14. 법원직 9급, 17. 국가직 7급

7. 사건의 이송

의의	법원이 소송계속 중인 사건을 다른 법원이 심판하도록 소송계속을 이전시키는 것
내용	① 현재지 관할법원 이송: 피고인이 그 관할구역 내에 현재하지 아니하는 경우에 특별한 사정이 있으면 사건을 피고인의 현재지 관할 동급법원에 이송할 수 있음 15. 법원직 9급, 17. 경찰채용 ② 합의부 이송: 단독판사의 관할사건이 공소장변경에 의하여 합의부 관할사건으로 변경된 경우에는 결정으로 **관할권이 있는 법원에 이송해야 함**(《주의》 관할위반판결을 선고한다. ×) 14. 변호사·법원직 9급, 15. 경찰채용, 17. 국가직 7급·국가직 9급 ③ 군사법원 이송 　㉠ 군사법원이 재판권을 가지게 되었거나 재판권을 가졌음이 판명된 때에는 결정으로 사건을 같은 심급의 **군사법원으로 이송함** 14·17. 법원직 9급, 15. 국가직 9급 　㉡ 이송 전에 행한 소송행위는 이송 후에도 그 효력에 영향이 없음(《주의》 이송 후에는 그 효력이 없다. ×) 14. 법원직 9급 ④ 국민참여재판 관할법원 이송: 피고인이 국민참여재판을 원하는 의사를 표시한 경우 지방법원 지원 합의부가 배제결정을 하지 아니하는 경우에는 국민참여재판절차 회부결정을 하여 사건을 **지방법원 본원 합의부로 이송해야 함** 14. 변호사·법원직 9급 ⑤ 보호사건 송치 　㉠ 소년에 대한 피고사건을 심리한 결과 보호처분에 해당할 사유가 있다고 인정하면 결정으로 사건을 **관할 소년부에 송치해야 함** 14. 변호사·경찰간부 　㉡ 가정폭력행위자에 대한 피고사건을 심리한 결과 보호처분을 하는 것이 적절하다고 인정하는 경우에는 결정으로 사건을 가정보호사건의 관할법원에 송치할 수 있음 　㉢ 성매매 사건의 심리결과 보호처분을 하는 것이 적절하다고 인정할 때에는 결정으로 사건을 보호사건의 관할법원에 송치할 수 있음 ⑥ 토지관할 병합심리결정에 의한 사건의 이송 ⑦ 사물관할 병합심리결정에 의한 사건의 이송 ⑧ 관할의 지정 또는 관할의 이전에 의한 사건의 이송 ⑨ 상소심의 파기이송 등

⚖️ 판례 |

1 항소심에서 공소장변경에 의하여 단독판사 관할사건이 합의부 관할사건으로 된 경우, 항소심이 취해야 할 조치(= 고등법원으로 이송)

항소심에서 공소장변경에 의하여 단독판사의 관할사건이 합의부 관할사건으로 된 경우에도 법원은 사건을 관할권이 있는 법원에 이송하여야 하고, 항소심에서 변경된 위 합의부 관할사건에 대한 관할권이 있는 법원은 고등법원이라고 봄이 상당하다(대판 1997.12.12, 97도2463 **고등법원 이송 사건**). 14. 변호사, 14·18. 경찰승진, 15. 경찰채용, 16. 법원직 9급, 18. 경찰간부

2 제1심에서 합의부 관할사건에 관하여 단독판사 관할사건으로 죄명, 적용법조를 변경하는 공소장변경허가신청서가 제출된 경우, 합의부가 취해야 할 조치(= 실체재판)

(제1심에서 합의부 관할사건에 관하여 단독판사 관할사건으로 죄명, 적용법조를 변경하는 공소장변경허가신청서가 제출된 경우) 합의부는 공소장변경허가결정을 하였는지에 관계없이 사건의 실체에 들어가 심판하였어야 하고 사건을 단독판사에게 재배당할 수 없는데도, 사건을 재배당받은 제1심 및 원심(지방법원 합의부)이 사건에 관한 실체 심리를 거쳐 심판한 조치는 관할권이 없는데도 이를 간과하고 실체판결을 한 것으로서 소송절차에 관한 법령을 위반한 잘못이 있다(대판 2013.4.25, 2013도1658). 14. 국가직 7급, 15·18. 경찰간부, 15. 국가직 9급, 15·17. 법원직 9급, 18. 변호사·경찰승진

3 치료감호사건 이송 관련 판례

치료감호법 제3조 제2항, 제4조 제5항, 제12조 제2항의 내용을 종합해 보면, 단독판사 관할 피고사건의 항소사건이 지방법원 합의부나 지방법원 지원 합의부에 계속 중일 때 그 변론종결시까지 청구된 **치료감호사건의 관할법원은 고등법원이고, 피고사건의 관할법원도 치료감호사건의 관할을 따라 고등법원**이 된다. 따라서 위와 같은 치료감호사건이 지방법원이나 지방법원 지원에 청구되어 피고사건 항소심을 담당하는 합의부에 배당된 경우 그 합의부는 치료감호사건과 피고사건을 모두 고등법원에 이송하여야 한다(대판 2009.11.12, 2009도6946·2009감도24 **치료감호 병합 사건**). 14. 국가직 7급, 15. 국가직 9급

4 일반 국민이 범한 수개의 죄 중 '군사법원에서 재판권을 가지는 군형법상 범죄'와 '일반범죄'가 경합범 관계에 있다고 보아 하나의 사건으로 기소된 경우 재판권의 소재(= 군형법상 범죄는 군사법원, 일반범죄는 일반법원)

군사법원이 군사법원법 제2조 제1항 제1호에 의하여 특정 군사범죄를 범한 일반 국민에 대하여 신분적 재판권을 가진다 하더라도 이는 어디까지나 해당 특정 군사범죄에 한하는 것이지 그 이전 또는 그 이후에 범한 다른 일반 범죄에 대해서까지 재판권을 가지는 것은 아니다. 따라서 **일반 국민이 범한 수개의 죄 가운데 특정 군사범죄와 그 밖의 일반 범죄가 형법 제37조 전단의 경합범 관계에 있다고 보아 하나의 사건으로 기소된 경우, 특정 군사범죄에 대하여는 군사법원이 전속적인 재판권을 가진다고 보아야 하므로 일반법원은 이에 대하여 재판권을 행사할 수 없다. 반대로 그 밖의 일반 범죄에 대하여 군사법원이 재판권을 행사하는 것도 허용될 수 없다**[대결 2016.6.16, 2016초기318(전합) **육사 교수 사건**]. 17. 국가직 7급

01 의의와 성격

의의	검찰권을 행사하는 **단독제 국가기관**
성격	① 검사의 성격 　㉠ 행정기관과 사법기관의 성격을 모두 가지고 있는 준사법기관 　㉡ 공익의 대표자로서 진실과 정의에 따라 직무를 수행해야 할 의무를 부담 ② 검사의 사법기관적 성격 　㉠ 검사는 자기의 책임과 명의로 검찰권을 행사하는 단독제 관청으로 합의제는 존재하지 않음 　㉡ 법관에 준하는 자격과 신분보장 　㉢ 검사의 불기소처분 등에 대하여 검찰항고 · 재정신청 · 헌법소원 · 준항고 등의 특수한 불복방법이 인정됨 ③ 검사의 행정기관적 성격 　㉠ 법무부소속 공무원 　㉡ 상급자의 지휘 · 감독권 　㉢ 법무부장관은 일반적으로 검사를 지휘 · 감독하고, 구체적 사건에 대하여는 검찰총장만을 지휘 · 감독함 　㉣ 검사의 처분에 기판력 불인정
자격과 신분보장 등	① 검사의 임명과 직급 　㉠ 검사는 사법시험에 합격하여 사법연수원의 소정 과정을 마친 자 또는 변호사의 자격이 있는 자 중에서 임명 　㉡ 검사의 직급은 **검찰총장**과 **검사**로 구분 ② 검사의 직무대리 　㉠ 검찰총장은 사법연수생 또는 검찰사무관 등으로 하여금 지방검찰청 또는 지청 검사의 직무를 대리할 것을 명할 수 있음 　㉡ 검사의 직무를 대리하는 자는 법원조직법에 의한 합의부 심판사건은 처리하지 못함

⚖️ 판례 |

1 검사의 불기소처분에 기판력이 발생하는지의 여부(소극)

① 검사의 **불기소처분에는 확정재판에 있어서의 확정력과 같은 효력이 없어** 일단 불기소처분을 한 후에도 공소시효가 완성되기 전이면 **언제라도 공소를 제기할 수 있다**(대판 2009.10.29, 2009도6614). 14 · 16. 경찰채용, 16 · 18. 경찰승진, 18 · 19. 경찰간부

② 검사가 절도죄에 관하여 일단 **기소유예의 처분을 한 것을 그 후 다시 재기하여 기소하였다 하여도 기소의 효력에 아무런 영향이 없는 것이고**, 법원이 그 기소사실에 대하여 유죄판결을 선고하였다 하여 그것이 일사부재리의 원칙에 반하는 것이라 할 수 없다(대판 1983.12.27, 83도2686).

2 검사 직무대리자의 수사의 범위

① 혐의 없음 의견으로 송치된 단독판사 관할사건인 특정경제범죄법 위반(알선수재)과 관련하여 사법연수생인 검사직무대리가 작성한 피의자신문조서는 공소제기 이후에 비록 재정합의사건이 되었다고 하더라도 증거능력이 인정될 수 있다(대판 2012.6.28, 2012도3927).

② 사법연수생인 검사 직무대리가 법원조직법에 의한 합의부의 심판사건에 해당하지 아니하는 사건에 관하여 검사의 직무를 대리하여 피고인에 대한 피의자신문조서를 작성할 경우 그 피의자신문조서는 형사소송법 제312조 제1항의 요건을 갖추고 있는 한 당해 지방검찰청 또는 지청 검사가 작성한 피의자신문조서와 마찬가지로 그 증거능력이 인정된다(대판 2010.4.15, 2010도1107). 14·15. 경찰간부

③ 검사 직무대리자는 법원조직법에 규정된 합의부의 심판사건에 관하여서는 기소, 불기소 등의 최종적 결정을 할 수 없음은 물론 수사도 할 수 없으므로 **검사 직무대리자가 작성한 합의부사건(살인죄)의 피고인에 대한 피의자신문조서는 증거로 할 수 없다**(대판 1978.2.28, 78도49).

02 검찰청

의의	검사의 사무를 총괄하는 기관
조직	검찰청은 대검찰청 · 고등검찰청 · 지방검찰청으로 구성되며, 각각 대법원 · 고등법원 · 지방법원에 대응하여 설치함

03 검찰사무에 관한 지휘 · 감독 등

검찰사무 지휘 · 감독	① 검사는 검찰사무에 관하여 소속 상급자의 지휘 · 감독에 따름 16. 경찰간부 ② 검사는 구체적 사건과 관련된 지휘 · 감독의 적법성 또는 정당성 여부에 대하여 이견이 있는 때에는 이의를 제기할 수 있음
직무위임 · 이전 등	① 직무의 위임 · 이전 · 승계 　㉠ 검찰총장, 각급 검찰청의 검사장 및 지청장은 소속 검사로 하여금 그 권한에 속하는 직무의 일부를 처리하게 할 수 있음 　㉡ 검찰총장과 각급 검찰청의 검사장 및 지청장은 소속 검사의 직무를 자신이 처리하거나 다른 검사로 하여금 처리하게 할 수 있음 15. 국가직 9급 ② 차장검사의 직무대리권: 각 검찰청의 차장검사는 소속장에게 사고가 있을 때에는 특별한 수권 없이도 그 직무를 대리하는 권한을 가짐
관련 문제	① 검사교체의 효과 　㉠ 검사가 검찰사무의 취급 도중에 교체되더라도 그가 행한 행위의 소송법상 효력에는 영향이 없음 　㉡ 공판절차를 갱신할 필요가 없음 ② 검사에 대한 제척 · 기피 부정

04 검사의 지위

1. 검사의 지위(권한)

수사의 주재자	① 검사는 범죄의 혐의가 있다고 사료되는 때에는 범인 · 범죄사실과 증거를 수사해야 함 ② 검사는 범죄수사에 관하여 일반사법경찰관리와는 협력관계이고, 특별사법경찰관리를 지휘 · 감독함 ③ 공소제기 등 수사종결권은 원칙적으로 검사에게 있음. 다만, 경찰에게는 1차적 수사종결권이 있고, 경찰서장의 즉결심판청구권이 있음
당사자	① 검사는 당사자의 지위에서 형사소송을 형성하고 법원에 법령의 정당한 적용을 청구할 권한을 가짐 ② 검사는 능동적 당사자, 피고인은 수동적 당사자
재판집행 지휘자	① 모든 재판의 집행은 원칙적으로 검사가 지휘함 ② 형벌, 부수처분, 영장의 집행 등

2. 검사의 의무

검사의 권한	검사에게 인정되는 각종 권한은 동시에 검사의 의무가 됨
객관의무	① 공익의 대표자이자 준사법기관으로서 항상 진실과 정의에 따라 검찰권을 행사해야 하는 의무 ② 피의자신문시 이익사실 진술기회 부여, 피고인의 이익을 위한 상소와 재심청구, 피고인의 이익을 위한 검찰총장의 비상상고 등
인권옹호 의무	① 검사는 피의자 · 피고인의 기본권과 소송법적 권리를 보장하고, 경찰권력을 통제하는 역할을 담당하는 국가기관임 ② 지방검찰청 검사장 · 지청장은 검사로 하여금 **매월 1회 이상** 관하 수사관서의 체포 · 구속장소를 감찰하게 함(《주의》 매월 2회 이상 ✕) 17. 경찰채용 ③ 검사는 적법한 절차에 의하지 아니하고 체포 · 구속된 것이라고 의심할 만한 상당한 이유가 있는 경우에는 즉시 체포 · 구속된 자를 석방하거나 사건을 검찰에 송치할 것을 명해야 함

> ⚖ **판례 | 검사의 객관의무**
>
> 1 검사는 공익의 대표자로서 실체적 진실에 입각한 국가 형벌권의 실현을 위하여 공소제기와 유지를 할 의무뿐만 아니라 그 과정에서 피고인의 정당한 이익을 옹호하여야 할 의무가 있다. 그리고 **법원이 피고인의 권리를 실질적으로 보장하기 위하여 마련되어 있는 형사소송법 등 관련 법령에 근거하여 검사에게 어떠한 조치를 이행할 것을 명하였고**, 관련 법령의 해석상 그러한 법원의 결정에 따르는 것이 당연하고 그와 달리 해석될 여지가 없는 경우라면 법에 기속되는 **검사로서는 법원의 결정에 따라야 할 직무상 의무도 있다**(대판 2012.11.15, 2011다48452 **용산참사관련 서류 열람 · 등사 거부 사건**).
>
> 2 검사는 공익의 대표자로서 실체적 진실에 입각한 국가 형벌권의 실현을 위하여 공소제기와 유지를 할 의무뿐만 아니라 그 과정에서 피고인의 정당한 이익을 옹호하여야 할 의무를 진다고 할 것이고, 따라서 검사가 수사 및 공판과정에서 피고인에게 유리한 증거를 발견하게 되었다면 피고인의 이익을 위하여 이를 법원에 제출하여야 한다(대판 2002.2.22, 2001다23447 **감정서 누락 사건**). 15. 국가직 9급

제3절 피고인

01 의의

1. 의의와 종류

의의	검사에 의하여 형사책임을 져야 할 자로 공소가 제기된 자 ➡ 경찰서장에 의하여 즉결심판이 청구된 자 포함
종류	① 단독피고인 vs. **공동피고인**(공범 또는 관련사건인지 여부를 불문하고 공동피고인이 될 수 있음) ② 일반피고인 vs. 재심피고인 ③ 불구속피고인 vs. 구속피고인 ④ 성년피고인 vs. 소년피고인 ➡ 기준은 19세

2. 피고인 특정

(1) 성명모용

의의	수사절차에서 수사를 받는 **피의자 甲(모용자)이 乙(피모용자)의 성명을 모용**함으로써 공소장에 피고인이 乙로 기재가 되어 그대로 공소가 제기되는 사례

처리 방법	① **모용자(甲)가 공판정에 출석**한 경우의 처리
	  ㉠ 공소제기의 효력은 甲에게만 미치고 乙에게는 미치지 않음
	  ㉡ 검사는 공소장정정으로 모용관계를 바로 잡아야 함(**《주의》** 공소장변경 ✕)
	  ㉢ 검사가 피고인 표시를 정정하여 모용관계를 바로잡지 아니한 경우 법원은 모용자에 대하여 공소기각판결 선고
	  ㉣ 피모용자에 대해서는 어떠한 재판도 해서는 안 됨
	② **피모용자(乙)가 공판정에 출석**한 경우의 처리
	  ㉠ 공소제기의 효력은 甲에게만 미치고 乙에게는 미치지 않음
	  ㉡ 진정 · 실질적 피고인은 모용자인 甲이 되고, 피모용자인 乙은 부진정 · 형식적 피고인에 해당함
	  ㉢ 법원은 피모용자 乙에게 적법한 공소의 제기가 없었음을 밝혀주고 형사절차에서 해방시켜주기 위하여 **공소기각판결 선고**
	  ㉣ 검사는 공소장 피고인 표시를 정정하고 법원은 약식명령서 피고인 표시를 정정하여 본래의 '약식명령'과 함께 이 '경정결정'을 모용자 甲에게 송달해야 함
	  ㉤ 모용자에 대해서 별도의 공소제기를 요하지 않음

🔨 판례 |

1 성명모용에 있어 '모용자'가 공판정에 출석하였을 때의 처리방법

[1] 피의자가 다른 사람의 성명을 모용한 탓으로 공소장에 피모용자가 피고인으로 표시되었다 하더라도 이는 당사자의 표시상의 착오일 뿐이고 검사는 모용자에 대하여 공소를 제기한 것이므로 **모용자가 피고인이 되고 피모용자에게 공소의 효력이 미친다고 할 수 없고**, 이와 같은 경우 **검사는 공소장의 인적 사항의 기재를 정정하여 피고인의 표시를 바로잡아야 하는 것인바**, 이는 피고인의 표시상의 착오를 정정하는 것이지 공소장을 변경하는 것이 아니므로 형사소송법 제298조에 따른 공소장변경의 절차를 밟을 필요가 없고 법원의 허가도 필요로 하지 아니한다. [2] 검사가 공소장의 피고인표시를 정정하여 **모용관계를 바로잡지 아니한 경우**에는 외형상 피모용자 명의로 공소가 제기된 것으로 되어 있어 공소제기의 방식이 형사소송법 제254조의 규정에 위반하여 무효라 할 것이므로 법원은 **공소기각의 판결을** 선고하여야 하고, 검사가 피고인표시를 바로잡은 경우에는 처음부터 모용자에 대한 공소의 제기가 있었고 피모용자에 대한 공소의 제기가 있었던 것이 아니므로 법원은 모용자에 대하여 심리하고 재판을 하면 되지 원칙적으로 피모용자에 대하여 심판할 것이 아니다(대판 1993.1.19, 92도2554). 14·16·18. 국가직 9급, 15·18. 경찰채용, 16·19. 경찰간부

2 성명모용에 있어 '피모용자'가 공판정에 출석하였을 때의 처리방법

[1] 피모용자가 약식명령을 송달받고 이에 대하여 정식재판의 청구를 하여 피모용자를 상대로 심리를 하는 과정에서 성명모용 사실이 발각되고 검사가 공소장을 정정하는 등 사실상의 소송계속이 발생하고 형식상 또는 외관상 피고인의 지위를 갖게 된 경우에는 법원으로서는 **피모용자에게** 적법한 공소의 제기가 없었음을 밝혀주는 의미에서 형사소송법 제327조 제2호를 유추적용하여 **공소기각의 판결을** 함으로써 피모용자의 불안정한 지위를 명확히 해소해 주어야 할 것이지만, [2] 진정한 피고인인 모용자에게는 아직 약식명령의 송달이 없었다고 할 것이므로 **검사는 공소장에 기재된 피고인 표시를 정정하고 법원은 이에 따라 약식명령의 피고인표시를 정정하여 본래의 약식명령과 함께 이 경정결정을 모용자인 피고인에게 송달**하면 이때야 비로소 위 약식명령은 적법한 송달이 있다고 볼 것이고, 이에 대하여 소정의 기간 내에 정식재판의 청구가 없으면 이 약식명령은 확정된다(대판 1997.11.28, 97도2215). 14·18. 국가직 9급, 15. 경찰채용, 19. 경찰간부

(2) 위장출석

의의	수사 당시 공소장에는 검사가 피고인으로 삼은 甲의 인적사항이 기재되어 있음에도 불구하고 타인인 乙이 출석하여 재판을 받는 사례
처리 방법	① 공소제기의 효력이 미치는 인적 범위 　㉠ 공소제기의 효력은 甲에게만 미치고 乙에게는 미치지 않음 　㉡ 甲만 피고인이고 위장출석자인 乙은 부진정·형식적 피고인에 해당함 ② 처리방법 　㉠ 위장출석 사실이 인정신문단계에서 밝혀진 경우 乙을 퇴정시키고 甲을 소환하여 절차를 진행함 　㉡ 위장출석 사실이 사실심리단계에서 밝혀진 경우 공소기각판결로써 乙을 절차에서 배제시키고, 피고인 甲에 대하여 절차를 진행함

02 피고인의 지위

당사자	① 수동적 당사자 ② 피고인의 방어권과 참여권
증거방법	① 인적 증거방법 　㉠ 피고인신문이 허용됨 　㉡ 피고인이 임의로 행한 진술 또는 자백은 증거가 됨 ② 물적 증거방법: 피고인의 신체가 검증의 대상이 되거나 감정의 대상이 됨
절차의 대상	피고인은 소환, 구속, 수색 등 강제처분의 대상이 됨

03 무죄추정의 원칙

의의	피의자·피고인은 유죄판결이 확정될 때까지 무죄로 추정된다는 원칙 14. 국가직 9급, 15. 경찰승진·경찰채용, 18. 경찰간부
내용	① 주체: 무죄추정은 피고인은 물론 피의자에게도 인정됨 ② 시간적 범위 　㉠ 무죄추정은 유죄판결의 확정시까지 인정됨(《주의》 유죄판결 선고시까지 무죄로 추정된다. ×) 　　14. 국가직 9급 　㉡ 유죄판결이 아닌 면소판결 또는 공소기각 재판 등은 확정되어도 무죄추정은 깨지지 않음 ③ 무죄추정의 내용 　㉠ 인신구속의 제한원리 ➜ 불구속 수사 및 재판의 원칙 　㉡ 의심스러울 때에는 피고인의 이익으로 　㉢ 거증책임은 원칙적으로 검사가 부담 　㉣ 불이익한 처우의 금지(예 공소장일본주의, 고문금지, 진술강요금지 등)

🔨 판례 |

1 무죄추정원칙의 내용
① **무죄추정의 원칙은 수사를 하는 단계뿐만 아니라 판결이 확정될 때까지 형사절차와 형사재판 전반을 이끄는 대원칙으로서 '의심스러우면 피고인의 이익으로'라는 오래된 법언에 내포된 이러한 원칙은 우리 형사법의 기초를 이루고 있다**(대판 2017.10.31, 2016도21231 **어딘가를 터치했다 사건**).
② **무죄추정의 원칙은 형사절차와 관련하여 아직 공소가 제기되지 아니한 피의자는 물론 비록 공소가 제기된 피고인이라 할지라도 유죄의 판결이 확정될 때까지는 원칙적으로 죄가 없는 자로 다루어져야 하고, 그 불이익은 필요최소한에 그쳐야 한다는 원칙**을 말한다(헌재 1997.5.29, 96헌가17). 14. 법원직 9급, 15. 경찰간부
③ 유죄의 확정판결이 있을 때까지 국가의 수사권은 물론 공소권·재판권·행형권 등의 행사에 있어서 피의자 또는 피고인은 무죄로 추정되고 그 신체의 자유를 해하지 아니하여야 한다는 **무죄추정의 원칙**은 인간의 존엄성을 기본권질서의 중심으로 보장하고 있는 헌법질서 내에서 형벌작용의 필연적인 기속원리가 될 수밖에 없고, 이러한 원칙이 제도적으로 표현된 것으로는 **공판절차의 입증단계에서 거증책임을 검사에게 부담시키는 제도, 보석 및 구속적부심 등 인신구속의 제한을 위한 제도 그리고 피의자 및 피고인에 대한 부당한 대우 금지 등**이 있다(헌재 2001.11.29, 2001헌바41).

④ 무죄추정의 원칙은 형사절차 내에서 원칙으로 인식되고 있으나 **형사절차뿐만 아니라 기타 일반 법생활 영역에서의 기본권 제한과 같은 경우에도 적용된다**(헌재 2015.2.26. 2012헌바435). 16. 경찰간부

2 무죄추정원칙 내지 적법절차원칙 등을 침해하여 헌법에 위반되는 경우

① 형법 제57조 제1항에 따라 법원이 재량에 의하여 **미결구금일수 중 일부를 형기에 산입하지 않을 수 있도록 한 경우**(헌재 2009.6.25. 2007헌바25 **재정통산 위헌 사건**) 16. 경찰간부

② 국가보안법 제19조가 제7조(찬양·고무 등), 제10조(불고지)의 범죄에 대하여 **형사소송법상의 수사기관에 의한 구속기간 30일보다 20일이나 많은 50일을 인정한 경우**(헌재 1992.4.14. 90헌마82) 17. 경찰간부

③ 군사법원법이 적용되는 범죄에 대하여 군사법경찰관의 구속기간을 **형사소송법상의 사법경찰관에 의한 구속기간 10일보다 10일이나 많은 20일을 인정한 경우**(헌재 2003.11.27. 2002헌마193) 15. 경찰간부

④ 피의자에게 도주·폭행·소요 또는 자해 등의 우려가 없었고 수사 검사도 피의자에 대한 계구의 해제를 요청하였음에도 불구하고, 계호교도관이 이를 거절하고 피의자로 하여금 **수갑 및 포승을 계속 사용한 채 피의자조사를 받도록 한 경우**(헌재 2005.5.26. 2001헌마728)

⑤ 피의자가 도주를 하거나 소요, 폭행 또는 자해를 할 위험이 있었다고 인정하기 어려움에도 불구하고, 여러 날 장시간에 걸쳐 피의자가 검사 조사실에서 피의자신문을 받는 동안 **교도관이 수갑과 포승으로 계속 피의자의 신체를 결박해 둔 경우**(헌재 2005.5.26. 2004헌마49 **송두율 교수 사건**)

⑥ 교도소장이 **총 392일(가죽수갑 388일) 동안** 교도소에 수용되어 있는 피고인에게 상시적으로 **양팔을 사용할 수 없도록 금속수갑과 가죽수갑을 착용하게 한 경우**(헌재 2003.12.18. 2001헌마163)

⑦ **형사재판의 피고인으로 출석하는 수형자에 대하여** (형집행법 제88조가 사복착용에 관한 형집행법 제82조를 준용하지 않아) **교정시설에서 지급하는 의류를 입게 한 경우**(헌재 2015.12.23. 2013헌마712)

⑧ 미결수용자가 수감되어 있는 동안 수사 또는 재판을 받을 때에 사복(私服)을 입지 못하게 하고 재소자용 의류를 입게 한 경우(헌재 1999.5.27. 97헌마137·98헌마5) 14. 변호사

⑨ 지방자치단체의 장이 금고 이상의 형의 선고를 받은 경우 부단체장으로 하여금 그 권한을 대행하도록 한 경우(헌재 2010.9.2. 2010헌마418 **이광재 강원지사 사건**) 15. 경찰간부, 16. 경찰승진

⑩ 형사사건으로 기소된 국가공무원을 구 국가공무원법에 의하여 **필요적으로 직위해제를 할 수 있도록 규정한 경우**(헌재 1998.5.28. 96헌가12) 18. 경찰간부

⑪ 형사사건으로 기소된 교원을 구 사립학교법에 의하여 **필요적으로 직위해제를 할 수 있도록 규정한 경우**(헌재 1994.7.29. 93헌가3) 15. 경찰채용, 16. 경찰승진

⑫ 형사사건으로 기소된 변호사에 대하여 **법무부장관의 일방적인 명령에 의하여 그 업무가 정지되도록 규정한 경우**(헌재 1990.11.19. 90헌가48)

⑬ **공정거래위원회의 고발조치 등으로** 장차 형사절차 내에서 진술을 해야 할 행위자에게 사전에 **이와 같은 법 위반사실의 공표를 하게 하는 경우**(헌재 2002.1.31. 2001헌바43) 14. 법원직 9급

⑭ 구 소송촉진법에 의하여 **자기에게 아무런 책임 없는 사유로 출석하지 못한 피고인에 대하여** 별다른 증거조사도 없이 곧바로 **유죄판결을 선고할 수 있도록 한 경우**(헌재 1998.7.16. 97헌바22)

⑮ 관세법상 몰수할 것으로 인정되는 물품을 압수한 경우에 있어서 범인이 당해 관서에 출두하지 아니하거나 또는 범인이 도주하여 그 물품을 압수한 날로부터 4월을 경과한 때에 당해 물품을 별도의 재판이나 처분 없이 국고에 귀속토록 한 경우(헌재 1997.5.29. 96헌가17)

3 무죄추정원칙 내지 적법절차원칙 등을 침해하지 않아 헌법에 위반되지 않는 경우

① 피고인에게 구속의 사유가 있어 구속영장이 발부·집행되어 그의 신체의 자유가 제한된 경우 ➡ 파기환송을 받은 법원이 구속을 계속할 사유가 있다고 판단하여 구속기간을 갱신하고 피고인을 계속 구속한 경우(대판 2001.11.30. 2001도5225) 14·15. 국가직 9급, 15·16·17. 경찰승진, 15. 경찰채용, 18. 경찰간부

② 국가보안법 제19조가 제3조(반국가단체의 구성 등), 제5조(자진지원·금품수수), 제8조(회합·통신 등), 제9조(편의제공)의 범죄에 대하여 **형사소송법상의 수사기관에 의한 구속기간 30일보다 20일이나 많은 50일을 인정**한 경우(헌재 1997.6.26, 96헌가8)

③ 구속된 피의자의 도주·항거 등을 억제하는 데 필요하다고 인정할 상당한 이유가 있어 수사기관이 **필요한 한도 내에서 포승이나 수갑을 사용**한 경우(대판 1996.5.14, 96도561 **계급투쟁동맹 사건**) 15. 경찰간부

④ 강간상해의 범죄사실 등으로 징역 13년을 선고받아 형집행 중인 수형자를 교도소장이 **다른 교도소로 이송함에 있어 4시간 정도에 걸쳐 상체승의 포승과 앞으로 수갑 2개를 채운 경우**(헌재 2012.7.26, 2011헌마426) 14. 변호사

⑤ **민사재판의 당사자로 출석하는 수형자에 대하여** (형집행법 제88조가 사복착용에 관한 형집행법 제82조를 준용하지 않아) **교정시설에서 지급하는 의류를 입게 한 경우**(헌재 2015.12.23, 2013헌마712)

⑥ 미결수용자가 수감되어 있는 동안 구치소 등 수용시설 안에서 사복(私服)을 입지 못하게 하고 재소자용 의류를 입게 한 경우(헌재 1999.5.27, 97헌마137, 98헌마5) 14. 변호사

⑦ 지방자치단체의 장이 공소제기된 후 구금상태에 있는 경우 부단체장이 그 권한을 대행하도록 한 경우(헌재 2011.4.28, 2010헌마474 **박형상 서울 중구청장 사건**) 16. 변호사, 19. 경찰간부

⑧ 형사사건으로 기소된 국가공무원을 구 국가공무원법에 의하여 임의적으로 직위해제를 할 수 있도록 규정한 경우(헌재 2006.5.25, 2004헌바12) 14. 변호사, 18. 경찰간부

⑨ 유죄의 확정판결을 받기 전에 공무원의 징계혐의 사실을 인정하여 징계처분을 한 경우(대판 1986.6.10, 85누407) 14. 국가직 9급, 15. 경찰승진, 15·18. 경찰간부

⑩ 수사기관 및 구치소 당국이 피의자에 대하여 '사건명'이라는 용어를 사용하지 않고 '죄명'이라는 용어를 사용한 경우(헌재 2005.3.8, 2005헌마169)

⑪ 구치소와 치료감호시설에 수용 중인 자를 국민기초생활보장법상 급여의 지급대상에서 제외한 경우(헌재 2012.2.23, 2011헌마123)

⑫ 피고인이 교도소에 수용된 때에 국민건강보험급여를 정지하도록 규정한 경우(헌재 2005.2.24, 2003헌마31) 14. 국가직 7급, 16·17. 경찰승진

⑬ 구치소장이 수용자와 그 배우자의 **접견내용을 녹음하여 검찰청 검사장에게 그 접견녹음파일을 제공**한 경우(헌재 2012.12.27, 2010헌마153)

⑭ 경찰청장이 이미 수집되어 있는 지문정보를 보관·전산화하여 범죄수사 목적에 이용한 경우(헌재 2005.5.26, 99헌마513·2004헌마190) 14·15. 경찰승진, 14. 법원직 9급, 18. 경찰간부

⑮ 법관 아닌 사회보호위원회가 치료감호의 종료 여부를 결정하도록 한 경우(헌재 2005.2.3, 2003헌바1) 14. 경찰승진, 18. 경찰간부

⑯ 치료감호의 요건을 사법적 판단에 맡기면서 **사회보호위원회로 하여금 감호기간을 정하도록 한 경우**(대판 1987.5.12, 87감도50) 15. 경찰승진

⑰ 형사소송법 제146조에 의하여 **수사 담당 경찰공무원을 증인으로 신문**하는 경우(헌재 2001.11.29, 2001헌바41)

⑱ 원진술자가 사망·질병 등으로 진술을 할 수 없는 때에 예외적으로 증거능력을 인정하도록 **형사소송법 제314조가 규정**한 경우(헌재 1998.9.30, 97헌바51) 14. 국가직 7급, 16. 경찰간부

⑲ **관세범에 대하여 통고처분만으로 벌금이 과해지고 납부하면 형이 확정되는 것으로 보아**, 통고처분을 행정심판이나 행정소송의 대상에서 제외한 경우(헌재 1998.5.28, 96헌바4) 16. 변호사

⑳ 공소장의 공소사실 첫머리에 피고인이 전에 받은 **'소년부송치처분'과 '직업 없음'을 기재**한 경우(대판 1990.10.16, 90도1813) 14·18. 경찰간부, 14. 국가직 9급, 15. 경찰채용, 16·17. 경찰승진

4 인격권 내지 신체의 자유 등을 침해하여 헌법에 위반되는 경우

① (모자, 마스크 등으로 피의자의 얼굴을 가리는 등 피의자의 신원이 노출되지 않도록 하는 조치를 취하지 않은 채) 경찰관이 기자들에게 **피의자가 경찰서 내에서 수갑을 차고 얼굴을 드러낸 상태에서 조사받는 모습을 촬영할 수 있도록 허용한 경우**(헌재 2014.3.27, 2012헌마652 **강동서 사기피의자 촬영 사건**)
  16. 변호사

② 피의자들이 유치장에 재수용되는 과정에서 흉기 등 위험물이나 반입금지물품을 소지은닉할 가능성이 극히 낮았음에도 불구하고 **피의자들의 옷을 전부 벗긴 상태에서 앉았다 일어서기를 3회씩 반복하게 하는 신체수색을 한 경우**(헌재 2002.7.18, 2000헌마327 **알몸수색 사건**) 15·16. 경찰승진, 17. 경찰채용

③ 성인 남성인 **청구인이 방실(정원 6명)에 수용된 기간 동안 1인당 실제 개인사용 가능면적은** 6인이 수용된 2일 16시간 동안에는 1.06m², 5인이 수용된 6일 5시간 동안에는 **1.27m²이던 경우** ➜ 우리나라 성인 남성의 평균 신장인 174cm 전후의 키를 가진 사람이 팔다리를 마음껏 뻗기 어렵고, 다른 수형자들과 부딪히지 않기 위하여 모로 누워 칼잠을 자야할 정도로 매우 협소한 것임(헌재 2016.12.29, 2013헌마142 **과밀수용 헌법소원 사건**)

④ 경찰서 유치장에 수용되어 있는 동안 차폐시설이 불충분하여 사용과정에서 신체부위가 다른 유치인들 및 경찰관들에게 관찰될 수 있고 **냄새가 유출되는 실내화장실을 사용하도록 수용자에게 강제**한 경우(헌재 2001.7.19, 2000헌마546 **유치장 화장실 사건**)

⑤ 금치처분을 받은 자에 대하여 집필의 목적과 내용 등을 묻지 않고 **일체의 집필행위를 금지시킨 경우**(헌재 2005.2.24, 2003헌마289) 14. 경찰승진

⑥ 금치처분을 받은 수형자에 대하여 절대적으로 운동을 금지시킨 경우(헌재 2004.12.16, 2002헌마478)
  15. 경찰간부

5 인격권 내지 신체의 자유 등을 침해하지 않아 헌법에 위반되지 않는 경우

① 교도소장이 '외부 재판에 출정할 때 운동화를 착용하게 해달라'라는 수형자의 신청을 불허한 경우 ➜ **고무신 착용을 강제한 경우**(헌재 2011.2.24, 2009헌마209 **고무신 사건**)

② 구치소 또는 교도소에 수용된 자에 대하여 행형법 규정에 따라 소변을 받아 제출하도록 하는 경우(헌재 2006.7.27, 2005헌마277) 14. 경찰승진, 17. 경찰간부

③ 수용자가 속옷까지 탈의를 하고 돌아서서 상체를 숙인 후 양손으로 **둔부를 벌려 항문을 보이게 하는 신체검사를 받게 한 경우**. 다만, 사람들은 볼 수 없는 차단된 공간에서 같은 성별의 교도관과 1 대 1의 상황에서 짧은 시간 내에 손가락이나 다른 도구의 사용 없이 시각적으로만 항문을 보이게 하였음(헌재 2006.6.29, 2004헌마826 **항문검사 사건 I**)

④ 수용자가 구치소 및 교도소에 수용되는 과정에서 알몸 상태로 가운만 입고 전자영상장비에 의한 신체검사기에 올라가 다리를 벌리고 용변을 보는 자세로 **쪼그려 앉아 항문 부위에 대한 검사를 받게 한 경우**(헌재 2011.5.26, 2010헌마775 **항문검사 사건 II**) 17. 경찰승진

⑤ 금치처분을 받은 수형자에 대하여 **접견이나 서신의 수발을 제한한 경우**(헌재 2004.12.16, 2002헌마478)

04 진술거부권

의의	피의자 · 피고인이 공판절차 또는 수사절차에서 **법원이나 수사기관의 신문에 대하여 진술을 거부할 수 있는 권리**
내용	① 진술거부권 행사의 **주체에는 제한이 없음**(예 피의자, 피고인, 법인의 대표, 법정대리인, 증인, 참고인, 외국인 등) ② 형벌 기타 제재에 의한 진술강요 금지를 본질적 내용으로 함 ③ 진술의 의미와 범위 　㉠ '진술'이란 생각이나 지식, 경험사실을 정신작용의 일환인 언어를 통하여 표출하는 것을 말함 　　(**《주의** 지문 · 족형의 채취 ×, 음주의 측정 ×) 　㉡ 형사상 '자기에게' 불리한 진술을 강요당하지 아니함 　㉢ '형사책임'인 이상 피의자 · 피고인이 **거부할 수 있는 진술은 유리 · 불리를 불문함** 　㉣ 재판장의 인정신문에 대해서도 진술거부권을 행사할 수 있음 ④ 진술거부권의 고지 　㉠ 수사기관 또는 재판장은 피의자나 피고인을 신문하기 전에 미리 진술을 거부할 수 있음을 알려주어야 함 　㉡ **진술거부권을 고지하지 아니하고 얻은 진술은 위법수집증거배제법칙에 의하여 증거능력이 부정됨**(판례)
보장 방법	① 진술거부권을 침해하여 얻은 진술은 증거능력이 부정됨 ② 진술거부권 행사를 피고인이나 피의자에게 불리한 간접증거로 하거나 이를 근거로 유죄추정을 할 수 없음 ➡ 자유심증주의에 대한 예외 ③ 진술거부권 행사를 예외적으로 양형에서 고려할 수 있음(판례)

⚖️판례 I

1 진술거부권의 인정취지

　진술거부권을 국민의 기본적 권리로 보장하는 것은 첫째, 피고인 또는 피의자의 인권을 실체적 진실발견이나 사회정의의 실현이라는 국가이익보다 우선적으로 보호함으로써 **인간의 존엄성과 가치를 보장**하고 나아가 비인간적인 **자백의 강요와 고문을 근절**하려는 데 있고, 둘째, 피고인 또는 피의자와 검사 사이에 **무기평등을 도모**하여 공정한 재판의 이념을 실현하려는 데 있다(헌재 1997.3.27, 96헌가11). 14. 국가직 9급, 15. 경찰채용, 16. 경찰승진, 18. 경찰간부

2 진술거부권의 보장영역

　① **진술거부권**은 현재 피의자나 피고인으로서 수사 또는 공판절차에 계속 중인 자뿐만 아니라 장차 피의자나 피고인이 될 자에게도 보장되며 **형사절차뿐 아니라 행정절차나 국회에서의 조사절차 등에서도 보장된다.** 또한 진술거부권은 고문 등 폭행에 의한 강요는 물론 법률로써도 진술을 강요당하지 아니함을 의미한다(헌재 1997.3.27, 96헌가11). 15 · 16 · 17. 경찰채용, 18. 경찰간부

　② 진술거부권은 형사상 자기에게 불리한 내용의 진술을 강요당하지 아니하는 것이므로 **고문 등 폭행에 의한 강요는 물론 법률로써도 진술을 강제할 수 없으므로,** 만일 법률이 범법자에게 자기의 범죄사실을 반드시 신고하도록 명시하고 그 미신고를 이유로 처벌하는 벌칙을 규정하는 것은 헌법상 보장된 국민의 기본권인 진술거부권을 침해하는 것이 된다(대판 2015.5.28, 2015도3136 **새마을금고 직원 사건**)(同旨 헌재 1990.8.27, 89헌가118). 17. 경찰간부 · 경찰채용

3 음주측정을 강제하는 것이 진술거부권을 침해하는 것인지의 여부(소극)

주취운전의 혐의자에게 호흡측정기에 의한 **주취 여부의 측정에 응할 것을 요구하고 이에 불응할 경우 처벌**한다고 하여도 이는 형사상 불리한 '진술'을 강요하는 것에 해당한다고 할 수 없으므로 **헌법 제12조 제2항의 진술거부권이 제한되는 것은 아니다**(헌재 1997.3.27, 96헌가11). 14·15·17. 경찰채용, 15. 경찰승진, 17. 법원직 9급

4 형사상 자기에 불리한 진술을 강요하는 법률의 제한해석 사례

① 교통사고를 일으킨 운전자에게 신고의무를 부담시키고 있는 도로교통법 제50조 제2항, 제111조 제3호(개정법 제54조 제2항, 제154조 제4호)는 피해자의 구호 및 교통질서의 회복을 위한 조치가 필요한 범위 내에서 교통사고의 객관적 내용만을 신고하도록 한 것으로 해석하고 **형사책임과 관련되는 사항에는 적용되지 아니하는 것으로 해석하는 한 헌법에 위반되지 아니한다**(헌재 1990.8.27, 89헌가118). 14. 국가직 9급, 17. 경찰채용

② "새마을금고나 새마을금고중앙회의 임직원 또는 청산인이 (중략) **검사원의 질문에 거짓으로 진술한 경우 3년 이하의 징역이나 500만원 이하의 벌금에 처한다.**"라는 새마을금고법 제85조 제2항 제9호 처벌규정은 새마을금고의 임직원이 장차 **특정경제범죄법에 규정된 죄로 처벌받을 수도 있는 사항에 관한 질문을 받고 거짓 진술을 한 경우에는 특별한 사정이 없는 한 적용되지 않는다고 해석하여야 한다.** 이러한 경우까지 항상 처벌될 수 있다고 본다면, 이는 실질적으로 장차 형사피의자나 피고인이 될 가능성이 있는 자로 하여금 수사기관 앞에서 자신의 형사책임을 자인하도록 강요하는 것과 다르지 않기 때문이다(대판 2015.5.28, 2015도3136 **새마을금고 직원 사건**).

5 진술거부권 고지의 대상이 되는 피의자 지위의 판단방법

수사기관에 의한 **진술거부권 고지의 대상이 되는 피의자의 지위**는 수사기관이 범죄인지서를 작성하는 등의 형식적인 사건수리절차를 거치기 전이라도 **조사대상자에 대하여 범죄의 혐의가 있다고 보아 실질적으로 수사를 개시하는 행위를 한 때에 인정되는 것으로 봄이 상당하다.** 특히 조사대상자의 진술내용이 단순히 제3자의 범죄에 관한 경우가 아니라 자신과 제3자에게 공동으로 관련된 범죄에 관한 것이거나 제3자의 피의사실뿐만 아니라 자신의 피의사실에 관한 것이기도 하여, 그 실질이 피의자신문조서의 성격을 가지는 경우에 수사기관은 그 진술을 듣기 전에 미리 진술거부권을 고지하여야 한다(대판 2015.10.29, 2014도5939 **서울시 공무원 간첩 사건**). 16. 국가직 9급, 16·18. 경찰간부·경찰채용, 17. 변호사

6 피의자에게 진술거부권을 고지하지 아니하고 얻은 진술의 증거능력 유무(소극)

형사소송법이 보장하는 피의자의 진술거부권은 헌법이 보장하는 형사상 자기에 불리한 진술을 강요당하지 않는 자기부죄거부의 권리에 터잡은 것이므로 수사기관이 피의자를 신문함에 있어서 피의자에게 미리 **진술거부권을 고지하지 않은 때에는 그 피의자의 진술은 위법하게 수집된 증거로서 진술의 임의성이 인정되는 경우라도 증거능력이 부인되어야 한다**(대판 2011.11.10, 2010도8294). 14·15·16. 변호사, 14·17·18. 경찰간부, 14·15·17·18. 경찰채용, 14·17·18. 법원직 9급, 15·16·17·18. 경찰승진, 16. 국가직 9급

7 피의자에게 진술거부권을 고지하지 아니하고 얻은 진술의 증거능력을 부정한 구체적 사례

① 甲은 외국인투자촉진법에 의한 신고와 관련하여 허위의 서류를 제출한 직접 당사자이고, 피고인 乙은 이를 대행해 준 사람인데, 검사가 사전조사를 거쳐 **허위의 외국인투자라는 정황들을 포착한 후에 甲을 참고인으로 소환하여 진술거부권을 고지하지 않은 채 참고인진술조서를 작성한 경우**(대판 2011.11.10, 2010도8294)

② 甲에 대하여 검사가 국가보안법 위반죄로 구속영장을 발부받아 피의자신문을 한 다음, 구속 기소한 후 다시 **甲을 소환하여 진술거부권을 고지하지 않은 채 공범 乙들과의 조직구성 및 활동 등에 관한 신문을 하면서 진술조서를 작성한 경우**(대판 2009.8.20, 2008도8213) 14. 경찰채용, 16. 국가직 7급

③ 검사가 진술거부권을 고지하지 않은 채 피의자인 甲과 사건에 관하여 대화하는 내용과 장면을 비디오테이프로 녹화한 경우(대판 1992.6.23, 92도682 **신이십세기파 사건**)

8 참고인 또는 피내사자에게 진술거부권을 고지하지 아니하고 얻은 진술의 증거능력 유무(적극)

수사기관에 의한 진술거부권 고지대상이 되는 피의자 지위는 수사기관이 조사대상자에 대한 범죄혐의를 인정하여 수사를 개시하는 행위를 한 때 인정되는 것으로 보아야 한다. 따라서 이러한 **피의자 지위에 있지 아니한 자에 대하여는 진술거부권이 고지되지 아니하였더라도 진술의 증거능력을 부정할 것은 아니다**(대판 2011.11.10. 2011도8125). 14. 변호사, 14·16·17. 법원직 9급, 15·16·19. 경찰채용, 15. 국가직 7급, 16·18. 경찰승진, 18. 국가직 9급

9 참고인 또는 피내사자에게 진술거부권을 고지하지 아니하고 얻은 진술의 증거능력을 부정하지 않은 구체적 사례

(피고인들의 필로폰 수입에 관한 범의를 명백하게 하기 위하여) 乙에게서 필로폰이 들어 있는 곡물포대를 건네받아 피고인들에게 전달하는 역할을 한 **참고인 甲을 검찰이 조사하면서 진술거부권을 고지하지 않고 진술조서를 작성한 경우**. 다만, 甲은 검찰 조사를 받을 당시 또는 그 후라도 검사가 범죄혐의를 인정하고 수사를 개시하여 피의자 지위에 있게 되었다고 단정할 수 없었음(대판 2011.11.10. 2011도8125) 14. 경찰채용, 17. 경찰간부

10 구 공직선거법 시행 당시 선거관리위원회 위원·직원이 관계자에게 질문을 하면서 미리 진술거부권을 고지하지 않은 경우, 그 과정에서 작성·수집된 선거관리위원회 문답서의 증거능력 유무(적극)

[1] 진술거부권이 보장되는 절차에서 진술거부권을 고지받을 권리가 헌법 제12조 제2항에 의하여 바로 도출된다고 할 수는 없고, 이를 인정하기 위해서는 입법적 뒷받침이 필요하다. [2] **구 공직선거법(2013.8.13. 법률 제12111호로 개정되기 전의 것)은 제272조의2에서** 선거범죄 조사와 관련하여 선거관리위원회 위원·직원이 관계자에게 질문·조사를 할 수 있다고 규정하면서도 **진술거부권의 고지에 관하여는 별도의 규정을 두지 않았고**, 수사기관의 피의자에 대한 진술거부권 고지를 규정한 형사소송법 제244조의3 제1항이 구 공직선거법상 선거관리위원회 위원·직원의 조사절차에 당연히 유추적용된다고 볼 수도 없다. [3] 결국 구 공직선거법 시행 당시 선거관리위원회 위원·직원이 선거범죄 조사와 관련하여 관계자에게 질문을 하면서 미리 진술거부권을 고지하지 않았다고 하여, 단지 그러한 이유만으로 그 조사절차가 위법하다거나 그 과정에서 작성·수집된 선거관리위원회 문답서의 증거능력이 당연히 부정된다고 할 수는 없다(대판 2014.1.16. 2013도5441 **신장용 의원 사건**). 14·16. 국가직 9급, 15·18. 경찰간부, 17. 법원직 9급

11 피고인이 범죄사실에 대하여 진술을 거부하거나 거짓진술을 하는 경우, 그러한 태도나 행위를 가중적 양형의 조건으로 참작할 수 있는지의 여부(= 예외적 가능)

[1] 형사소송절차에서 피고인은 방어권에 기하여 범죄사실에 대하여 진술을 거부하거나 거짓진술을 할 수 있고, 이 경우 범죄사실을 단순히 부인하고 있는 것이 죄를 반성하거나 후회하고 있지 않다는 인격적 비난요소로 보아 가중적 양형의 조건으로 삼는 것은 결과적으로 피고인에게 자백을 강요하는 것이 되어 허용될 수 없다고 할 것이나 [2] 그러한 태도나 행위가 피고인에게 보장된 방어권 행사의 범위를 넘어 객관적이고 명백한 증거가 있음에도 진실의 발견을 적극적으로 숨기거나 법원을 오도하려는 시도에 기인한 경우에는 가중적 양형의 조건으로 참작될 수 있다(대판 2012.1.12. 2011도14083). 14·17·18·19. 경찰채용, 14. 국가직 9급, 18. 법원직 9급

05 서류 등 열람·등사권

1. 공소제기 전

원칙	공소제기 이전의 수사서류에 대한 열람·등사권은 **원칙적으로 인정되지 않음**
예외	① 피의자신문조서는 피의자에게 열람하게 하거나 읽어 들려주어야 하며, 변호인의 의견이 기재된 피의자신문조서도 변호인에게 열람하게 해야 함 ② 긴급체포 후 석방된 자 또는 그 변호인·법정대리인·배우자·직계친족·형제자매는 통지서 및 관련 서류를 열람·등사할 수 있음 ③ **구속 전 피의자심문**에 참여할 변호인은 지방법원판사에게 제출된 구속영장청구서 및 그에 첨부된 고소·고발장, 피의자의 진술을 기재한 서류와 피의자가 제출한 서류를 열람할 수 있음 15. 경찰승진 ④ **체포·구속적부심사**에 참여할 변호인은 법원에 제출된 체포·구속영장청구서 및 그에 첨부된 고소·고발장, 피의자의 진술을 기재한 서류와 피의자가 제출한 서류를 열람할 수 있음 15. 국가직 7급, 17. 법원직 9급 ⑤ 구속영장이 청구되거나 체포·구속된 피의자와 그 변호인 등은 현행범인체포서, 체포영장, 구속영장 또는 그 청구서를 보관하고 있는 검사, 사법경찰관 또는 법원사무관 등에게 그 등본의 교부를 청구할 수 있음 15. 경찰승진 ⑥ 검사, 피고인, 피의자 또는 변호인은 판사의 허가를 얻어 증거보전의 처분에 관한 서류와 증거물을 열람·등사할 수 있음

> ⚖ **판례 | 공소제기 전에 수사서류에 대한 열람·등사권이 인정되는 사례**
>
> 고소로 시작된 형사피의사건의 **구속적부심절차에서 피구속자의 변호를 맡은 변호인은 고소장과 피의자신문조서의 내용을 알 권리가 있는 것이고**, 따라서 그 알 권리를 행사하여 경찰서장에게 위 서류들의 공개를 청구할 권리가 있다(헌재 2003.3.27, 2000헌마474 **인천서부서 열람·등사 거부 사건**). 14·16. 경찰승진, 16. 경찰채용, 18. 경찰간부

2. 공소제기 후

(1) 법원에 제출되지 않은 서류 등

검사 보관 서류 등	① 피고인 또는 변호인은 검사에게 아래 서류 등의 열람·등사 또는 서면의 교부를 신청할 수 있음. 다만, 피고인에게 변호인이 있는 경우에는 피고인은 열람만 신청할 수 있음 14·15·16·17. 경찰간부·경찰채용, 15·17. 경찰승진, 15. 국가직 7급, 16·17. 법원직 9급 ㉠ 검사가 증거로 신청할 서류 등 ㉡ 검사가 증인으로 신청할 사람의 성명·사건과의 관계 등을 기재한 서면 또는 그 사람이 공판기일 전에 행한 진술을 기재한 서류 등 ㉢ ㉠㉡의 서면 또는 서류 등의 증명력과 관련된 서류 등 ㉣ 피고인 또는 변호인이 행한 법률상·사실상 주장과 관련된 서류 등 ➜ **관련 형사재판 확정기록, 불기소처분기록 등 포함** ② 증거개시의 대상인 서류 등은 도면·사진·녹음테이프·비디오테이프·컴퓨터용디스크, 그밖에 정보를 담기 위하여 만들어진 물건으로서 **문서가 아닌 특수매체도 포함**. 특수매체에 대한 등사는 필요최소한의 범위에 한함 16. 경찰채용, 17·18. 경찰간부 ③ 검사는 열람·등사 또는 서면의 교부를 거부하거나 그 범위를 제한할 수 있음. 다만, 서류의 목록은 거부나 제한할 수 없음 14·16·18. 경찰간부, 16·17. 경찰채용, 16. 법원직 9급, 17. 경찰승진

	④ 검사는 열람·등사 또는 서면의 교부를 거부하거나 그 범위를 제한하는 때에는 지체 없이 그 이유를 서면으로 통지해야 함(《주의》 서면 또는 구술 ×) 14·18. 경찰간부, 14·16·17. 경찰채용, 17. 경찰승진 ⑤ 피고인 또는 변호인은 검사가 열람·등사 등을 거부하거나 그 범위를 제한한 때 또는 신청을 받은 때부터 48시간 이내에 통지를 하지 아니하는 때에 법원에 열람·등사 또는 서면의 교부를 허용하도록 할 것을 신청할 수 있음 17·19. 경찰채용 ⑥ 법원은 검사에게 열람·등사 또는 서면의 교부를 허용할 것을 명할 수 있음 19. 경찰채용 ⑦ **검사가 법원의 결정을 지체 없이 이행하지 아니하는 때에는** 해당 증인 및 서류 등에 대한 **증거신청을 할 수 없음** 14·15·16·18. 경찰간부, 14. 경찰채용, 17. 경찰승진
피고인 보관 서류 등	① 검사는 피고인 또는 변호인이 **현장부재·심신상실 또는 심신미약** 등 법률상·사실상의 주장을 한 때에는 피고인 또는 변호인에게 아래 서류 등의 열람·등사 또는 서면의 교부를 요구할 수 있음 14. 경찰채용, 17. 경찰간부·국가직 7급 　㉠ 피고인 또는 변호인이 증거로 신청할 서류 등 　㉡ 피고인 또는 변호인이 증인으로 신청할 사람의 성명, 사건과의 관계 등을 기재한 서면 　㉢ ㉠의 서류 등 또는 ㉡의 서면의 증명력과 관련된 서류 등 　㉣ 피고인 또는 변호인이 행한 법률상·사실상의 주장과 관련된 서류 등 ② 피고인 또는 변호인은 검사가 서류 등의 열람·등사 또는 서면의 교부를 거부한 때에는 자신도 서류 등의 열람·등사 또는 서면의 교부를 거부할 수 있음 16. 법원직 9급 ③ 검사는 피고인 또는 변호인이 열람·등사 또는 서면의 교부를 거부한 때에는 법원에 그 서류 등의 열람·등사 또는 서면의 교부를 허용하도록 할 것을 신청할 수 있음 ④ 법원은 피고인 또는 변호인에게 열람·등사 또는 서면의 교부를 허용할 것을 명할 수 있음 ⑤ 피고인 또는 변호인이 법원의 결정을 지체 없이 이행하지 아니하는 때에는 해당 증인 및 서류 등에 대한 증거신청을 할 수 없음

⚖️판례 |

1 법원의 열람·등사 허용 결정에 대하여 불복할 수 있는지의 여부(= 소극)

① **법원이 검사에게 수사서류 등의 열람·등사 또는 서면의 교부를 허용할 것을 명한 결정**은 피고사건 소송절차에서의 증거개시와 관련된 것으로서 '**판결 전의 소송절차에 관한 결정**'에 해당한다 할 것인데, 위 결정에 대하여는 즉시항고에 관한 규정을 두고 있지 않으므로 제402조에 의한 항고의 방법으로 불복할 수 없다(대결 2013.1.24. 2012모1393). 14. 경찰채용, 15. 국가직 7급

② 형사소송법 제266조의4는 검사의 열람·등사 거부처분에 대하여 법원이 그 허용 여부를 결정하도록 하면서도 법원의 열람·등사 허용 결정에 대하여 집행정지의 효력이 있는 즉시항고로 불복할 수 있는 명문의 규정을 두고 있지 않으므로 **법원의 열람·등사 허용 결정은 그 결정이 고지되는 즉시 집행력이 발생한다**(대판 2012.11.15. 2011다48452 **용산참사 사건**). 15. 국가직 7급

2 법원의 열람·등사 허용 결정을 이행하지 않는 검사의 조치가 피고인의 헌법상 기본권을 침해하는지의 여부(적극)

① (증거개시절차에 있어) **법원의 열람·등사 허용 결정에도 불구하고 검사가 이를 신속하게 이행하지 아니하는 경우에는** 해당 증인 및 서류 등을 증거로 신청할 수 없는 불이익을 받는 것에 그치는 것이 아니라, 그러한 **검사의 거부행위는 피고인의 열람·등사권을 침해하고**, 나아가 피고인의 신속·공정한 재판을 받을 권리 및 변호인의 조력을 받을 권리까지 침해하게 되는 것이다(헌재 2010.6.24. 2009헌마257 **용산참사 사건**). 15. 국가직 7급, 18. 국가직 9급

② (증거개시절차에 있어) **검사가 법원의 수사서류 열람·등사 허용 결정 이후 해당 수사서류에 대한 열람은 허용하고 등사만을 거부한 경우**, 변호인이 수사서류를 열람은 하였지만 등사가 허용되지 않는다면 변호인은 형사소송절차에서 피고인들에게 유리한 수사서류의 내용을 법원에 현출할 수 있는 방법이 없어 불리한 지위에 놓이게 되고, 그 결과 피고인들을 충분히 조력할 수 없음이 명백하므로 **검사가 수사서류에 대한 등사만을 거부하였다 하더라도 피고인들의 신속·공정한 재판을 받을 권리 및 변호인의 조력을 받을 권리가 침해되었다고 보아야 한다**(헌재 2017.12.28, 2015헌마632 2013년 민변 시위 사건).

(2) 법원에 제출된 서류 등

피고인 등	① 피고인과 변호인은 소송계속 중의 관계 서류 또는 증거물을 열람하거나 복사할 수 있음 15. 경찰채용, 17. 국가직 7급·법원직 9급 ② 피고인의 법정대리인, 특별대리인, 보조인 또는 피고인의 배우자·직계친족·형제자매로서 피고인의 위임장 및 신분관계를 증명하는 문서를 제출한 자도 소송계속 중의 관계 서류 또는 증거물을 열람하거나 복사할 수 있음(《주의》 위임장 또는 신분관계를 증명하는 문서 ×) 15. 국가직 9급 ③ 재판장은 피해자, 증인 등 사건관계인의 생명 또는 신체의 안전을 현저히 해칠 우려가 있는 경우에는 열람·복사에 앞서 사건관계인의 성명 등 개인정보가 공개되지 아니하도록 보호조치를 할 수 있음 17. 경찰채용·국가직 7급
피해자 등	① 소송계속 중인 사건의 **피해자**(피해자가 사망하거나 그 심신에 중대한 장애가 있는 경우 그 배우자·직계친족 및 형제자매 포함), 법정대리인 또는 이들로부터 위임을 받은 배우자·직계친족·형제자매·변호사는 **소송기록의 열람·등사를 재판장에게 신청할 수 있음** 14. 국가직 9급, 15. 경찰승진·경찰채용, 15·17. 법원직 9급, 17. 경찰간부·국가직 7급 ② 재판장은 열람·등사의 신청이 있는 때에는 지체 없이 검사, 피고인 또는 변호인에게 그 취지를 통지해야 함 ③ **재판장은** 상당하다고 인정하는 때에는 **열람·등사를 허가할 수 있음** 15. 법원직 9급 ④ 재판장이 등사를 허가하는 경우에는 등사한 소송기록의 사용목적을 제한하거나 적당하다고 인정하는 조건을 붙일 수 있음 15. 국가직 9급 ⑤ 소송기록을 열람·등사한 자는 열람·등사에 의하여 알게 된 사항을 사용함에 있어서 부당히 관계인의 명예나 생활의 평온을 해하거나 수사와 재판에 지장을 주지 않도록 해야 함 ⑥ ③ 및 ④에 관한 재판에 대하여는 **불복할 수 없음** 15. 경찰채용·국가직 9급

3. 판결확정 후

(1) 재판확정기록의 열람·등사

의의	**누구든지** 권리구제·학술연구 또는 공익적 목적으로 재판이 확정된 사건의 소송기록을 보관하고 있는 **검찰청에** 그 소송기록의 열람·등사를 신청할 수 있음 17. 국가직 7급, 18. 법원직 9급
열람·등사의 제한	검사는 심리가 비공개로 진행된 경우 등 일정한 사유가 있으면 열람·등사를 제한할 수 있음. 다만, 소송관계인이나 이해관계 있는 제3자가 열람·등사에 관하여 정당한 사유가 있다고 인정되는 경우에는 그렇지 않음
열람·등사의 제한에 대한 불복	열람·등사에 관한 검사의 처분에 불복하는 경우에는 당해 기록을 보관하고 있는 검찰청에 대응한 법원에 그 처분의 취소 또는 변경을 신청할 수 있음

(2) 확정판결서 등의 열람·복사

의의 18. 법원직 9급	누구든지 판결이 확정된 사건의 판결서 또는 그 등본, 증거목록 또는 그 등본, 그 밖에 검사나 피고인 또는 변호인이 법원에 제출한 서류·물건의 명칭·목록 또는 이에 해당하는 정보(판결서 등)를 보관하는 법원에서 열람 및 복사(인터넷 그 밖의 전산정보처리시스템을 통한 전자적 방법 포함)할 수 있음
열람·복사의 제한	심리가 비공개로 진행된 경우 등 일정한 사유가 있으면 판결서 등의 열람 및 복사를 제한할 수 있음. 다만, 예외적으로 열람 및 복사에 관하여 정당한 사유가 있는 소송관계인이나 이해관계 있는 제3자는 법원사무관 등이나 그 밖의 법원공무원에게 판결서 등의 열람 및 복사를 신청할 수 있음
법원공무원의 조치 등 18. 법원직 9급	① 법원공무원은 열람 및 복사에 앞서 판결서 등에 기재된 성명 등 개인정보가 공개되지 아니하도록 보호조치를 해야 함 ② 개인정보 보호조치를 한 법원공무원은 **고의 또는 중대한 과실**로 인한 것이 아니면 열람 및 복사와 관련하여 민사·형사상 책임을 지지 않음
열람·복사의 제한에 대한 불복	소송관계인이나 이해관계 있는 제3자가 법원공무원의 열람 및 복사에 관한 처분에 불복하는 경우에는 **법원**에 그 처분의 취소 또는 변경을 신청할 수 있음

> **⚖️판례 │ 형사소송법 제59조의2에서 정한 '재판이 확정된 사건의 소송기록'의 의미와 불복방법**
>
> [1] 형사소송법 제59조의2의 **'재판이 확정된 사건의 소송기록'이란** 특정 형사사건에 관하여 법원이 작성하거나 검사, 피고인 등 소송관계인이 작성하여 법원에 제출한 서류들로서 **재판확정 후 담당 기관이 소정의 방식에 따라 보관하고 있는 서면의 총체라 할 수 있고**, 위와 같은 방식과 절차에 따라 보관되고 있는 이상 해당 형사사건에서 증거로 채택되지 아니하였거나 그 범죄사실과 직접 관련되지 아니한 서류라고 하여 재판확정기록에 포함되지 않는다고 볼 것은 아니다. [2] **형사재판확정기록에 관해서는** 형사소송법 제59조의2에 따른 열람·등사신청이 허용되고 그 거부나 제한 등에 대한 불복은 **준항고에 의하며**, 형사재판확정기록이 아닌 **불기소처분으로 종결된 기록**(이하 '불기소기록'이라 한다)에 관해서는 정보공개법에 따른 정보공개청구가 허용되고 그 거부나 제한 등에 대한 불복은 **항고소송절차에 의한다**(대결 2022.2.11. 2021모3175 **약식명령 수사기록 사건**).

06 당사자능력과 소송능력

1. 당사자능력

의의	소송법상 당사자(특히 피고인)가 될 수 있는 일반적·추상적인 능력
당사자능력이 있는 자	① 모든 자연인 ➡ 연령 또는 소송능력 유무 불문 17. 경찰간부 ② 모든 법인 ➡ 처벌규정 유무 불문 17. 경찰간부
당사자능력의 소멸	① 당사자능력이 소멸한 경우 즉 피고인이 사망하거나 피고인인 법인이 존속하지 아니하게 되었을 때에는 공소기각결정 고지 ② 재심절차의 경우에는 당사자능력의 소멸이 재심심판에 영향을 주지 않음

⚖️판례 | 합병으로 소멸한 법인이 양벌규정에 따라 부담하던 형사책임이 합병 후 존속회사에 승계되는지의 여부(소극)

합병으로 인하여 소멸한 법인이 그 종업원 등의 위법행위에 대해 양벌규정에 따라 부담하던 형사책임은 그 성질상 이전을 허용하지 않는 것으로서 **합병으로 인하여 존속하는 법인에 승계되지 않는다**(대판 2015.12.24, 2015도13946 **낙동강 하구둑 입찰담합 사건**). 15. 국가직 9급

2. 소송능력

의의	피고인으로서 유효하게 소송행위를 할 수 있는 정신능력
소송능력 흠결	① 소송능력은 소송행위의 유효요건이므로 소송능력이 없는 자의 소송행위는 원칙적으로 무효 ② 소송능력을 결한 경우에는 원칙적으로 공판절차정지 ③ 공판절차정지에 대한 예외 15. 경찰승진 　㉠ 의사무능력자의 소송행위 대리 　㉡ 피고인인 법인의 대표 　㉢ 무죄, 면소, 형의 면제 또는 공소기각의 재판을 할 경우 　㉣ 재심절차

⚖️판례 |

1 소송능력의 의의

형사소송법상 **소송능력이라 함은** 소송당사자가 유효하게 소송행위를 할 수 있는 능력, 즉 **피고인 또는 피의자가 자기의 소송상의 지위와 이해관계를 이해하고 이에 따라 방어행위를 할 수 있는 의사능력**을 의미한다. 의사능력이 있으면 소송능력이 있다는 원칙은 피해자 등 제3자가 소송행위를 하는 경우에도 마찬가지라고 보아야 한다[대판 2009.11.19, 2009도6058(전합) **14세 가출녀 강간 사건**].

2 소송능력이 인정되는 경우

피해자가 처벌희망 의사표시를 철회할 당시 나이가 14세 10개월이었더라도 그 **철회의 의사표시가 의사능력이 있는 상태에서 행해졌다면** 법정대리인의 동의가 없었더라도 유효하다[대판 2009.11.19, 2009도6058(전합) **14세 가출녀 강간 사건**]. 14. 변호사, 15. 경찰채용·국가직 9급

3 소송능력이 인정되지 않는 경우

① **교통사고의 피해자가 의식을 회복하지 못하고 있는 이상** 피해자에게 반의사불벌죄에서 처벌희망 여부에 관한 의사표시를 할 수 있는 소송능력이 있다고 할 수 없다(대판 2013.9.26, 2012도568).

② 음주운전과 관련한 도로교통법 위반죄의 범죄수사를 위하여 미성년자인 피의자의 혈액채취가 필요한 경우에도 피의자에게 의사능력이 있다면 피의자 본인만이 혈액채취에 관한 유효한 동의를 할 수 있고, **피의자에게 의사능력이 없는 경우에도** 명문의 규정이 없는 이상 **법정대리인이 피의자를 대리하여 동의할 수는 없다**(대판 2014.11.13, 2013도1228 **의정부 강제채혈 사건**). 15·17·18. 경찰채용·국가직 9급, 16. 경찰간부, 17. 경찰승진용, 18. 변호사

제4절 변호인

01 의의

의의		피의자 · 피고인의 방어권을 보충하는 것을 임무로 하는 보조자
변호의 종류	실질적 변호	법원 또는 검사가 담당하는 변호적 기능
	형식적 변호	변호인에 의한 변호

02 변호인의 선임

1. 사선변호인

의의		피의자 · 피고인 등 사인이 선임하는 변호인
선임권자	자연인	① **피의자 · 피고인**은 변호인을 선임할 수 있음 ② 피의자 · 피고인의 **법정대리인 · 배우자 · 직계친족 · 형제자매**는 독립하여 변호인을 선임할 수 있음(《주의》 가족 ×, 동거인 ×, 고용주 ×) 14. 경찰채용
	법인	법인의 대표가 변호인을 선임할 수 있음
변호인의 자격		변호인은 **변호사** 중에서 선임해야 함. 다만, 대법원 이외의 법원은 특별한 사정이 있으면 **변호사 아닌 자를 변호인**으로 선임함을 허가할 수 있음(특별변호인) 17. 경찰채용
선임의 방식		변호인선임은 **심급마다** 선임자와 변호인이 연명날인한 **변호인선임서**를 법원 또는 수사기관에 제출함으로써 이루어짐 16. 경찰간부
선임의 효력	사건	① 원칙: 선임의 효력은 공소사실의 동일성이 인정되는 사건 전부 그리고 그 소송절차 전부에 미침 ② 예외: 하나의 사건에 관하여 한 변호인선임은 동일법원의 동일피고인에 대하여 **병합된 다른 사건에 관하여도 그 효력이 있음**. 다만, 피고인 또는 변호인이 이와 다른 의사표시를 한 때에는 그렇지 않음
	심급	① 원칙: 변호인선임은 당해 심급에 한하여 효력이 있음 ② 예외 　㉠ 공소제기 전의 변호인선임은 **제1심에도 그 효력이 있음** 15·17. 경찰채용, 15. 변호사, 16. 경찰간부 　㉡ 제1심 법원에서의 변호인선임은 항소심의 파기환송 · 파기이송이 있은 후에도 그 효력이 있음 15. 변호사
대표변호인		① 피고인에게 수인의 변호인이 있는 때에는 재판장은 직권 또는 신청에 의하여 3인 이하의 대표변호인을 지정할 수 있고 그 지정을 철회 · 변경할 수 있음. 피의자의 경우 검사가 지정함 (《주의》 3인 이하의 변호인을 지정 ×) ② 대표변호인에 대한 통지 또는 서류의 송달은 변호인 전원에 대하여 효력이 있음

⚖️ **판례 |**

1 변호인선임의 방식(= 변호인선임신고서 '원본'의 제출)

변호인선임신고서는 특별한 사정이 없는 한 원본을 의미한다고 할 것이고 사본은 이에 해당하지 않는다(대결 2005.1.20, 2003모429 **선임서 사본 사건**).

2 국선변호인 선정의 효력이 이후 병합된 다른 사건에도 효력이 있는지의 여부(적극)

국선변호인 선정의 효력은 선정 이후 병합된 다른 사건에도 미치는 것이므로 항소심에서 국선변호인이 선정된 이후 변호인이 없는 다른 사건이 병합된 경우에는 항소법원은 지체 없이 국선변호인에게 병합된 사건에 관한 소송기록접수통지를 함으로써 국선변호인이 통지를 받은 날로부터 기산한 소정의 기간 내에 피고인을 위하여 항소이유서를 작성·제출할 수 있도록 하여 변호인의 조력을 받을 피고인의 권리를 보호하여야 한다(대판 2010.5.27, 2010도3377). 16. 국가직 7급, 17. 법원직 9급

3 항소심에서의 변호인선임이 상고심의 파기환송이 있은 후에도 효력이 있는지의 여부(적극)

상고심의 환송 전 원심에서 선임된 변호인의 변호권은 사건이 **환송된 뒤에는 항소심에서 다시 생긴다**(대판 1968.2.27, 68도64). 15. 변호사, 16. 법원직 9급

4 사선변호인선임과 국선변호인선정의 법적 성질

사선변호인의 선임은 피고인 등 변호인 선임권자와 변호인의 사법상 계약으로 이루어지는 반면 **국선변호인의 선정**은 법원의 재판행위이므로, 양자는 그 **성질이 다르다**[대판 2018.11.22, 2015도10651(전합)].

5 변호사법상 수임제한 규정을 위반한 선임 행위의 효력(유효)

피고인이 스스로 선임한 사선변호인에게 변호사법상 **수임제한 규정을 위반한 위법**이 있다고 하더라도 다른 특별한 사정이 없는 한, 그 **소송절차가 무효로 된다고 볼 수 없다**(대판 2009.2.26, 2008도9812). 19. 국가직 7급

2. 국선변호인

(1) 의의 및 선정사유

의의	법원 또는 법관이 선정하는 변호인	
선정사유	공소제기 전	① 영장실질심사 ② 체포·구속적부심사
	공소제기 후	① 일반공판절차(필요적 변호사건 또는 국선변호사건) - 다음 칸 참고 ② 공판준비기일 ③ 재심절차 ④ 국민참여재판 ⑤ 군사재판 ⑥ 치료감호청구사건 ⑦ 전자장치 부착명령 청구사건 ⑧ 성충동약물치료명령 청구사건
필요적 변호사건 (국선변호 사건)	① 피고인이 다음 어느 하나에 해당하는 경우 법원은 직권으로 변호인을 선정해야 함 15·16·18. 경찰승진, 15. 국가직 7급 　㉠ 구속된 때 　㉡ 미성년자 또는 70세 이상인 때 　㉢ 농아자 또는 심신장애의 의심이 있는 때	

	㉣ 사형, 무기 또는 단기 3년 이상의 징역이나 금고에 해당하는 사건으로 기소된 때
	㉤ 빈곤 그 밖의 사유로 변호인을 선임할 수 없는 때. 다만, 피고인의 청구를 요함
	㉥ 피고인의 연령·지능 및 교육 정도 등을 참작하여 권리보호를 위하여 필요하다고 인정하는 때. 다만, 피고인의 명시적 의사에 반할 수 없음
	② ① 사건에 관하여 변호인 없이는 개정하지 못함. 단, **판결만을 선고할 경우에는 예외** 14. 경찰간부·국가직 9급, 15. 국가직 7급
	③ ② 사건에 관하여 변호인이 출석하지 아니한 때에는 법원은 직권으로 변호인을 선정해야 함
자격 및 수	① 국선변호인은 **변호사·공익법무관·사법연수생** 중에서 이를 선정하지만, 부득이한 때에는 **변호사 아닌 자** 중에서도 선정 가능
	② 국선변호인은 원칙적으로 피고인마다 1인을 선정. 다만, 아래와 같은 예외 있음
	㉠ 사건의 특수성에 비추어 필요하다고 인정할 때에는 1인의 피고인에게 수인의 국선변호인을 선정할 수 있음
	㉡ 피고인 수인간에 **이해가 상반되지 아니할 때에는** 그 수인의 피고인을 위하여 동일한 국선변호인을 선정할 수 있음 18. 경찰승진

⚖ 판례 |

1 '피고인이 구속된 때' 관련 판례

① 형사소송법 제33조 제1항 제1호 소정의 '**피고인이 구속된 때**'라고 함은 피고인이 당해 형사사건에서 **이미 구속되어 재판을 받고 있는 경우를** 의미하는 것이므로 불구속 피고인에 대하여 판결을 선고한 다음 법정구속을 하더라도 구속되기 이전까지는 위 규정이 적용된다고 볼 수 없다(대판 2011.3.10, 2010도17353). 18. 법원직 9급

② 형사소송법 제33조 제1항 제1호의 '**피고인이 구속된 때**'라고 함은, 피고인이 당해 형사사건에서 구속되어 재판을 받고 있는 경우를 의미하고, 피고인이 별건으로 구속되어 있거나 다른 형사사건에서 유죄로 확정되어 수형중인 경우는 이에 해당하지 아니한다(대판 2009.5.28, 2009도579). 15. 경찰승진, 17. 경찰간부, 18. 법원직 9급

2 '빈곤 그 밖의 사유' 관련 판례

① 피고인이 원심 **변론종결시까지 국선변호인 선정을 청구한 일이 없다면,** 국선변호인을 선정함이 없이 진행한 공판절차는 위법이라고 할 수 없다(대판 1983.10.11, 83도2117).

② 피고인이 '지체(척추) 4급 장애인으로서 **국민기초생활수급자에 해당한다**'는 소명자료를 첨부하여 **국선변호인 선정청구**를 하였음에도, 원심이 국선변호인을 선정하지 아니한 채 공판심리를 진행한 것은 판결에 영향을 미친 위법이 있다(대판 2011.3.24, 2010도18103).

③ 국선변호인선임청구를 기각한 결정은 판결 전의 소송절차이므로 그 결정에 대하여 즉시항고를 할 수 있는 근거가 없는 이상 그 결정에 대하여는 재항고도 할 수 없다(대결 1993.12.3, 92모49). 16. 국가직 7급

④ **공판절차가 아닌** 재심개시결정 전의 절차에서 국선변호인선임청구를 할 수 없는 것이므로 재심청구인의 국선변호인선임청구를 기각한 것은 적법하다(대결 1993.12.3, 92모49). 15. 경찰승진, 17. 경찰간부

3 '권리보호를 위해서 필요한 때' 관련 판례

① 피고인이 3급 청각(청력)장애인으로서 공판기일에서의 구술로 진행되는 변론과정이나 증거서류의 낭독 등 증거조사과정에서 방어권을 행사함에 있어 상당한 곤란을 겪는 정도인 경우, 법원으로서는 형사소송법 제33조 제3항의 규정을 준용하여 **피고인의 명시적 의사에 반하지 아니하는 범위 안에서 국선변호인을 선정하여 방어권을 보장해 줄 필요가 있다** 할 것이다(대판 2010.6.10, 2010도4629).

② 피고인이 2급 시각장애인인 경우 법원은 형사소송법 제33조 제3항의 규정을 적용하여 그 시각장애의 정도를 비롯하여 연령·지능·교육 정도 등을 확인한 다음, **피고인의 명시적 의사에 반하지 아니하는 범위 안에서 국선변호인을 선정하는 절차를 취하여야 한다**(대판 2014.8.28, 2014도4496).
15. 경찰채용, 16. 국가직 7급

4 즉결심판을 받은 피고인이 정식재판청구를 함으로써 공판절차가 개시된 경우 형사소송법 제283조가 적용되는지의 여부(적극)

즉결심판을 받은 피고인이 정식재판청구를 함으로써 공판절차가 개시된 경우에는 통상의 공판절차와 마찬가지로 국선변호인의 선정에 관한 형사소송법 제283조의 규정이 적용된다(대판 1997.2.14, 96도3059 **대구 할아버지 사건**). 16. 국가직 9급

5 집행유예취소청구사건에서도 국선변호인제도가 인정되는지의 여부(소극)

국선변호인 제도는 구속영장실질심사, 체포·구속적부심사의 경우를 제외하고는 공판절차에서 피고인의 지위에 있는 자에게만 인정되고 **집행유예의 취소청구 사건의 심리절차에서는 인정되지 않는다**(대결 2019.1.4, 2018모3621).

6 필요적 변호사건에서 변호인 없이 이루어진 공판절차에서의 소송행위 효력(무효)

① **필요적 변호사건**에 해당하는 사건에서 제1심의 **공판절차가 변호인 없이 이루어져 증거조사와 피고인신문 등 심리가 이루어졌다면**, 그와 같은 위법한 공판절차에서 이루어진 증거조사와 피고인신문 등 일체의 소송행위는 모두 무효이다(대판 2011.9.8, 2011도6325). 14. 국가직 9급

② **필요적 변호사건의 공판절차가 변호인 없이 피해자에 대한 증인신문 등 심리가 이루어진 경우** 그와 같은 위법한 공판절차에서 이루어진 피해자에 대한 **증인신문 등 일체의 소송행위는 모두 무효이다**(대판 2008.6.12, 2008도2621 **석궁테러 사건**). 15·18. 국가직 7급, 19. 경찰간부, 20. 경찰채용

③ 피고인이 필요적 변호사건인 A죄(폭력행위처벌법 위반)로 기소된 후 B죄(사기죄)의 약식명령에 대해 정식재판을 청구하여 제1심에서 모두 유죄판결을 받고 항소하였는데, 원심이 **국선변호인을 선정하지 아니한 채 두 사건을 병합·심리하여 항소기각판결을 선고한 경우, 변호인의 관여 없이 공판절차를 진행한 위법은 필요적 변호사건이 아닌 사기죄 부분에도 미치며** 이는 사기죄 부분에 대해 별개의 벌금형을 선고하였더라도 마찬가지이다(대판 2011.4.28, 2011도2279).

7 필요적 변호사건에서 변호인 없이 공판절차가 진행되어 그 공판절차가 위법하게 된 경우, 그 이전에 적법하게 이루어진 소송행위의 효력(유효)

필요적 변호사건에서 변호인이 없거나 출석하지 아니한 채 공판절차가 진행되었기 때문에 그 공판절차가 위법한 것이라 하더라도 그 절차에서의 소송행위 외에 다른 절차에서 적법하게 이루어진 소송행위까지 모두 무효로 된다고 볼 수는 없다(대판 1990.6.8, 90도646 **문익환 목사 방북 사건**).

(2) 국선변호인 선정의 취소 및 사임

취소	필요적 취소	① 피의자·피고인에게 변호인이 선임된 때 ② 국선변호인이 그 자격을 상실한 때 ③ 국선변호인의 사임을 허가한 때
	임의적 취소	① 국선변호인이 그 직무를 성실하게 수행하지 아니하는 때 ② 피의자·피고인의 국선변호인 변경신청이 상당하다고 인정하는 때 ③ 그 밖에 국선변호인의 선정결정을 취소할 상당한 이유가 있는 때

사임	① 질병 또는 장기여행으로 인하여 국선변호인의 직무를 수행하기 곤란할 때 ② 피의자ㆍ피고인으로부터 폭행, 협박 또는 모욕을 당하여 신뢰관계를 지속할 수 없을 때 ③ 피의자ㆍ피고인으로부터 부정한 행위를 할 것을 종용받았을 때 ④ 그 밖에 국선변호인으로서의 직무를 수행하는 것이 어렵다고 인정할 만한 상당한 사유가 있을 때

03 변호인의 지위와 권한

1. 지위

보호자적 지위	피고인의 정당한 법적 이익을 보호해 주는 보호자로서의 지위
공익적 지위	직무수행에 있어서 진실은폐 또는 허위진술을 하여서는 아니되는 진실의무
양 지위의 조화	① 법적 조언(○) ② 무죄의 변론(○) ③ 진술거부권 행사의 권유(○) ④ 고소취소 또는 합의의 시도(○) ⑤ 유죄의 변론, 유죄의 증거제출, 피고인에게 불리한 상소(×) ⑥ 위증교사, 증거위조ㆍ변조, 허위증거 제출(×)

> ⚖ **판례 ┃**
>
> **1 변호인의 진실의무에 위배되지 않는 경우**
> 변호인이 신체구속을 당한 사람에게 법률적 조언을 하는 것은 그 권리이자 의무이므로 변호인이 적극적으로 피고인 또는 피의자로 하여금 허위진술을 하도록 하는 것이 아니라 단순히 **헌법상 권리인 진술거부권이 있음을 알려주고 그 행사를 권고하는 것을 가리켜 변호사로서의 진실의무에 위배되는 것이라고는 할 수 없다**(대결 2007.1.31, 2006모656 **일심회 마이클장 사건**). 14. 변호사, 17. 법원직 9급, 18. 경찰승진
>
> **2 변호인의 진실의무에 위배되는 경우**
> [1] 형사변호인의 기본적인 임무가 피고인 또는 피의자를 보호하고 그의 이익을 대변하는 것이라고 하더라도 그러한 이익은 법적으로 보호받을 가치가 있는 정당한 이익으로 제한되고, 변호인이 의뢰인의 요청에 따른 변론행위라는 명목으로 수사기관이나 법원에 대하여 **적극적으로 허위의 진술을 하거나 피고인 또는 피의자로 하여금 허위진술을 하도록 하는 것은 허용되지 않는다.** [2] 변호인의 비밀유지의무는 변호인이 업무상 알게 된 비밀을 다른 곳에 누설하지 않을 소극적 의무를 말하는 것일 뿐, **진범을 은폐하는 허위자백을 적극적으로 유지하게 한 행위가 변호인의 비밀유지의무에 의하여 정당화될 수는 없다**(대판 2012.8.30, 2012도6027 **범인 바꿔치기 변호사 사건**). 14. 경찰간부

2. 권한

고유권	① 변호인만 가지는 권리: 피의자·피고인과의 접견교통권, 피고인신문권, 상고심에서의 변론권 등 ② 피고인과 중복해서 가지는 권리: 서류 등 열람등사권, 공판기일출석권, 압수·수색에의 참여권, 증인신문권 등	
대리권	독립대리권	① 명시한 의사에 반할 수 있는 권리(피고인에게 유리) 　㉠ 구속취소청구 　㉡ 보석의 청구 　㉢ 증거보전의 청구 　㉣ 증거조사에 대한 이의신청 등 ② 명시한 의사에 반할 수 없는 권리 　㉠ 기피신청 　㉡ 상소의 제기 　㉢ 증거동의(판례)
	종속대리권	피고인의 의사에 반해서는 행사할 수 없는 권리(피고인에게 불리) ① 상소의 취하 ② 관할이전신청 ③ 관할위반신청 등

04 보조인

의의	피의자·피고인과 일정한 신분관계에 있는 자로서 변호인 이외의 보조자
자격과 권한	① 자격 　㉠ 피고인 또는 피의자의 **법정대리인, 배우자, 직계친족과 형제자매**는 보조인이 될 수 있음 　㉡ 보조인이 될 수 있는 자가 없거나 장애 등의 사유로 보조인으로서 역할을 할 수 없는 경우에는 피고인 또는 피의자와 **신뢰관계 있는 자**가 보조인이 될 수 있음 ② 신고와 권한 　㉠ 보조인이 되고자 하는 심급별로 그 취지를 신고해야 함 　㉡ 보조인은 독립하여 피의자·피고인의 명시한 의사에 반하지 아니하는 소송행위를 할 수 있음. 다만, 법률에 다른 규정이 있는 때에는 예외로 함

제2장 소송행위와 소송조건

제1절 소송행위의 의의와 종류

의의	소송절차를 형성하는 행위로서 일정한 소송법적 효과가 발생하는 행위	
종류	주체	① 법원의 소송행위 ② 당사자의 소송행위 ③ 제3자의 소송행위
	기능	① 취효적(효과요구) 소송행위 ② 여효적(효과부여) 소송행위
	성질	① 법률행위적 소송행위 ② 사실행위적 소송행위 ③ 복합적 소송행위
	목적	① 실체형성행위 ② 절차형성행위

제2절 소송행위의 일반적 요소

01 소송행위의 주체

소송행위 적격	소송행위 주체가 자신의 이름으로 소송행위를 할 수 있는 자격
소송행위 대리	① 명문의 규정이 있는 경우 ➡ 대리 ○ 　㉠ 의사무능력자의 소송행위 대리, 법인의 대표, 변호인·보조인에 의한 소송행위 대리 등 　㉡ 변호인선임의 대리, **고소·고소취소의 대리**, 재정신청의 대리, 상소의 대리 등 ② 명문의 규정이 없는 경우 ➡ 대리 × 　㉠ 명문의 규정이 없는 경우에는 소송행위 대리는 허용되지 않음 　㉡ **고발**, 자수, 자백, 증언, 감정 등의 대리는 허용되지 않음 14. 경찰승진

02 소송행위의 방식 등

1. 방식 14. 국가직 7급

구분	내용
구두주의	① 진술거부권 고지 ② 인정신문 ③ 불필요한 변론의 제한 ④ 검사와 피고인의 모두진술 ⑤ 증인신문 ⑥ 피고인신문 ⑦ 검사와 피고인의 최후진술 등
서면주의	① 변호인선임 ② 영장의 청구 · 발부 ③ 체포 · 구속의 통지 ④ 불기소처분 통지 및 이유통지 ⑤ 재정신청 ⑥ 증거보전청구 ⑦ 증인신문청구 ⑧ 공소의 제기 ⑨ 상소의 제기 ⑩ 상소권회복청구 등
구두주의 또는 서면주의	① 고소 · 고발과 그 취소 ② 공소의 취소 ③ 기피신청 ④ 증거조사신청과 이의신청 ⑤ 공소장변경 ⑥ 상소의 포기 · 취하 등

2. 소송서류

분류		내용

분류	성질	① 의사표시적 문서
		  ㉠ 일정한 의사표시를 내용으로 하는 문서로서 **공소장, 변호인선임서, 재판서 등**
		  ㉡ 당해 사건에서 증거능력이 없음
		② 보고적 문서
		  ㉠ 일정한 사실의 보고를 내용으로 하는 문서로서 **검증조서, 공판조서, 피의자신문조서, 참고인진술조서 등**
		  ㉡ 증거능력이 인정될 수 있음 ➡ **전문법칙 참고**

	작성자	① 공무원의 서류: 작성 연월일과 소속공무소를 기재하고 **기명 · 날인 또는 서명**해야 함 ② 비공무원의 서류: 작성 연월일을 기재하고 **기명날인 또는 서명**해야 함
조서	조서	① 피의자 · 피고인 · 증인 · 감정인 등을 신문하는 때에는 참여한 법원사무관 등이 그 진술 등을 기재하여 조서를 작성함 ② 검증 · 압수 · 수색에 관하여는 조서를 작성함 ③ 조서에는 서면, 사진, 속기록, 녹음물, 영상녹화물, 녹취서 등 적당하다고 인정한 것을 인용하고 소송기록에 첨부하거나 전자적 형태로 보관하여 조서의 일부로 할 수 있음 14. 경찰간부
	공판조서	① 공판기일의 소송절차가 법정의 방식에 따라 적법하게 행하여졌는지 여부를 확인하기 위하여 법원사무관 등이 작성하는 조서 18. 경찰승진 ② 공판조서는 각 공판기일 후 신속히 정리해야 함 ③ 검사, 피고인 또는 변호인은 공판조서의 기재에 대하여 **변경을 청구하거나 이의를 제기할 수 있음.** 이 경우 그 취지와 이에 대한 재판장의 의견을 기재한 조서를 당해 공판조서에 첨부해야 함 ④ 피고인은 공판조서의 열람 · 등사를 청구할 수 있고, 청구에 응하지 않은 경우 그 공판조서를 유죄의 증거로 할 수 없음 ⑤ 공판기일의 소송절차로서 공판조서에 기재된 것은 그 조서만으로써 증명함

속기 등	① 법원은 검사, 피고인 또는 변호인의 신청이 있는 때에는 특별한 사정이 없는 한 심리의 전부 또는 일부를 **속기**하게 하거나 **녹음** 또는 **영상녹화**하여야 하며, 필요하다고 인정하는 때에는 직권으로 이를 명할 수 있음
	② 법원은 속기록·녹음물 또는 영상녹화물을 공판조서와 **별도로 보관**해야 함(《주의》 함께 보관 ×)
	③ 속기록, 녹음물, 영상녹화물 또는 녹취서는 전자적 형태로 이를 보관할 수 있으며 **재판이 확정되면 폐기함**. 다만, 속기록, 녹음물, 영상녹화물 또는 녹취서가 조서의 일부가 된 경우에는 그렇지 않음(《주의》 판결이 선고되면 폐기한다. ×) 14. 경찰간부

⚖️**판례 |**

1 공소장의 증거능력 유무(소극)

검사의 공소장은 법원에 대하여 형사재판을 청구하는 서류로서 그 기재내용이 실체적 사실인정의 **증거자료가 될 수는 없다**(대판 1978.5.23, 78도575). 15·16. 경찰승진

2 공소장에 간인이 없는 경우

공소장에 검사의 간인이 없더라도 그 공소장의 형식과 내용이 연속된 것으로 일체성이 인정되고 동일한 검사가 작성하였다고 인정되는 한 그 공소장을 형사소송법 제57조 제2항에 위반되어 효력이 없는 서류라고 할 수 없다. 이러한 공소장 제출에 의한 공소제기는 그 절차가 법률의 규정에 위반하여 무효인 때에 해당한다고 할 수 없다(대판 2021.12.30, 2019도16259 간인누락 공소장 사건). 22. 법원직 9급

3 구 형사소송법 제59조에 위반한 서류(기명날인이 없는 서류)

피고인이 즉결심판에 대하여 제출한 정식재판청구서에 **피고인의 자필로 보이는 이름이 기재되어 있고 그 옆에 서명이 되어 있어** 위 서류가 작성자 본인인 피고인의 진정한 의사에 따라 작성되었다는 것을 명백하게 확인할 수 있다면, **피고인의 인장이나 지장이 찍혀 있지 않다고 하더라도 해당 정식재판청구는 적법하다고 보아야 한다**(대결 2019.11.29, 2017모3458 정식재판청구서 자필·서명 사건). 22. 국가직 7급

4 피고인의 공판조서 열람·등사청구권이 침해된 경우 그 공판조서의 증거능력 유무(소극)

피고인의 공판조서에 대한 열람 또는 등사청구에 법원이 불응하여 피고인의 열람 또는 등사청구권이 침해된 경우에는 그 공판조서를 유죄의 증거로 할 수 없을 뿐만 아니라 공판조서에 기재된 당해 피고인이나 증인의 진술도 증거로 할 수 없다(대판 2012.12.27, 2011도15869). 14. 경찰간부, 18. 경찰승진·법원직 9급

5 피고인이 원하는 시기에 공판조서를 열람·등사하지 못하였더라도 변론종결 전에는 이를 하였던 경우 그 공판조서의 증거능력 유무(= 원칙적 적극)

비록 피고인이 차회 공판기일 전 등 원하는 시기에 공판조서를 열람·등사하지 못하였다 하더라도 그 변론종결 이전에 이를 열람·등사한 경우에는 그 열람·등사가 늦어짐으로 인하여 피고인의 방어권 행사에 지장이 있었다는 등의 특별한 사정이 없는 한 피고인의 공판조서의 열람·등사청구권이 침해되었다고 볼 수 없어 그 공판조서를 유죄의 증거로 할 수 있다(대판 2007.7.26, 2007도3906). 15. 국가직 9급

3. 서류의 송달

검사	검사에 대한 송달은 서류를 **소속 검찰청**에 송부해야 함 17. 법원직 9급, 19. 경찰간부
피고인	송달에 관하여 법률의 다른 규정이 없는 때에는 민사소송법을 준용함 ① 교부송달: 송달은 특별한 규정이 없으면 송달받을 사람에게 서류의 등본 또는 부본을 교부해야 함 ② 송달영수인 제도 　㉠ 피고인 등이 법원 소재지에 서류의 송달을 받을 수 있는 주거·사무소를 두지 아니한 때에는 법원 소재지에 주거·사무소 있는 자를 **송달영수인으로 선임하여 신고**해야 함 　㉡ 송달영수인은 송달에 관하여 본인으로 간주하고 그 주거·사무소는 본인의 주거·사무소로 간주함 　㉢ 송달영수인 제도는 신체구속을 당한 자에게 적용하지 아니함 　㉣ 송달영수인 선임신고를 하지 아니하는 때에는 법원사무관 등은 서류를 우체에 부치거나 기타 적당한 방법에 의하여 송달할 수 있고, 서류를 우체에 부친 경우에는 **도달된 때**에 송달된 것으로 간주함 15·16. 법원직 9급, 19. 경찰간부 ③ 재감자(在監者) 송달: 체포·구속 또는 유치된 사람에게 할 송달은 **교도소·구치소 또는 국가경찰관서의 장**에게 함 15·17. 법원직 9급 ④ 보충송달: 근무장소 외의 송달할 장소에서 송달받을 사람을 만나지 못한 때에는 그 사무원, 피용자 또는 **동거인**으로서 사리를 분별할 지능이 있는 사람에게 서류를 교부할 수 있음 ⑤ 공시송달 　㉠ **피고인의 주거·사무소·현재지를 알 수 없는 때** 또는 피고인이 재판권이 미치지 아니하는 장소에 있는 경우에 할 수 있음 15. 법원직 9급 　㉡ 공시송달은 법원사무관 등이 송달할 서류를 보관하고 그 사유를 법원게시장에 공시함 15·18. 경찰간부, 17. 국가직 7급 　㉢ 최초의 공시송달은 **2주일**이 경과하면 효력 발생, 제2회 이후의 공시송달은 **5일**이 경과하면 **효력 발생** 15·18. 경찰간부, 15. 경찰채용, 17. 법원직 9급

⚖판례 |

1 송달영수인선임 신고의무를 면제받는 '신체구속을 당한 자'의 의미

형사소송법 제60조 제4항이 규정한 **'신체구속을 당한 자'**라 함은 그 사건에서 신체를 구속당한 자를 가리키는 것이요 **다른 사건으로 신체구속을 당한 자는 여기에 해당되지 아니한다**(대결 1976.11.10, 76모69).

2 교도소·구치소에 구속된 자에 대한 송달 방법(= 소장에게 송달)

① 교도소 또는 구치소에 구속된 자에 대한 송달은 **그 소장에게 송달하면 구속된 자에게 전달된 여부와 관계없이 효력이 생기는 것이다**(대판 1995.1.12, 94도2687). 14·19. 경찰간부, 14. 국가직 7급, 15. 국가직 9급, 16. 법원직 9급

② 재판을 받는 자가 구치소에 수용되어 있는 경우 **재판서등본이 모사전송의 방법으로 구치소장에게 송부**되었다면 재판서등본이 구치소장에게 송부된 때 그 재판이 고지되었다고 보아야 한다(대결 2004.8.12, 2004모208).

③ **재감자에 대한 재심기각결정의 송달을 교도소 등의 장에게 하지 아니하였다면 부적법하여 무효**이고 즉시항고 제기기간의 기산일을 정하게 되는 송달 자체가 부적법한 이상 재감자인 피고인이 재심기각결정이 고지된 사실을 다른 방법으로 알았다고 하더라도 송달의 효력은 여전히 발생하지 않는다(대결 2009.8.20, 2008모630).

④ 수소법원이 송달을 실시함에 있어 **당사자 또는 소송관계인의 수감사실을 모르고 종전의 주·거소에 하였다고 하여도 마찬가지로서 송달의 효력은 발생하지 않는다**고 할 것이며, 송달 자체가 부적법한 이상 당사자가 약식명령이 고지된 사실을 다른 방법으로 알았다고 하더라도 송달의 효력은 여전히 발생하지 아니한다고 할 것이다(대결 1995.6.14, 95모14). 16. 법원직 9급

⑤ 피고인이 구치소나 교도소 등에 수감 중에 있는 경우는 형사소송법 제63조 제1항에 규정된 '피고인의 주거, 사무소, 현재지를 알 수 없는 때'나 소송촉진법 제23조에 규정된 '피고인의 소재를 확인할 수 없는 경우'에 해당한다고 할 수 없으므로, 법원이 **수감 중인 피고인에 대하여 공소장 부본과 피고인소환장 등을 종전 주소지 등으로 송달한 경우는 물론 공시송달의 방법으로 송달하였더라도 이는 위법하다.** 따라서 법원은 주거·사무소·현재지 등 소재가 확인되지 않는 피고인에 대하여 공시송달을 할 때에는, 검사에게 주소보정을 요구하거나 기타 필요한 조치를 취하여 피고인의 수감 여부를 확인할 필요가 있다(대판 2013.6.27, 2013도2714). 15. 국가직 9급, 17. 국가직 7급

3 보충송달 관련 판례

형사소송절차에서도 형사소송법 제65조에 의하여 보충송달에 관한 민사소송법 제186조 제1항이 준용되므로 **피고인의 동거 가족에게 서류가 교부되고 그 동거 가족이 사리를 변식할 지능이 있는 이상 피고인이 그 서류의 내용을 알지 못한 경우에도 송달의 효력이 있고**, 사리를 변식할 지능이 있다고 하기 위하여는 사법제도 일반이나 소송행위의 효력까지 이해할 필요는 없더라도 송달의 취지를 이해하고 영수한 서류를 수송달자에게 교부하는 것을 기대할 수 있는 정도의 능력이 있으면 족하다 할 것이다(대결 2003.9.22, 2003모300).

4 적법한 보충송달에 해당하는 경우

① **피고인과 동거하는 그 모(母)에게** 항소사건 소송기록접수통지서를 송달한 경우. 다만, 서류수령 당시 모는 만 59세로서 문맹이고 관절염, 골다공증으로 인하여 거동이 불편한 상태이었음(대결 2000.2.14, 99모225)

② **피고인과 동거하는 그 아들에게** 항소사건 소송기록접수통지서를 송달한 경우. 다만, 서류수령 당시 아들은 10세 남짓이었음(대결 1996.6.3, 96모32)

5 부적법한 보충송달에 해당하는 경우

① (수령대리권이 있거나 사리를 변식함에 족한 생계를 같이하는 동거인이 아닌) **피고인의 집주인에게** 소송기록접수통지서를 송달한 경우(대결 1983.12.30, 83모53)

② 피고인이 주민등록상의 신고와 같이 **주거지를 변경한 이후에 종전 주거지에 사는 피고인의 모(母)에게** 소송기록접수통지서를 송달한 경우(대판 1997.6.10, 96도2814) 19. 경찰간부

6 부적법한 공시송달에 해당하는 경우

① **항소이유서에 제1심판결 기재 주거지와 다른 송달장소가 기재되어 있음에도** 법원이 제1심판결에 기재된 주소로만 송달해 보고 송달불능이 되자 곧바로 공시송달을 한 경우(대판 2004.2.12, 2003도6081)

② **기록 곳곳에 '대구 중구 남산4동 소재 아파트'가 피고인의 실제 주거로 기재되어 있음에도 불구하고**, 위 아파트에 대하여 한 번도 소환장을 보내거나 소재탐지 등의 조치를 취한 바 없이 (주민등록상 주소지로 한 소환장의 송달불능을 이유로) 공시송달을 한 경우(대판 1999.12.24, 99도3784 **까치아파트 강간 사건**)

③ **공소장에 피고인의 사무소 주소가 기재되어 있음에도 불구하고** 주거지로 우송한 소송기록접수통지서가 송달불능되자 곧바로 공시송달을 한 경우(대결 1996.8.22, 96모59)

7 제1심이 위법한 공시송달로 피고인을 소환한 후 피고인의 출석 없이 재판한 경우, 항소심이 취해야 할 조치

① 공시송달의 방법에 의한 피고인의 소환이 부적법하여 피고인이 공판기일에 출석하지 않은 가운데 진행된 제1심의 절차가 위법하고 그에 따른 제1심판결이 파기되어야 한다면, 원심으로서는 **다시 적법한 절차에 의하여 소송행위를 새로이 한 후 원심에서의 진술과 증거조사 등 심리결과에 기초하여 다시 판결하여야 한다**(대판 2012.4.26, 2012도986). 15. 경찰채용·법원직 9급

② 제1심이 (공소장부본을 피고인 또는 변호인에게 송달하지 아니한 채) 공시송달의 방법으로 피고인을 소환하여 피고인이 공판기일에 출석하지 아니한 가운데 제1심의 절차가 진행되었다면 그와 같은 위법한 공판절차에서 이루어진 소송행위는 효력이 없으므로, 이러한 경우 항소심은 피고인 또는 변호인에게 공소장부본을 송달하고 적법한 절차에 의하여 소송행위를 새로이 한 후 항소심에서의 진술과 증거조사 등 심리결과에 기초하여 다시 판결하여야 한다(대판 2014.4.24, 2013도9498). 15. 경찰채용, 18. 국가직 9급

03 소송행위의 일시와 장소

기일	소송행위를 하기로 법률 또는 재판에 의하여 정해진 때
기간	① 시기와 종기가 법률 또는 재판에 의하여 정해진 시간의 길이 ② 기간의 종류 ㉠ 행위기간 vs. 불행위기간(예 제1회 공판기일 유예기간) ㉡ 법정기간 vs. 재정기간(예 감정유치기간, 영장의 유효기간 등) ㉢ 효력기간 vs. 훈시기간(예 판결선고기간, 판결서등본 송부기간 등) ③ 법정기간의 연장 ㉠ 소송행위를 할 자의 주거·사무소의 소재지와 법원·검찰청 소재지와의 거리 등에 따라 법정기간을 연장할 수 있음 ㉡ 소송행위를 할 자가 국내에 있는 경우 **해로는 100km, 육로는 200km**마다 각 1일을 부가함 다만, 거리의 전부 또는 잔여가 기준에 미달할지라도 **50km 이상**이면 1일을 부가함 ④ 기간의 계산 ㉠ 시로써 계산하는 것은 즉시부터 기산함 ㉡ 일, 월 또는 년으로써 계산하는 것은 **초일 불산입**. 다만, 시효와 구속기간은 초일 산입 16. 법원직 9급, 17. 경찰승진 ㉢ 기간의 말일이 **공휴일 또는 토요일**에 해당하는 날은 **기간에 불산입**. 다만, 시효와 구속기간은 예외 14. 경찰간부, 17. 경찰승진 ㉣ 년 또는 월로써 정한 기간은 역서에 따름
장소	공판기일의 소송행위는 원칙적으로 법원 건물 내에 있는 법정에서 행함

⚖ 판례 | 임시공휴일도 형사소송법 제66조 제3항의 '공휴일'에 해당하는지의 여부(적극)

형사소송법 제66조 제3항에서 기간의 말일이 공휴일인지 여부는 '공휴일'에 관하여 규정하고 있는 '관공서의 공휴일에 관한 규정' 제2조 각 호에 해당하는지 여부에 따라 결정되고, 같은 조 제11호가 정한 '기타 정부에서 수시 지정하는 날'인 **임시공휴일 역시 공휴일에 해당한다**(대결 2021.1.14, 2020모3694 **임시공휴일 사건**). 22. 법원직 9급

제3절 소송행위의 가치판단과 소송조건

01 소송행위의 가치판단 등

1. 소송행위의 가치판단

성립 · 불성립	① 소송행위가 소송행위로서의 형식과 외관(본질적 개념요소)을 갖추었는가에 대한 가치판단 ② 소송행위의 형식과 외관을 갖춘 경우 성립, 그렇지 못한 경우 불성립
적법 · 부적법	소송행위가 법률의 규정에 합치되는가에 대한 가치판단
이유 유무	법률행위적 소송행위에 관하여 그 의사표시의 내용이 정당한가에 대한 가치판단
유효 · 무효	소송행위의 본래적 효력을 인정할 것인가에 대한 가치판단

⚖️판례 Ⅰ

1 소송행위의 불성립과 무효의 차이점

[1] 소송행위로서 요구되는 본질적인 개념요소가 결여되어 소송행위로 성립되지 아니한 경우에는 소송행위가 성립되었으나 무효인 경우와는 달리 하자의 치유문제는 발생하지 않으나 **추후 당해 소송행위가 적법하게 이루어진 경우에는 그때부터 위 소송행위가 성립된 것으로 볼 수 있다** 할 것이어서 이에 따른 조치를 취하여야 할 것이다. [2] 원래 공소제기가 없었음에도 피고인의 소환이 이루어지는 등 사실상의 소송계속이 발생한 상태에서 검사가 약식명령을 청구하는 공소장을 제1심 법원에 제출하고, 위 공소장에 기하여 공판절차를 진행한 경우 제1심 법원으로서는 이에 기하여 유 · 무죄의 실체판단을 하여야 한다(대판 2003.11.14, 2003도2735 **정신없는 검사 사건**). 16. 변호사

2 공소제기라는 소송행위의 성립요건 등

① 형사소송법이 공소제기에 관하여 서면주의와 엄격한 요식행위를 채용한 것은 앞으로 진행될 심판의 대상을 서면에 명확하게 기재하여 둠으로써 법원의 심판대상을 명백하게 하고 피고인의 방어권을 충분히 보장하기 위한 것이므로, 서면인 공소장의 제출은 공소제기라는 소송행위가 성립하기 위한 본질적 요소라고 보아야 한다. 따라서 **서면인 공소장의 제출 없이 공소를 제기한 경우에는** 이를 허용하는 특별한 규정이 없는 한 **공소제기에 요구되는 소송법상의 정형을 갖추었다고 할 수 없어 소송행위로서의 공소제기가 성립되었다고 볼 수 없다**(대판 2016.12.15, 2015도3682 **공소장 CD별지 사건Ⅰ**). 17 · 18. 국가직 7급

② 형사소송법이 공소의 제기에 관하여 서면주의와 엄격한 요식행위를 채용한 것은 공소의 제기에 의해서 법원의 심판이 개시되므로 심판을 구하는 대상을 명확하게 하고 피고인의 방어권을 보장하기 위한 것이다. 따라서 위와 같은 엄격한 형식과 절차에 따른 공소장의 제출은 공소제기라는 소송행위가 성립하기 위한 본질적 요소라고 할 것이므로, **공소의 제기에 있어서 현저한 방식위반이 있는 경우에는 공소제기의 절차가 법률의 규정에 위반하여 무효인 경우에 해당된다고 할 것이고**, 위와 같은 절차위배의 공소제기에 대하여 피고인과 변호인이 이의를 제기하지 아니하고 변론에 응하였다고 하여 그 하자가 치유되지는 않는다(대판 2009.2.26, 2008도11813 **공소장을 갈음한다 사건**). 14 · 18. 경찰간부

3 소송행위로서 성립하지 않은 경우

① **검사가 공소사실의 일부가 되는 범죄일람표를 컴퓨터 프로그램을 통하여 열어보거나 출력할 수 있는 전자적 형태의 문서로 작성한 후, 종이문서로 출력하여 제출하지 아니하고 위 전자적 형태의 문서가 저장된 저장매체 자체를 서면인 공소장에 첨부하여 제출한 경우에는,** 서면인 공소장에 기재된 부분에 한하여 공소가 제기된 것으로 볼 수 있을 뿐이고, **위 저장매체에 저장된 전자적 형태의 문서 부분까지 공소가 제기된 것이라고 할 수는 없다.** 이러한 형태의 공소제기를 허용하는 별도의 규정이 없을 뿐만 아니라, 위 저장매체나 전자적 형태의 문서를 공소장의 일부로서의 '서면'으로 볼 수도 없기 때문이다. 이는 위 전자적 형태의 문서의 양이 방대하여 그와 같은 방식의 공소제기를 허용해야 할 현실적인 필요가 있다거나 피고인과 변호인이 이의를 제기하지 않고 변론에 응하였다고 하여 달리 볼 것도 아니다. **이러한 법리는 검사가 공소장변경허가신청서에 의한 공소장변경허가를 구하면서 변경하려는 공소사실을 전자적 형태의 문서로 작성하여 그 문서가 저장된 저장매체를 첨부한 경우에도 마찬가지로 적용된다**(대판 2016.12.15, 2015도3682 **공소장 CD별지 사건 I**). 17. 국가직 7급, 18. 변호사 · 경찰채용

② **즉결심판 청구기각의 결정이 있어 경찰서장이 관할 지방검찰청 또는 지청의 장에게 송치한 사건의 경우에는 검사만이 공소를 제기할 수 있고 공소를 제기할 경우에는 검사는 공소장을 작성하여 법원에 제출하여야 할 것임에도 검사가 이를 즉결심판에 대한 피고인의 정식재판청구가 있은 사건으로 오인하여 그 사건기록을 법원에 송부한 경우에는,** 공소제기의 본질적 요소라고 할 수 있는 검사에 의한 공소장의 제출이 없는 이상 기록을 법원에 송부한 사실만으로 **공소제기가 성립되었다고 볼 수 없다**(대판 2003.11.14, 2003도2735 **정신없는 검사 사건**). 14 · 15. 국가직 9급, 18. 경찰승진 · 경찰채용

4 소송행위로서 성립하였으나 무효인 경우

검사의 공소장변경허가신청서에는 필로폰매매 알선행위에 대한 공소사실과 이 사건 변경신청을 허가하여 달라는 취지의 문구만이 기재되어 있을 뿐 피고인의 성명 기타 피고인을 특정할 수 있는 사항, 적용법조 등이 기재되어 있지 않고, 변경신청서가 피고인 또는 변호인에게 송달되지 않았으며, 새로운 공소의 제기에 대한 사건번호의 부여 및 사건배당절차도 거치지 않은 사실이 인정되므로, 알선행위에 대한 공소의 제기는 형사소송법 제254조에 규정된 형식적 요건을 갖추지 못한 변경신청서에 기하여 이루어졌을 뿐만 아니라, 공소장부본 송달 등의 절차 없이 **공판기일에서 변경신청서로 공소장을 갈음한다는 검사의 구두진술에 의한 것이라서 그 공소제기의 절차에는 법률의 규정에 위반하여 무효라고 볼 정도의 현저한 방식위반이 있다고 봄이 상당하고** 피고인과 변호인이 그에 대하여 이의를 제기하지 않았다고 하여 그 하자가 치유된다고 볼 수는 없으므로 판결로써 공소기각의 선고를 하여야 한다(대판 2009.2.26, 2008도11813 **공소장을 갈음한다 사건**). 17. 경찰간부 · 국가직 9급

5 착오에 의한 절차형성적 소송행위가 무효가 되기 위한 요건

착오에 의한 소송행위가 무효로 되기 위하여서는 첫째, **통상인의 판단을 기준으로 하여 만일 착오가 없었다면 그러한 소송행위를 하지 않았으리라고 인정되는 중요한 점(동기를 포함)에 관하여 착오가 있고 둘째, 착오가 행위자 또는 대리인이 책임질 수 없는 사유로 인하여 발생하였으며 셋째, 그 행위를 유효로 하는 것이 현저히 정의에 반한다고 인정될 것 등 세 가지 요건을 필요로 한다**(대결 1992.3.13, 92모1). 14. 국가직 7급, 17. 경찰간부

2. 무효의 치유

공격방어방법의 소멸	당사자의 이의신청이 없이 소송이 어느 단계에 이르면 무효(하자)가 치유되어 당사자가 이를 주장할 수 없는 것	
추완	단순추완	① 상소권회복청구 ② 정식재판청구권회복청구
	보정적 추완	① 변호인선임의 추완(부정·판례) ② 공소의 추완 ③ 고소·고발의 추완(부정·판례)

⚖ 판례 |

1 무효(하자)의 치유를 인정한 경우

① 변호인이 없는 피고인을 일시 퇴정하게 하고 증인신문을 한 다음 피고인에게 실질적인 반대신문의 기회를 부여하지 아니하였지만, 그 다음 공판기일에서 재판장이 증인신문 결과 등을 공판조서(증인신문조서)에 의하여 고지하였는데 피고인이 "변경할 점과 이의할 점이 없다."고 진술하여 책문권 포기 의사를 명시한 경우(대판 2010.1.14, 2009도9344) 14. 경찰간부, 15. 경찰채용

② 검사의 약식명령청구에 대하여 법원이 공판절차회부를 함에 있어 공소장부본을 피고인에게 송달하지 않았으나, 검사와 피고인이 공판기일에 출석하여 피고인을 신문하고 피고인도 이에 대하여 **이의를 제기하지 아니하고** 신문에 응하고 변론을 한 경우(대판 2003.11.14, 2003도2735 **정신없는 검사 사건**) 15·18. 국가직 9급

③ 공소장의 송달이 부적법하다 하여도 피고인이 제1심에서 **이의함이 없이** 공소사실에 관하여 충분히 진술할 기회를 부여받은 경우(대판 1992.3.10, 91도3272) 14. 경찰간부

④ 증거보전절차에서 판사가 증인신문을 함에 있어 그 일시와 장소를 피의자 및 변호인에게 미리 통지하지 아니하여 증인신문에 참여할 수 있는 기회를 주지 아니하였지만, 피고인과 변호인이 제1심 공판정에서 위 증인신문조서를 증거로 할 수 있음에 동의하여 **별다른 이의 없이** 적법하게 증거조사를 거친 경우(대판 1988.11.8, 86도1646 **치안본부 경위 수뢰 사건**) 18. 국가직 9급

⑤ 법원이 검사의 항소이유서 부본을 피고인에게 송달하지 아니하였으나, 피고인이 출석한 공판기일에서 검사가 항소이유서를 낭독함으로써 피고인으로서의 방어의 대상·범위·중점 등이 명백하여지고 또 피고인이 항소이유서의 불송달에 대하여 **아무 이의 없이** 소송의 진행에 협동한 경우(대판 1963.12.12, 63도304) 14. 경찰간부

⑥ 법원이 피고인에게 증인신문의 시일과 장소를 미리 통지함이 없이 증인들의 신문을 시행하였지만, 그 후 동 증인 등의 신문결과를 동 증인 등에 대한 신문조서에 의하여 소송관계인에게 고지하였고, 이에 대하여 **피고인이나 변호인이 이의를 하지 않았다면 위의 하자는 책문권의 포기로 치유된다**(대판 1974.1.15, 73도2967). 22. 경찰간부

⑦ 법정외에서 증인신문을 실시함에 있어서 피고인에 대하여 통지하지 아니하여 참여 기회를 주지 않은 잘못이 있다고 하더라도 그 후 속개된 공판기일에서 피고인과 변호인이 그 증인신문조사에 대하여 별 의견이 없다고 진술하였다면 그 잘못은 책문권의 포기로 치유된다[대판 1980.5.20, 80도306(전합) **10·26 사건**]. 22. 변호사

⑧ 약식명령 청구사건을 공판절차에 의하여 심판할 경우 **공소장부본을 피고인에게 송달하지 않았다 하더라도 검사와 피고인이 공판기일에 출석하여 피고인을 신문하고 피고인도 이에 대하여 이의를 제기함이 없이 신문에 응하고 변론을 하였다면 이러한 하자는 모두 치유된다**(대판 2003.11.14, 2003도2735 **정신없는 검사 사건**). 22. 국가직 7급

2 무효(하자)의 치유를 인정하지 않은 경우

① 검사가 공소장변경허가신청서를 공소장에 갈음하는 것으로 구두진술하였고 또한 피고인과 변호인이 이에 대하여 이의를 제기하지 않은 경우(대판 2009.2.26, 2008도11813 **공소장을 갈음한다 사건**) 18. 국가직 7급

② 증거보전절차에서 판사가 증인신문을 함에 있어 그 일시와 장소를 피의자 및 변호인에게 미리 통지하지 아니하여 증인신문에 참여할 수 있는 기회를 주지 아니하였고 또 변호인이 제1심 공판기일에서 위 증인 신문조서의 증거조사에 관하여 **이의신청을 한 경우**(대판 1992.2.28, 91도2337) 15. 경찰승진

3 변호인선임의 추완을 부정한 경우

① 변호인선임서를 제출하지 아니한 채 상고이유서만을 제출하고 상고이유서 제출기간이 경과한 후에 변호인 선임서를 제출하였다면 그 상고이유서는 적법·유효한 상고이유서가 될 수 없다. 이는 그 변호인이 원심 변호인으로서 원심법원에 상고장을 제출하였더라도 마찬가지이다(대판 2014.2.13, 2013도9605 **고춧가루 원산지 허위표시 사건**). 18. 경찰간부

② 변호인선임신고서를 제출하지 아니한 변호인이 변호인 명의로 정식재판청구서만 제출하고 정식재판청구기간 경과 후에 비로소 변호인선임신고서를 제출한 경우 변호인 명의로 제출한 위 정식재판청구서는 적법·유효한 정식재판청구로서의 효력이 없다(대결 2005.1.20, 2003모429 **선임서 사본 사건**). 14. 국가직 7급, 15·17. 경찰간부, 18. 경찰채용

③ 변호인선임계를 제출치 아니한 채 항소이유서만을 제출하고 동 이유서 제출기간 경과후에 동 선임계를 제출하였다면 이는 적법·유효한 변호인의 항소이유서로 볼 수 없다(대결 1969.10.4, 69모68). 15. 변호사

4 고소·고발의 추완을 부정한 경우

① 강간죄는 친고죄로서 피해자의 고소가 있어야 죄를 논할 수 있고 **기소 이후의 고소의 추완은 허용되지 아니한다** 할 것이며, 이는 비친고죄인 강간치사죄로 기소되었다가 친고죄인 강간죄로 공소장이 변경되는 경우에도 마찬가지라 할 것이다(대판 1982.9.14, 82도1504 **기소 후 아버지 고소 사건**). 14. 국가직 7급, 14·15. 경찰간부

✎ 취지만 유효

② 세무공무원의 고발 없이 조세범칙사건의 공소가 제기된 후에 세무공무원이 그 고발을 하였다 하여도 그 **공소절차의 무효가 치유된다고는 볼 수 없다**(대판 1970.7.28, 70도942). 18. 경찰간부·국가직 9급

02 소송조건(소추조건)

의의	형사절차의 허용조건, 즉 수사·공판·형집행의 허용조건 또는 실체적 심판을 하기 위한 조건
종류	① 일반적 소송조건 vs. 특별 소송조건 ② 절대적 소송조건 vs. 상대적 소송조건 ③ 적극적 소송조건 vs. 소극적 소송조건 ④ 형식적 소송조건 vs. 실체적 소송조건
조사	① 직권조사의 원칙 ➡ 예외적으로 토지관할은 피고인의 신청이 있을 때 조사 ② 소송조건은 자유로운 증명으로 족함(《주의》 엄격한 증명 ×)
흠결의 법적효과	검사는 불기소처분을 하고 법원은 형식재판을 해야 함

⚖ 판례 |

1 소송조건의 존부가 법원의 직권조사사항인지의 여부(적극)

① 법원은 검사가 공소를 제기한 범죄사실을 심판하는 것이지 고소권자가 고소한 내용을 심판하는 것이 아니므로 고소권자가 비친고죄로 고소한 사건이더라도 검사가 사건을 친고죄로 구성하여 공소를 제기하였다면 공소장변경절차를 거쳐 공소사실이 비친고죄로 변경되지 아니하는 한, 법원으로서는 친고죄에서 **소송조건이 되는 고소**가 유효하게 존재하는지를 **직권으로 조사·심리**하여야 한다(대판 2015.11.17, 2013도7987). 16·17. 경찰채용, 19. 경찰간부

② 고발이 있어야 공소를 제기할 수 있는 범죄에서 그 **고발은 적극적 소송조건**으로서 **직권조사사항**에 해당하므로 당사자가 항소이유로 주장하지 않았다고 하더라도 원심은 이를 직권으로 조사·판단하여야 한다(대판 2014.7.10, 2014도224).

③ 반의사불벌죄에 있어서 처벌불원의 의사표시의 부존재는 소극적 소송조건으로서 직권조사사항이라 할 것이므로 당사자가 항소이유로 주장하지 아니하였다고 하더라도 법원은 이를 직권으로 조사·판단하여야 한다(대판 2009.12.10, 2009도9939). 15·18. 경찰채용, 17. 국가직 9급, 18. 법원직 9급

2 소송조건의 흠결이 있는 경우 법원이 취해야 할 조치(= 형식재판)

① 제1심은 이 사건 **공소는 공소시효가 완성된 후에 제기된 것**으로서 공소제기의 절차가 법률의 규정에 위반되어 무효인 때에 해당한다는 이유로 형사소송법 제327조 제2호에 따라 공소를 기각하였고, 원심은 이러한 제1심의 판단을 그대로 유지하였는바, 형사소송법 제326조 제3호에 의하면 '공소의 시효가 완성되었을 때'에는 판결로써 면소의 선고를 하여야 한다(대판 2010.5.13, 2010도1386 **이명박 후보 비방 사건**).

② 무죄의 제1심판결에 대하여 검사가 항소하였으나 **공소기각의 사유가 있다**고 인정될 경우 항소심은 직권으로 판단하여 제1심판결을 파기하고 공소기각의 판결을 선고하여야 한다(대판 1994.10.14, 94도1818 **보험가입 간과 사건Ⅰ**).

③ 강간치상죄는 강간죄의 결과적 가중범으로서 강간치상의 공소사실 중에는 강간죄의 공소사실도 포함되어 있는 것이어서 강간치상죄로 공소가 제기된 사건에 있어서 그 치상의 점에 관하여 증명이 없더라도 법원으로서는 공소장변경절차 없이 강간의 점에 대하여 심리판단할 수 있다고 할 것인데, 다만 이 경우에 있어서 **공소제기 전에 그 소추요건인 고소의 취소**가 있었다면 **형사소송법 제327조 제2호에 의하여 공소기각의 판결을 선고**하여야 할 것이지 범죄의 증명이 없다고 하여 무죄의 선고를 할 수는 없다(대판 2002.7.12, 2001도6777 **주병진 사건**).

　✐ 취지만 유효

④ 강간치상죄로 공소제기가 된 사건에 있어서 그 치상의 점에 관하여 증명이 없더라도 강간의 점에 관하여 증명이 있으면 법원으로서는 강간의 점에 대하여 유죄인정을 할 수 있다 할 것인데, 다만 이 경우에 있어 **제1심판결선고 전에 그 소추요건인 고소의 취소**가 있었다면 **형사소송법 제327조 제5호에 의하여 공소기각의 판결을 선고**하여야 할 것이지 범죄의 증명이 없는 것으로 보아 무죄의 선고를 할 것은 아니다(대판 1988.3.8, 87도2673).

3 소송조건의 흠결이 치유되는 경우

① 친고죄에서 **피해자의 고소가 없거나 고소가 취소되었음에도 친고죄로 기소되었다가** 그 후 당초에 기소된 공소사실과 동일성이 인정되는 **비친고죄로 공소장변경이 허용된 경우** 그 공소제기의 흠은 치유되고, 친고죄로 기소된 후에 피해자의 고소가 취소되더라도 제1심이나 항소심에서 당초에 기소된 공소사실과 동일성이 인정되는 범위 내에서 다른 공소사실로 공소장을 변경할 수 있으며 이러한 경우 변경된 공소사실에 대하여 심리·판단하여야 하는데, **이는 반의사불벌죄에서 피해자의 처벌을 희망하지 아니하는 의사표시 또는 처벌을 희망하는 의사표시의 철회가 있는 경우에도 마찬가지로** 보아야 한다(대판 2011.5.13, 2011도2233). 14·16. 법원직 9급, 18. 경찰간부

② 피해자가 제1심에서 **처벌불원의사를 표시**한 후에도 항소심에서 공소사실을 폭행에서 상해로 변경하는 공소장변경을 할 수 있고, 이 경우 **항소심이 변경된 공소사실인 상해의 점에 대해 심리·판단한 것은 정당하다**(대판 2011.5.13, 2011도2233). _{15. 변호사}

③ 공갈죄의 수단으로서 한 협박은 공갈죄에 흡수될 뿐 별도로 협박죄를 구성하지 않으므로 그 범죄사실에 대한 피해자의 고소는 결국 공갈죄에 대한 것이라 할 것이어서 그 후 **고소가 취소**되었다 하여 공갈죄로 처벌하는 데에 아무런 장애가 되지 아니하며, 검사가 공소를 제기할 당시에는 그 범죄사실을 **협박죄로 구성하여 기소하였다** 하더라도 그 후 공판 중에 공갈미수로 공소장변경이 허용된 이상 그 공소제기의 **하자는 치유된다**(대판 1996.9.24, 96도2151). _{14·18. 경찰간부, 18. 변호사·국가직 7급}

police.Hackers.com

해커스경찰

police.Hackers.com

2025 해커스경찰
갓대환 형사법 핵심요약집
형사소송법(공판)

제3편

공판

제1장 공소제기

제1절 공소권 등

01 공소제기와 공소권

공소제기의 의의	법원에 대하여 특정 형사사건의 심판을 구하는 검사의 법률행위적 소송행위
공소권남용이론	① 공소권남용이란 공소제기가 형식적으로 적법하지만 실질적으로는 위법·부당한 경우를 말함 ② 공소권남용이론이란 공소권남용이 있을 때 유·무죄의 실체재판을 하지 말고, 공소기각판결 등의 형식재판으로 소송을 종결하여 검사의 공소권을 규제하자는 이론임

> **판례 |**
>
> **1 공소권남용의 요건**
>
> ① 검사가 자의적으로 공소권을 행사하여 피고인에게 실질적인 불이익을 줌으로써 소추재량권을 현저히 일탈한 경우에는 이를 공소권의 남용으로 보아 공소제기의 효력을 부인할 수 있으나, 자의적인 공소권의 행사로 인정되려면 단순히 직무상의 과실에 의한 것만으로는 부족하고 적어도 그에 관한 미필적이나마 어떤 의도가 있음이 인정되어야 한다(대판 2014.12.24, 2014도10199 **한수원 원전 납품비리 사건**). 14. 경찰승진, 14·16. 경찰간부, 18. 국가직 9급·법원직 9급
>
> ② 검사에게는 범죄의 구성요건에 해당하는 경우에 피의자의 연령, 성행, 지능과 환경, 피해자에 대한 관계, 범행의 동기, 수단과 결과, 범행 후의 정황 등의 사항을 참작하여 **공소를 제기할 것인지의 여부를 결정할 수 있는 재량권**이 부여되어 있는바, 위와 같은 재량권의 행사에 따른 공소의 제기는 **소추재량권을 현저히 일탈하였다고 인정되지 않는 이상 공소권을 남용한 경우에 해당한다고 할 수 없다**(대판 2012.7.12, 2010도9349).
>
> **2 공소권남용에 해당하는 경우**
>
> 피고인이 절취한 차량을 무면허로 운전하다가 적발되어 절도 범행의 기소중지자로 검거되었음에도 무면허 운전의 범행만이 기소되어 유죄의 확정판결을 받고 그 형의 집행 중 가석방되면서 다시 그 절도 범행의 기소중지자로 긴급체포되어 절도 범행과 이미 처벌받은 무면허 운전의 일부 범행까지 포함하여 기소된 경우(대판 2001.9.7, 2001도3026 **일산 포터화물차 절취 사건**)
>
> **3 공소권남용에 해당하지 않는 경우**
>
> ① 어떤 사람에 대하여 공소가 제기된 경우 그 공소가 제기된 사람과 동일하거나 다소 중한 범죄구성요건에 해당하는 행위를 하였음에도 불기소된 사람이 있는 경우(대판 2012.7.12, 2010도9349 **민주노동당 의원 국회점거 사건**) 14. 경찰간부
>
> ② 검사가 피고인의 여러 범죄행위를 일괄하여 기소하지 아니하고 수사진행 상황에 따라 여러 번에 걸쳐 나누어 분리기소한 경우(대판 2007.12.27, 2007도5313) 14. 경찰승진
>
> ③ 피고인에 대한 **관련 선행사건의 제1심판결이 선고된 후 항소심 재판을 받고 있을 때에 비로소 공소가 제기되어**, 피고인이 관련사건과 병합하여 재판을 받지 못한 경우(대판 2000.9.22, 2000도3160) 14. 경찰간부

④ 피고인이 배우자인 피해자에게 **상해를 가하였다는 범죄사실로 가정폭력방지법 제37조 제1항 제1호의 불처분결정을 받아 확정된 후 약 2년 4개월 후 피해자가 피고인을 다시 고소하자, 검사가 같은 범죄사실에 대하여 공소를 제기한 경우.** 다만, 검사의 공소제기가 종전 가정보호사건의 확정된 불처분결정의 효력을 뒤집을 특별한 사정이 없음에도 불구하고, 단지 고소인의 개인적 감정에 영합하거나 이혼소송에서 유리한 결과를 얻게 할 의도만으로 이루어진 것이 아니었음(대판 2017.8.23, 2016도5423 **불처분결정 후 공소제기 사건**) 20. 경찰채용·법원직 9급

02 공소제기의 기본원칙

국가소추주의	공소제기의 권한을 국가기관에게 전담시키는 제도(《주의》 비교: 사인소추주의)
기소독점주의	① 국가기관 중에서 특히 검사만이 공소권을 행사하는 제도
	② 기소독점주의에 대한 예외: 경찰서장의 즉결심판청구
	③ 기소독점주의에 대한 규제: 재정신청, 검찰항고, 헌법소원, 친고죄 내지 반의사불벌죄 인정 등
기소편의주의	① 검사에게 형사소추와 관련하여 기소·불기소의 재량을 인정하는 제도(《주의》 비교: 기소법정주의)
	② 기소편의주의에 대한 예외: 재정신청
기소변경주의 (공소취소)	① 공소취소를 인정하는 제도
	② 기소변경주의에 대한 예외: 재정신청
	③ 공소취소는 검사만이 할 수 있고, 공소취소의 사유에는 법률상 제한이 없음 14. 법원직 9급
	④ 공소취소는 서면 또는 구술로 할 수 있음. 공소취소는 제1심판결선고 전까지 할 수 있음 14·15. 법원직 9급, 15. 경찰채용, 16·17·19. 경찰간부
	⑤ 공소취소가 있으면 법원은 **공소기각결정**을 고지함
	⑥ 공소취소에 의한 공소기각의 결정이 확정된 때에는 공소취소 후 그 범죄사실에 대한 **다른 중요한 증거를 발견한 경우에 한하여** 다시 공소제기를 할 수 있음 15·16. 법원직 9급, 16. 경찰간부

🔨 판례 ┃

1 실체적 경합관계에 있는 수개의 공소사실 중 일부를 소추대상에서 철회하는 절차(= 공소취소)

공소장에 기재된 수개의 공소사실이 서로 동일성이 없고 실체적 경합관계에 있는 경우에 그 일부를 소추대상에서 철회하려면 공소장변경의 방식에 의할 것이 아니라 공소의 일부취소절차에 의하여야 한다(대판 1992.4.24, 91도1438).

2 검사가 공소취소의 취지가 담긴 공소장변경신청을 한 경우 법원이 취해야 할 조치(= 공소취소로 간주하여 공소기각결정 고지)

실체적 경합관계에 있는 수개의 공소사실 중 어느 한 공소사실을 전부 철회하는 검찰관의 공판정에서의 구두에 의한 공소장변경신청이 있는 경우 이것이 그 부분의 공소를 취소하는 취지가 명백하다면 비록 공소취소신청이라는 형식을 갖추지 아니하였더라도 **이를 공소취소로 보아 공소기각결정을 하여야 할 것이다**(대판 1992.4.24, 91도1438). 14. 법원직 9급, 19·20. 경찰채용

3 재심심판절차에서 공소취소를 할 수 있는지의 여부(소극)

제1심판결이 선고된 이상 동 판결이 확정되어 이에 대한 **재심소송절차가 진행 중**에 있다 하여도 공소취소를 할 수 없다(대판 1976.12.28, 76도3203). 14·16. 법원직 9급

4 공소취소 후 재기소에 관한 규정인 형사소송법 제329조가 종전의 범죄사실을 변경하여 재기소하는 경우에도 적용되는지의 여부(적극)

형사소송법 제329조는 "공소취소에 의한 공소기각의 결정이 확정된 때에는 공소취소 후 그 범죄사실에 대한 다른 중요한 증거를 발견한 경우에 한하여 다시 공소를 제기할 수 있다."고 규정하고 있는바, 이는 단순 일죄인 범죄사실에 대하여 공소가 제기되었다가 공소취소에 의한 공소기각결정이 확정된 후 다시 종전 범죄사실 그대로 재기소하는 경우뿐만 아니라 **범죄의 태양, 수단, 피해의 정도, 범죄로 얻은 이익 등 범죄사실의 내용을 추가 변경하여 재기소하는 경우에도 마찬가지로 적용**된다(대판 2009.8.20, 2008도9634).

5 포괄일죄의 공소사실 일부를 철회하였다가 다른 중요한 증거의 발견도 없이 다시 추가할 수 있는지의 여부 (적극)

공소사실의 동일성이 인정되지 아니하고 실체적 경합관계에 있는 수개의 공소사실의 전부 또는 일부를 철회하는 공소취소의 경우 그에 따라 공소기각의 결정이 확정된 때에는 그 범죄사실에 대하여는 형사소송법 제329조의 규정에 의하여 **다른 중요한 증거가 발견**되지 않는 한 재기소가 허용되지 아니하지만, 이와 달리 **포괄일죄로 기소된 공소사실 중 일부에 대하여 공소장변경의 방식으로 이루어지는 공소사실의 일부 철회의 경우에는 그러한 제한이 적용되지 아니한다**(대판 2004.9.23, 2004도3203). 20. 국가직 9급

제2절 공소제기의 방식과 효과

01 공소제기의 방식

1. 공소장 기재사항 등

공소장 제출	① 공소를 제기함에는 **공소장을 관할법원에 제출**해야 함 ② 공소장에는 피고인 수에 상응한 부본을 첨부해야 함		
필요적 기재사항 17. 경찰간부	① 피고인의 성명 기타 피고인을 특정할 수 있는 사항 ② 죄명 ③ 공소사실 ➡ 범죄의 시일·장소·방법을 명시하여 사실을 특정할 수 있도록 해야 함 15. 경찰간부 ④ 적용법조 ⑤ 피고인이 구속되어 있는지의 여부		
임의적 기재사항	예비적 기재	① 수개의 공소사실에 관하여 **심판의 순서를 정하는 기재방법** ② 법원은 주위적 공소사실을 먼저 심판하고, 이것이 인정되지 않을 경우 예비적 공소사실을 심판해야 함	
	택일적 기재	① **심판의 순서를 정하지 않고** 수개의 공소사실에 관하여 심판을 구하는 기재방법 ② 법원은 어떤 사실을 먼저 심판하거나 또는 하나의 사실만을 심판해도 무방함	
공소장의 첨부서류	① 변호인선임서, 보조인신고서, 특별대리인 선임결정등본 ② 체포영장, 긴급체포서, 구속영장 기타 구속에 관한 서류		

1 공소제기의 방식

검사의 기명날인 또는 서명이 없는 상태로 제출된 공소장은 형사소송법 제57조 제1항에 위반된 서류라 할 것이고, 이와 같이 법률이 정한 형식을 갖추지 못한 공소장 제출에 의한 **공소의 제기는 특별한 사정이 없는 한 그 절차가 법률의 규정에 위반하여 무효인 때에 해당한다.** 다만, 이 경우 공소를 제기한 검사가 공소장에 기명날인 또는 서명을 추완하는 등의 방법에 의하여 공소의 제기가 유효하게 될 수 있다(대판 2012.9.27, 2010도17052). 17. 국가직 9급, 21. 경찰간부

2 공소제기의 효력 발생시기

공소제기는 공소장이 법원에 도달한 때 그 효력이 발생하므로 공소장의 제출일자와 법원직원이 접수인을 찍은 날짜가 다르다면 공소장 제출일자를 공소제기일로 보아야 하나 통상의 경우 공소장에 접수일로 찍혀 있는 날짜는 공소제기일로 추정된다(대판 2002.4.12, 2002도690).

3 공소장에 CD를 첨부한 경우 공소사실의 특정 여부의 판단

검사가 공소사실의 일부가 되는 범죄일람표를 컴퓨터 프로그램을 통하여 열어보거나 출력할 수 있는 전자적 형태의 문서로 작성한 후, **종이문서로 출력하여 제출하지 아니하고 위 전자적 형태의 문서가 저장된 저장매체 자체를 서면인 공소장에 첨부하여 제출한 경우**, 법원은 저장매체에 저장된 전자적 형태의 문서 부분을 고려함이 없이 **서면인 공소장이나 공소장변경신청서에 기재된 부분만을 가지고 공소사실 특정 여부를 판단하여야 한다.** 만일 공소사실이 특정되지 아니한 부분이 있다면, 검사에게 석명을 구하여 특정을 요구하여야 하고, 그럼에도 검사가 이를 특정하지 않는다면 그 부분에 대해서는 공소를 기각할 수밖에 없을 것이다(대판 2016.12.15, 2015도3682 **공소장 CD별지 사건 Ⅰ**). 17. 국가직 7급, 18. 경찰간부

4 공소사실의 특정을 요구하는 취지 등(= 심판대상의 한정 및 피고인의 방어권 보장)

형사소송법 제254조 제4항에서 범죄의 일시·장소와 방법을 명시하여 공소사실을 특정하도록 한 취지는 **법원에 대하여 심판의 대상을 한정**하고 피고인에게 방어의 범위를 특정하여 그 방어권 행사를 용이하게 하기 위한 데 있는 것이므로, 공소제기된 범죄의 성격에 비추어 그 공소의 원인이 된 사실을 다른 사실과 구별할 수 있을 정도로 그 일시·장소·방법·목적 등을 적시하여 특정하면 족하고, 그 **일부가 다소 불명확하더라도 그와 함께 적시된 다른 사항들에 의하여 그 공소사실을 특정할 수 있고, 그리하여 피고인의 방어권 행사에 지장이 없다면 공소제기의 효력에 영향이 없다**(대판 2011.3.10, 2011도168). 14. 경찰채용

5 공소사실의 특정 정도

① 공소사실의 특정방법을 정한 형사소송법 제254조 제4항에서 말하는 범죄의 **'시일'은 이중기소나 시효에 저촉되지 않는 정도의 기재를 요하고 '장소'는 토지관할을 가름할 수 있는 정도의 기재를 필요로 하며, '방법'은 범죄의 구성요건을 밝히는 정도의 기재를 요하는 것이다**(대판 2009.5.28, 2008도4665 등). 18. 법원직 9급

② 여러 범행이 **실체적 경합관계**에 있는 경우에는 다른 범행과 구별이 가능하도록 **범행별로 범죄의 시일, 장소와 방법을 명시**하여 범죄사실을 특정하여야 한다(대판 2013.7.26, 2011도1264). 20. 경찰채용

③ 포괄일죄에 있어서는 그 일죄를 구성하는 개개의 행위에 대하여 구체적으로 특정하지 아니하더라도 **그 전체 범행의 시기와 종기, 범행방법과 장소, 상대방, 범행횟수나 피해액의 합계 등을 명시하면 이로써 그 범죄사실은 특정되었다고 할 것이다**(대판 2010.12.23, 2008도2182). 14. 변호사, 17·18. 국가직 7급

④ 방조범의 공소사실을 기재함에 있어서는 그 전제가 되는 정범의 범죄구성을 충족하는 구체적 사실을 기재하여야 한다(대판 2001.12.28, 2001도5158). 14. 변호사, 14·20. 경찰채용, 16. 법원직 9급

6 공소사실이 특정된 경우(죄수 관련)

① "피고인은 1994.7.7. 12:13경 미도파 백화점 상계점 지하 1층 식품판매장에서 **피해자 A를** 기망하여 소천엽 1개를 대금 2,440원에, 소양 1개를 대금 1,201원에 판매하여 그 대금 상당액을 편취하였다."라는 공소사실(대판 1996.2.13, 95도2121 **가공일 변조 사건Ⅰ**) ➡ 사기죄 15. 국가직 9급 20. 해경채용, 21. 경찰간부

② "피고인은 1980.1.19. 시간 미상경 주식회사 합동의 사무실에서 **A 명의**의 부가가치세 30,931원에 대한 확정신고서 1매를 위조하고, 이를 이리세무서에 제출하여 행사하였다."라는 공소사실(대판 1982.12.14, 82도1362) ➡ 사문서위조 및 동행사죄

7 공소사실이 특정되지 않은 경우(죄수 관련)Ⅰ

① "피고인들은 공동하여 성명불상 범종추측 승려 100여명의 전신을 손으로 때리고 떠밀며 발로 차서 위 **성명불상 피해자들에게** 폭행을 각 가한 것이다"라는 공소사실(대판 1995.3.24, 95도22) ➡ 폭력행위처벌법 위반

② "피고인은 1992.9.1.경부터 1994.7.11.까지 사이에 미도파 백화점 상계점 지하 1층 식품판매장에서 **성명불상의 고객들**에게 가공일을 변작한 소양, 소천엽, 닭다리, 닭가슴살, 닭어깨살, 닭날개 등 소부산물 및 계육 등 1일 평균 10개, 대금 합계 25,000원 상당을 판매하여 그 대금 상당액을 편취하였다."라는 공소사실(대판 1996.2.13, 95도2121 **가공일 변조 사건Ⅰ**) ➡ 사기죄

③ "피고인은 2005.3.15.경부터 같은 해 4.10.경까지 사이 일시불상경 진해시내 일원에서 필로폰 불상량을 불상의 방법으로 **수회 투약하였다**"라는 공소사실(대판 2006.4.28, 2006도391) ➡ 마약법 위반

8 공소사실이 특정되지 않은 경우(죄수 관련)Ⅱ

① "피고인은 1980.12. 일자 불상경부터 1981.9.5. 전일경까지 사이에 피해자를 협박하여 **약 20여회** 강간 또는 강제추행(택일적 공소사실)하였다."라는 공소사실(대판 1982.12.14, 82도2442) ➡ 미성년자의제강간죄 또는 미성년자의제강제추행죄

② "피고인은 1980.1.19.부터 1.25.까지간에 **31명의 영업자들 명의**의 합계 2,680,674원에 해당하는 부가가치세 신고서를 각 위조하고, 각 작성일시에 이를 이리세무서에 제출하여 행사하였다."라는 공소사실(대판 1982.12.14, 82도1362) ➡ 사문서위조 및 동행사죄

③ "피고인은 1992.11. 말경부터 1995.7.25.경까지 사이에 매월 타인 소유의 자동차 **10여대의 장치를** 해체하였다."라는 공소사실(대판 1996.9.10, 96도1544) ➡ 자동차관리법 위반

④ 조세범처벌법 제11조의2 제4항 소정의 **무거래 세금계산서수수죄는 각 세금계산서마다 하나의 죄가 성립**하므로 세금계산서마다 그 공급가액이 공소장에 기재되어야 개개의 범죄사실이 구체적으로 특정되었다고 볼 수 있고, **세금계산서의 총 매수와 그 공급가액의 합계액이 기재되었다고 하여 공소사실이 특정되었다고 볼 수는 없다**(대판 2007.6.29, 2007도2076). ➡ 조세범처벌법 위반 15. 국가직 9급

9 공소사실이 특정된 경우(마약류 관련)

① "피고인은 甲과 공모하여 2010년 1월에서 3월 사이 일자불상 03:00경 서산시 소재 상호불상의 모텔에서, 甲이 불상의 경위로 소지한 필로폰 불상량을 일회용 주사기에 담아 생수로 희석한 다음 乙(女, 17세)의 팔에 주사하였다."라는 공소사실(공소사실은 투약 대상인 乙의 진술에 기초한 것이라는 점에서 피고인에 대한 모발 등의 감정결과에만 기초하여 공소사실을 기재한 경우와는 달리 볼 필요가 있고, 투약행위가 있었던 시기 전후하여 상당한 기간에는 공소사실의 구별을 곤란하게 하는 다른 유사한 내용의 투약행위가 존재할 가능성이 낮았음)(대판 2014.10.30, 2014도6107) 16. 경찰간부, 17. 국가직 9급

② "피고인은 **2009.8.10.부터 2009.8.19.까지** 사이에 서울 또는 부산 이하 불상지에서 메스암페타민을 일정량 투약하였다."라는 공소사실(메스암페타민의 양성반응이 나온 소변의 채취일시, 메스암페타민의 투약 후 소변으로 배출되는 기간에 관한 자료와 피고인이 체포될 당시까지 거주 또는 왕래한 장소에 대한 피고인의 진술 등 기소 당시의 증거들에 의하여 범죄일시와 장소를 표시한 것이고, 피고인이 위 투약은 甲이 2009.8.19. 몰래 음료에 메스암페타민을 넣어서 생긴 것이므로 투약에 관한 정을 몰랐다는 취지로 변소하자 이에 대응하여 甲에 대한 수사기관의 수사와 제1심의 증거조사까지 이루어졌음)(대판 2010.8.26, 2010도4671)

10 공소사실이 특정되지 않은 경우(마약류 관련)

① "피고인은 2010.11.경 부산 사하구 이하 불상지에서 (중략) 필로폰을 투약하였다."라는 공소사실(모발 감정결과 등을 바탕으로 그 범행일시와 장소 및 투약방법을 단순히 추정한 것에 불과하고, 투약시기로 기재된 위 기간 내에 복수의 투약 가능성을 부정하기 어려움)(대판 2012.4.26, 2011도11817) 15. 국가직 9급

② "피고인은 2010.2. 초순경부터 2010.4.18.경 사이에 진주시 이하 불상지에서 메스암페타민 약 0.03g을 생수에 타서 마시거나 일회용 주사기를 이용하여 이를 투약하였다."라는 공소사실(투약시기로 기재된 위 기간 내에 복수의 투약 가능성이 농후함)(대판 2011.6.9, 2011도3801)

③ "피고인은 2008.1월경부터 같은 해 2월 일자불상 15:00경까지 사이에 인천 남구 용현동 물텀벙사거리에 있는 상호불상의 오락실 앞 노상에서 甲으로부터 1회용 주사기에 담긴 메스암페타민 약 0.7g을 교부받아 이를 매수한 외에, 그 때부터 2009년 2월 내지 3월 일자불상 07:00경까지 총 21회에 걸쳐 필로폰을 매수·투약하였다."라는 공소사실(매수 및 투약시기로 기재된 위 기간 내에 복수의 범행 가능성이 농후함)(대판 2010.10.14, 2010도9835)

④ "피고인은 2000.11.2.경부터 2001.7.2.경까지 사이에 인천 이하 불상지에서 메스암페타민 불상량을 불상의 방법으로 수회 투약하였다."라는 공소사실(대판 2002.9.27, 2002도3194) 16. 국가직 9급, 20. 해경채용

11 공소사실이 특정된 경우

① "피고인 신○○는 2007.4.경 불상의 장소에서 행사할 목적으로 권한 없이 '신○○가 2005.5.23. 예일대학교 예술철학사 박사학위를 수여하였다'는 취지와 예일대학교 총장 하워드 알 라마 서명이 기재된 '예일대학교 박사학위기' 1매를 작성하여 사실증명에 관한 사문서를 위조하고, 2007.5.20. 동국대학교에서 동국대학교 교직원으로부터 박사학위기 원본 제출을 요구받아 위조한 문서를 제출하여 행사하고, 2007.7.4. 광주비엔날레 사무실에서 광주비엔날레 직원에게 송부하여 행사하였다."라는 공소사실(대판 2009.1.30, 2008도6950) - 사문서위조 및 동행사죄 15·21. 경찰간부

② 문서의 위조 여부가 문제되는 사건에서 그 위조된 문서가 압수되어 현존하고 있는 이상, 그 범죄 일시와 장소, 방법 등은 범죄의 동일성 인정과 이중기소의 방지, 시효저촉 여부 등을 가름할 수 있는 범위에서 사문서의 위조사실을 뒷받침할 수 있는 정도로만 기재되어 있으면 충분하다(대판 2009.6.11, 2008도11042 이한정 의원 사건). ➡ 사문서위조죄 16. 경찰간부

③ 유가증권위조 여부가 문제로 되는 사건에서 그 위조유가증권들이 모두 현존하고 있는 이상 그 범죄 일시와 장소, 방법 등은 범죄의 동일성 인정과 이중기소방지, 시효저촉 여부, 토지관할을 가름할 수 있는 범위에서 그 유가증권위조 사실을 뒷받침할 수 있는 정도로만 기재되어 있으면 충분하다(대판 1996.4.26, 96도435). ➡ 유가증권위조죄 14. 변호사

④ 살인죄에 있어 범죄의 일시, 장소와 방법은 범죄의 구성요건이 아닐 뿐만 아니라 이를 구체적으로 명확히 인정할 수 없는 경우에는 개괄적으로 설시하여도 무방하다. 원심이 "2005.1.28. 03:00경부터 05:20경 사이에 피고인의 집에서 불상의 방법으로 피해자를 살해하였다."는 내용의 주위적 공소사실의 기재가 특정되었다고 판단한 것은 정당한 것으로 수긍할 수 있다(대판 2008.3.27, 2008도507 애인살해 후 80토막 낸 군인 사건). ➡ 살인죄 15·21. 경찰간부

⑤ 업무상과실치상 공소사실 중 그 일부 피해자에 대하여 치료기간이 '미상'이라고 기재하고 있다고 하더라도 공소사실의 기재는 범죄의 시일, 장소와 방법을 명시하여 사실을 특정할 수 있도록 하면 되는 것이고, '치상'의 경우 그 치료기간은 필요적 기재사항이라고 할 수는 없는 것이니 공소사실은 모두 특정되어 있다 할 것이다(대판 1984.3.13, 83도3006). ➡ 업무상과실치상죄 15. 경찰간부

⑥ 뇌물수수의 점에 관하여 '2억원 상당'으로 기재하였다고 하더라도 공소사실에 기재된 다른 사항들에 의하여 공소사실을 특정할 수 있다면 공소제기의 효력에 영향이 없다(대판 2010.4.29, 2010도2556 재건축조합장 2억 수뢰 사건). ➡ 특정범죄가중법 위반(수뢰)

⑦ 저작재산권 침해행위에 관한 공소사실의 특정은 침해 대상인 저작물 및 침해 방법의 종류, 형태 등 침해행위의 내용이 명확하게 기재되어 있어 피고인의 방어권 행사에 지장이 없는 정도이면 된다 할 것이고, **각 저작물의 저작재산권자가 누구인지 특정되어 있지 않다고 하여 공소사실이 특정되지 않았다고 볼 것은 아니다**(대판 2016.12.15, 2014도1196 **성명불상 저작권자 사건**). 20. 경찰채용·국가직 9급

12 공소사실이 특정되지 않은 경우

① 공소사실에는 범죄의 방법에 대하여, "**엘지칼텍스정유(주)의** 상표, 상호, 서비스마크, 기타 동인의 제품을 식별하게 할 목적으로 고안된 상징표시 및 주유소의 이미지를 나타내는 고유색상, 디자인(이하 '상표 등) 등을', '상표 등의 사용권한이 없음에도 불구하고', '위 상표 등을 그대로 사용하면서 甲·乙 등으로부터 무연 합계 1,100,000ℓ, 경유 합계 5,481,020ℓ, 등유 합계 184,020ℓ 등을 반입한 후 성명불상자들에게 판매함으로써 엘지칼텍스정유(주)의 상품과 혼동을 일으키게 하여 부정경쟁행위를 하고, 위 등록상표 등을 침해한 것이다."라고만 기재하고 있어서, 침해의 대상이 된 **등록상표·서비스표·디자인이나 주지표지가 어떠한 것인지 명확하게 적시되어 있지 아니하여 이를 특정할 수 없고**, 그와 함께 기재된 공소사실의 다른 사항을 고려하더라도 달리 볼 것은 아니므로 공소사실이 특정되었다고 할 수 없다(대판 2007.8.23, 2005도5847 **엘지칼텍스 사건**). ➡ 상표법 위반 등

② **사문서변조**의 공소사실에는 그 변조의 대상이 된 예금잔액증명서의 발급경위와 이미 금액란의 변조가 마쳐진 상태의 예금잔액증명서가 피고인에게 전달된 과정이 기재되어 있을 뿐 **사문서변조의 범죄구성요건에 해당하는 구체적 사실에 관해서는 그 일시·장소와 방법의 기재가 모두 빠져 있고, 변조의 실행행위를 한 사람도 전혀 나타나 있지 않다**(공범자도 성명불상자로만 기재되어 있을 뿐이다). 그 외에 공소장 내에 적시된 여타 사항들만으로는 다른 사실과 구별될 수 있는 사문서변조에 관한 구체적 공소사실을 파악하기 어려운 경우 형사소송법의 규정이 요구하는 특정한 사실의 기재로 볼 수 없다(대판 2009.1.15, 2008도9327). ➡ 사문서변조죄 20. 국가직 9급

2. 공소장일본주의

의의	공소제기를 할 때 **공소장 하나만을 법원에 제출**하여야 하고 법원에 예단이 생기게 할 수 있는 서류 기타 물건을 첨부하거나 그 내용을 인용해서는 안 된다는 원칙
이론적 근거	**예단의 배제**, 공판중심주의 요청, 위법수집증거 등의 차단
내용	① 첨부의 금지 　㉠ 법원에 예단이 생기게 할 수 있는 서류 기타 물건의 첨부는 금지됨 　㉡ 예단을 줄 염려가 없는 변호인선임서·체포영장·긴급체포서·구속영장 등은 첨부할 수 있음 　14. 법원직 9급, 18. 국가직 9급 ② 인용의 금지: 법원에 예단이 생기게 할 수 있는 서류 기타 물건의 내용을 인용하는 것도 금지됨 ③ 여사기재의 금지: 전과, 범죄의 동기, 악성격, 여죄 등의 기재는 원칙적으로 금지됨 ➡ 판례는 전과기재에 대하여 우호적임
적용범위	적용 ○ · 정식 형사사건에서의 공소의 제기
	적용 × · ① 상소의 제기 ② 파기환송 후의 절차 ③ 공판절차갱신 후의 절차 ④ 약식명령 또는 즉결심판의 청구 16. 국가직 9급 ⑤ 약식명령 또는 즉결심판에 대한 정식재판의 청구
위반의 효과	공소장일본주의에 위반한 경우 공소제기절차가 법률의 규정에 위반하여 무효가 되어 법원은 **공소기각판결을 선고해야 함**

⚖ 판례 |

1 여사기재 금지도 공소장일본주의의 내용에 포함되는지의 여부(적극)

공소장에 법령이 요구하는 사항 이외의 사실로서 법원에 예단이 생기게 할 수 있는 사유를 나열하는 것은 허용되지 않는다는 '기타 사실의 기재 금지' 역시 공소장일본주의의 내용에 포함된다(대판 2015.1.29, 2012도2957 **용산역전식구파 사건**).

2 공소장일본주의 위배 여부의 판단기준

공소장일본주의의 위배 여부는 공소사실로 기재된 범죄의 유형과 내용 등에 비추어 볼 때에 공소장에 첨부 또는 인용된 서류 기타 물건의 내용 그리고 법령이 요구하는 사항 이외에 공소장에 기재된 사실이 **법관 또는 배심원에게 예단을 생기게 하여 법관 또는 배심원이 범죄사실의 실체를 파악하는 데 장애가 될 수 있는지 여부를 기준으로** 당해 사건에서 구체적으로 판단하여야 한다(대판 2015.1.29, 2012도2957 **용산역전식구파 사건**).

3 공소장일본주의에 위반되지 않는 경우

① 공소장의 내용 가운데 **범죄전력에 관한 기재**는 피고인들을 특정할 수 있는 사항에 속하고, 공소사실 중 **범죄구성요건사실과 관련이 없는 기재나 증거서류의 내용을 인용**하고 있는 부분은 범의나 공모관계, 범행의 동기나 경위 등을 명확히 하기 위하여 구체적 사실을 적시할 필요성이 있는 것으로서 공소장일본주의에 위반된다고 할 수 없다(대판 2014.8.20, 2011도468 **2009년 철도노조 파업 사건**).

② **공소장에 증거로 제출될 서면이나 사진 등이 인용**되어 있으나, 이는 국가보안법 위반죄의 공소사실을 **특정하거나 객관적ㆍ주관적 구성요건요소의 일부 내용에 관한 것으로서** 공소장일본주의에 위반되는 것으로 볼 수 없다(대판 2013.7.26, 2013도2511 **왕재산 간첩단 사건**).

③ 공소사실 기재 중 일부분이 피고인들이 국가공무원법 제66조 제1항의 '공무 외의 일을 위한 집단행위'에 이르게 된 **동기와 경위 등을 명확히 하기 위한 것으로 보일 경우**, 그와 같은 기재가 법원에 예단이 생기게 할 수 있는 사유를 적시하여 **공소장일본주의에 위배된다고 볼 수는 없다**[대판 2012.4.19, 2010도6388(전합) **전교조 시국선언 사건**].

④ 살인, 방화 등의 경우 범죄의 직접적인 동기 또는 공소범죄사실과 밀접불가분의 관계에 있는 동기를 공소사실에 기재하는 것이 공소장일본주의 위반이 아님은 명백하고 설사 범죄의 직접적인 동기가 아닌 경우에도 **동기의 기재는 공소장의 효력에 영향을 미치지 아니한다**(대판 2007.5.11, 2007도748 **보험금 편취 목적 딸 살해 사건**). 14. 경찰간부ㆍ국가직 7급ㆍ법원직 9급, 18ㆍ21. 경찰승진

⑤ 공소장의 공소사실 첫머리에 피고인이 전에 받은 '소년부송치처분'과 '직업 없음'을 기재하였다 하더라도 이는 '피고인을 특정할 수 있는 사항'에 속하는 것이어서 그와 같은 내용의 기재가 있다 하여 **공소제기의 절차가 법률의 규정에 위반된 것이라고 할 수 없다**(대판 1990.10.16, 90도1813). 14ㆍ18. 경찰간부ㆍ국가직 9급, 15. 경찰채용, 16ㆍ17. 경찰승진

⑥ 공소장에 누범이나 상습범을 구성하지 않는 전과사실을 기재하였다 하더라도 이는 피고인을 특정할 수 있는 사항에 속한다 할 것으로서 그 **공소장기재는 적법하다 할 것이다**(대판 1966.7.19, 66도793). 14. 국가직 7급ㆍ법원직 9급

4 약식명령 또는 즉결심판청구에 있어 공소장일본주의가 적용되는지의 여부(소극)

① 검사가 **약식명령의 청구와 동시에 증거서류 및 증거물이 법원에 제출**되었다 하여 공소장일본주의를 위반하였다 할 수 없다(대판 2007.7.26, 2007도3906). 15. 경찰간부, 18. 경찰승진

② 즉결심판에 관한 절차법이 **즉결심판의 청구와 동시에 판사에게 증거서류 및 증거물을 제출하도록 한 것은 공소장일본주의가 배제되도록 한 것이라고 보아야 한다**(대판 2011.1.27, 2008도7375). 20. 법원직 9급

5 약식명령 또는 즉결심판에 대한 정식재판의 청구에 있어 공소장일본주의가 적용되는지의 여부(소극)

① 약식명령에 대한 정식재판청구가 제기되었음에도 법원이 증거서류 및 증거물을 검사에게 반환하지 않고 보관하고 있다고 하여 그 이전에 이미 적법하게 제기된 공소제기의 절차가 위법하게 된다고 할 수도 없다(대판 2007.7.26, 2007도3906). 14. 국가직 7급·법원직 9급, 15·17. 변호사, 18. 경찰승진

② 피고인이 경범죄 처벌법 위반으로 즉결심판에 회부되었다가 정식재판을 청구한 경우, 위 정식재판청구로 제1회 공판기일 전에 사건기록 및 증거물이 경찰서장, 관할 지방검찰청 또는 지청의 장을 거쳐 관할 법원에 송부된다고 하여 그 이전에 이미 적법하게 제기된 경찰서장의 즉결심판청구의 절차가 위법하게 된다고 볼 수 없고, 그 과정에서 정식재판이 청구된 이후에 작성된 피해자에 대한 진술조서 등이 사건기록에 편철되어 송부되었더라도 달리 볼 것은 아니다(대판 2011.1.27, 2008도7375).

6 공소장일본주의 위반의 효과(= 공소기각판결) 및 그를 다툴 수 있는 시간적 한계(= 제1심의 증거조사절차 완료 전까지)

① [1] 공소장일본주의에 위배된 공소제기라고 인정되는 때에는 그 절차가 법률의 규정에 위반하여 무효인 때에 해당하는 것으로 보아 **공소기각의 판결을 선고하는 것이 원칙이다.** [2] 그러나 공소장 기재의 방식에 관하여 피고인측으로부터 아무런 이의가 제기되지 아니하였고, 법원 역시 범죄사실의 실체를 파악하는 데 지장이 없다고 판단하여 그대로 공판절차를 진행한 결과 증거조사절차가 마무리되어 법관의 심증형성이 이루어진 단계에서는 소송절차의 동적 안정성 및 소송경제의 이념 등에 비추어 볼 때 이제는 더 이상 공소장일본주의 위배를 주장하여 이미 진행된 소송절차의 효력을 다툴 수는 없다[대판 2009.10.22, 2009도7436(전합) **문국현 의원 사건**]. 14·15·17. 경찰간부, 14·17. 국가직 7급, 16·17. 국가직 9급, 18. 경찰승진·법원직 9급

② [1] 공소장일본주의에 위배된 공소제기라고 인정되는 때에는 그 절차가 법률의 규정에 위반하여 무효인 때에 해당하는 것으로 보아 **공소기각의 판결을 선고하는 것이 원칙이다.** [2] 다만, 공소장 기재의 방식에 관하여 피고인측으로부터 아무런 이의가 제기되지 아니하였고, 법원 역시 범죄사실의 실체를 파악하는 데 지장이 없다고 판단하여 그대로 공판절차를 진행한 결과 증거조사절차가 마무리되어 법관의 심증형성이 이루어진 단계에 이른 경우에는 소송절차의 동적 안정성 및 소송경제의 이념 등에 비추어 볼 때 더 이상 공소장일본주의 위배를 주장하여 이미 진행된 소송절차의 효력을 다툴 수 없다고 보아야 하나, **피고인측으로부터 이의가 유효하게 제기되어 있는 이상 공판절차가 진행되어 법관의 심증형성의 단계에 이르렀다고 하여 공소장일본주의 위배의 하자가 치유된다고 볼 수 없다**(대판 2015.1.29, 2012도2957 **용산역전식구파 사건**). 20. 법원직 9급

02 공소제기의 효과

소송계속	공소제기에 의하여 사건이 법원의 심리와 재판의 대상이 되는 상태 15. 경찰채용
공소시효 정지	① 공소가 제기되면 **공소시효의 진행이 정지됨** ② 공범 1인에 대한 공소시효 정지는 **다른 공범자에게도 그 효력이 미침** 14. 경찰승진·국가직 9급, 15. 경찰간부·경찰채용, 16. 변호사·국가직 9급
공소제기의 효력범위	① 인적 효력범위: 공소는 검사가 **피고인으로 지정한 이외의 다른 사람에게는 그 효력이 미치지 않음.** 다만, 공소시효 정지효력은 다른 공범자에게도 미침 14. 경찰승진·국가직 9급, 15. 경찰채용, 17. 경찰간부 ② 물적 효력범위: 범죄사실 일부에 대한 공소제기는 그와 **동일성이 인정되는 범죄사실의 전부에 미침** ➡ 공소불가분의 원칙 15. 경찰채용, 16. 경찰간부

⚖판례 |

1 공소제기에 있어 검사의 재량권

하나의 행위가 여러 범죄의 구성요건을 동시에 충족하는 경우 공소제기권자는 자의적으로 공소권을 행사하여 소추 재량을 현저히 벗어났다는 등의 특별한 사정이 없는 한 증명의 난이 등 **여러 사정을 고려하여 그 중 일부 범죄에 관해서만 공소를 제기할 수도 있다**(대판 2017.12.5, 2017도13458 **최명길 의원 사건**).

2 공소제기에 있어 검사에게 재량권이 부여되는 경우

① 영리약취·유인 등에 관한 특정범죄가중법 제5조의2 제2항 제1호는 '취득'과 '요구'를 별도의 행위태양으로 규정하고 있으므로 **미성년자를 약취한 자가 그 부모에게 재물을 요구하였으나 취득하지 못한 경우** 검사는 이를 **'재물요구죄'로 기소**할 수 있음은 물론 '재물취득'의 점을 중시하여 **'재물취득미수죄'로 기소**할 수도 있다(대판 2008.7.10, 2008도3747 **부산 학생유괴 사건**).

② 하나의 행위가 **부작위범인 직무유기죄와 작위범인 허위공문서작성·행사죄의 구성요건을 동시에 충족**하는 경우, 공소제기권자는 재량에 의하여 작위범인 허위공문서작성·행사죄로 공소를 제기하지 않고 부작위범인 **직무유기죄로만 공소를 제기할 수 있다**(대판 2008.2.14, 2005도4202 **불법체류 조선족 훈방 사건**). 14. 법원직 9급, 15. 국가직 9급

③ 하나의 행위가 **부작위범인 직무유기죄와 작위범인 범인도피죄의 구성요건을 동시에 충족**하는 경우 공소제기권자는 재량에 의하여 작위범인 범인도피죄로 공소를 제기하지 않고 부작위범인 **직무유기죄로만 공소를 제기할 수도 있다**(대판 1999.11.26, 99도1904 **박노항 원사 도피 사건**). 14. 국가직 9급

제3절 공소시효

01 의의

의의	일정기간 동안 공소를 제기하지 않고 방치하는 경우 **국가의 소추권이 소멸**되는 제도
시효완성의 효과	공소시효가 완성된 경우 공소제기 전이라면 검사는 **불기소처분**을 해야 하고, 공소제기 후라면 법원은 **면소판결**을 선고해야 함
공소시효 배제	**살인범죄** **사람을 살해한 범죄(종범은 제외)로 사형에 해당하는 범죄**(예 살인죄, 존속살인죄, 인질살인죄, 강도살인죄 등) ➜ 제253조의2의 개정규정은 이 법 시행 전에 범한 범죄로 **아직 공소시효가 완성되지 아니한 범죄**에 대하여도 적용(《주의》종범도 포함 ×, 공소시효가 완성된 범죄에 대하여도 적용 ×) 15·17·18. 경찰채용, 17. 국가직 7급, 18. 국가직 9급
	성폭력범죄 ① **13세 미만 또는 장애가 있는 사람에 대한** ㉠ 형법 제297조(강간), 제298조(강제추행), 제299조(준강간·준강제추행), 제301조(강간 등 상해·치상), 제301조의2(강간 등 살인·치사) 또는 제305조(미성년자에 대한 간음, 추행) ㉡ 성폭력처벌법 제6조 제2항(장애인 유사강간), 제7조 제2항(13세 미만자 유사강간) 및 제5항(13세 미만자 위계, 위력에 의한 강간), 제8조(강간 등 상해·치상), 제9조(강간 등 살인·치사) ㉢ 청소년성보호법 제9조(강간 등 상해·치상) 또는 제10조(강간 등 살인·치사) ② 형법 제301조의2(**강간 등 살인**), 성폭력처벌법 제9조 제1항(**강간 등 살인**), 청소년성보호법 제10조 제1항(강간 등 살인), 군형법 제92조의8(강간 등 살인)

헌정질서 파괴범죄, 집단살해범죄	① 형법 제2편 제1장 내란의 죄와 제2장 외환의 죄와 군형법 제2편 제1장 반란의 죄와 제2장 이적의 죄 18. 법원직 9급 ② 집단살해죄의 방지와 처벌에 관한 협약에 규정된 집단살해에 해당하는 범죄

> ⚖ **판례 I**
>
> **1 공소시효를 연장하는 법률 개정의 허용 여부**
> [1] 공소시효가 아직 완성되지 않은 경우 진행 중인 공소시효를 연장하는 법률은 공익이 개인의 신뢰보호 이익에 우선하는 경우에는 **헌법상 정당화될 수 있다.** [2] 공소시효가 이미 완성된 경우 그 공소시효를 연장하는 법률은 공익적 필요는 심히 중대한 반면에 개인의 신뢰를 보호하여야 할 필요가 상대적으로 적어 개인의 신뢰이익을 관철하는 것이 객관적으로 정당화될 수 없는 경우에는 **예외적으로 허용될 수 있다**(헌재 1996.2.16, 96헌가2, 96헌바7·13 **5·18특별법 위헌제청 사건**). 14. 경찰간부
>
> **2 공소시효를 정지·연장·배제하는 내용의 조항을 신설하면서 소급적용에 관한 명시적인 경과규정을 두지 아니한 경우, 그 조항을 소급하여 적용할 것인지 판단할 때 고려할 사항**
> 공소시효를 정지·연장·배제하는 내용의 특례조항을 신설하면서 소급적용에 관한 명시적인 경과규정을 두지 아니한 경우에 그 조항을 소급하여 적용할 수 있다고 볼 것인지에 관하여는 이를 해결할 보편타당한 일반원칙이 존재할 수 없는 터이므로 적법절차원칙과 소급금지원칙을 천명한 **헌법 제12조 제1항과 제13조 제1항의 정신을 바탕으로 하여 법적 안정성과 신뢰보호원칙을 포함한 법치주의 이념을 훼손하지 아니하도록 신중히 판단하여야 한다**(대판 2015.5.28, 2015도1362). 16. 경찰채용

02 공소시효 기간 14·17·19. 경찰간부, 14·16·18. 경찰채용, 14. 국가직 9급, 15·17. 경찰승진, 18. 법원직 9급

대상범죄	시효기간
사형	25년
무기징역 또는 무기금고	15년
장기 10년 이상의 징역 또는 금고	10년
장기 10년 미만의 징역 또는 금고	7년
• 장기 5년 미만의 징역 또는 금고 • 장기 10년 이상의 자격정지 • 벌금	5년
장기 5년 이상의 자격정지	3년
• 장기 5년 미만의 자격정지 • 구류, 과료 또는 몰수	1년
공소가 제기된 범죄에 대하여 판결의 확정이 없이 공소제기시부터 25년이 경과하면 공소시효가 완성된 것으로 간주(의제공소시효) ➡ 신법 시행 전에 범한 죄에 대하여는 공소시효완성간주(의제공소시효)가 15년이다(대판 2022.8.19, 2020도1153 구 형사소송법 제249조 제2항 적용사건).	25년

03 공소시효 계산

기준이 되는 법정형	① 공소시효는 **법정형**을 기준으로 계산함(《주의》 선고형 ×) 15. 법원직 9급 ② 2개 이상의 형을 병과하거나 2개 이상의 형에서 1개를 과할 범죄에는 **중한 형**을 기준으로 계산함 15. 경찰채용·법원직 9급, 17·18. 경찰승진 ③ 형의 가중·감경 　㉠ 형법에 의하여 형을 가중·감경하는 경우에는 가중·감경하지 아니한 형에 의하여 공소시효를 계산함 15·17·18. 경찰승진, 15. 경찰채용, 16. 국가직 9급, 18·19. 경찰간부 　㉡ 형법 이외의 특별법에 의하여 형을 가중·감경하는 경우에는 특별법상의 법정형(가중·감경한 형)을 기준으로 공소시효를 계산함(《주의》 형법·특별법에 의하여 가중 또는 감경한 경우에는 가중 또는 감경하지 아니하는 형에 의하여 공소시효기간을 계산한다. ×) 15. 경찰채용 ④ 법령의 개정 　㉠ **형법 제1조 제1항과 제2항**에 의하여 공소시효를 계산함 　㉡ 법률의 개정에 의하여 법정형이 가벼워진 경우에는 형법 제1조 제2항에 의하여 가벼운 법정형(신법의 법정형)을 기준으로 공소시효를 계산함
법정형의 기초인 범죄사실 등	① 공소사실을 예비적·택일적으로 기재한 경우 각각의 범죄사실을 분리하여 별도로 공소시효를 계산함 ② 상상적 경합범의 경우 각각의 범죄사실을 분리하여 별도로 공소시효를 계산함 ③ 공소장변경에 의하여 공소사실이 변경된 경우에는 변경된 공소사실에 대한 법정형이 공소시효의 기준이 됨. 이 경우 공소시효 완성 여부의 판단은 공소제기시를 기준으로 함(《주의》 공소장변경시를 기준으로 한다. ×)
공소시효의 기산점	① 공소시효는 **범죄행위가 종료한 때로부터** 진행 14·15·17. 경찰승진, 18. 경찰간부 ② 공범의 경우에는 **최종행위가 종료한 때를 기준으로** 전체 공범의 시효기간 계산 18. 경찰간부
시효기산의 특례 등	① 공소시효 기산의 특례 　㉠ 미성년자에 대한 성폭력범죄의 공소시효는 해당 성폭력범죄로 피해를 당한 미성년자가 **성년에 달한 날부터 진행함** 15·18. 경찰채용 　㉡ 아동·청소년 대상 성범죄의 공소시효는 해당 성범죄로 피해를 당한 아동·청소년이 **성년에 달한 날부터 진행함** ② 공소시효 연장 　㉠ 성폭력처벌법 제2조 제3호 및 제4호의 죄와 제3조부터 제9조까지의 죄는 DNA 증거 등 그 죄를 증명할 수 있는 과학적인 증거가 있는 때에는 **공소시효가 10년 연장됨** 15. 경찰채용 　㉡ 청소년성보호법 제7조의 죄는 DNA증거 등 그 죄를 증명할 수 있는 과학적인 증거가 있는 때에는 **공소시효가 10년 연장됨**
공소시효 계산방법	공소시효의 초일은 시간을 계산함이 없이 1일로 산정하고, 기간의 말일이 공휴일 또는 토요일이어도 그 날은 공소시효기간에 산입함

⚖️ 판례 |

1 형법 이외의 특별법에 의하여 형이 가중·감경된 경우 공소시효의 기준이 되는 형(= 가중·감경된 형)

① **특정범죄가중법 제8조 위반죄**의 공소시효기간은 동법 조항의 법정형에 따라 정하여지고 조세범처벌법 제17조 규정에 의할 수 없다(대판 1979.4.24, 77도2752).

② 형사소송법 제251조는 **형법 이외의 법률**에 의하여 형을 가중·감경할 경우에는 적용되지 않는다(대판 1973.3.13, 72도2976). 15. 경찰채용

2 법률이 개정된 경우 공소시효의 기준이 되는 법률

범죄 후 법률의 개정에 의하여 법정형이 가벼워진 경우에는 형법 제1조 제2항에 의하여 당해 범죄사실에 적용될 **가벼운 법정형(신법의 법정형)**이 공소시효기간의 기준이 된다(대판 2008.12.11, 2008도4376 **참깨 밀수 사건**). 14·15. 경찰채용, 15. 변호사, 16. 경찰승진, 17. 국가직 9급, 21. 경찰간부

3 상상적 경합범의 경우 각각의 범죄사실을 분리하여 별도로 공소시효를 계산해야 하는지의 여부(적극)

1개의 행위가 여러 개의 죄에 해당하는 경우 형법 제40조는 이를 **과형상 일죄**로 처벌한다는 것에 지나지 아니하고 **공소시효를 적용함에 있어서는 각 죄마다 따로 따져야 할 것이다**(대판 2006.12.8, 2006도6356). 17. 국가직 9급, 18. 경찰채용, 20. 경찰승진, 21. 경찰간부

4 공소장변경이 있는 경우, 공소시효의 기준이 되는 공소사실(= 변경된 공소사실)

공소장변경절차에 의하여 공소사실이 변경됨에 따라 그 법정형에 차이가 있는 경우에는 변경된 공소사실에 대한 법정형이 공소시효기간의 기준이 된다(대판 2001.8.24, 2001도2902 **병록지 사건**). 14·18. 법원직 9급, 15·18. 경찰채용, 16. 국가직 7급·국가직 9급, 17·18. 변호사, 17. 경찰간부

5 공소장변경이 있는 경우, 공소시효 완성 여부의 기준시점(= 공소제기시)

공소장변경이 있는 경우 공소시효의 완성 여부는 당초의 공소제기가 있었던 시점을 기준으로 판단할 것이고 공소장변경시를 기준으로 삼을 것이 아니다(대판 2004.7.22, 2003도8153). 14. 경찰승진, 14·16·18·20. 법원직 9급, 15·18. 경찰채용, 16. 국가직 9급, 16·17. 국가직 7급, 17. 경찰간부

6 미수범의 공소시효 기산점(= 더 이상 범죄가 진행될 수 없는 때)

미수범의 범죄행위는 행위를 종료하지 못하였거나 결과가 발생하지 아니하여 **더 이상 범죄가 진행될 수 없는 때**에 종료하고 그 때부터 미수범의 공소시효가 진행한다(대판 2017.7.11, 2016도14820 **분양계약서 반환 사건**). 18·20. 경찰채용, 18. 국가직 7급, 20. 법원직 9급, 21. 경찰간부

7 업무상과실치사상죄의 공소시효 기산점(= 결과발생시)

① 공소시효의 기산점에 관하여 규정하는 **형사소송법 제252조 제1항의 '범죄행위'**는 당해 범죄행위의 결과까지도 포함하는 취지로 해석함이 상당하다(대판 2003.9.26, 2002도3924 **경주 기림사 사건**).

② 교량붕괴사고에 있어 **업무상과실치사상죄, 업무상과실일반교통방해죄 및 업무상과실자동차추락죄**의 공소시효도 교량붕괴사고로 인하여 **피해자들이 사상에 이른 결과**가 발생함으로써 그 범죄행위가 종료한 때로부터 진행한다(대판 1997.11.28, 97도1740 **성수대교 붕괴 사건**).

8 포괄일죄의 공소시효 기산점(= 최종행위 종료시)

포괄일죄의 공소시효는 최종의 범죄행위가 종료한 때로부터 진행한다(대판 2015.10.29, 2014도5939 **서울시 공무원 간첩 사건**). 14·18. 법원직 9급, 15. 경찰간부·경찰채용

9 각종 범죄의 공소시효 기산점

① (소송사기에 있어) 법원으로부터 패소판결을 선고받고 그 판결이 확정되는 등 소송이 종료됨으로써 미수에 그친 경우, 그러한 **소송사기미수죄에 있어 범죄행위의 종료시기는 소송이 종료된 때라고 할 것이다**(대판 2000.2.11, 99도4459). → 사기죄

② 피고인이 회사의 대표이사로서 임원들과 사이에 무효인 주식매수선택권 부여계약을 체결한 것만으로는 회사에 현실적인 손해가 발생하거나 재산상 실해발생의 위험이 초래되었다고 볼 수 없고, 이후 **임원들의 주식매수선택권 행사에 응하여 신주를 발행해 준 때에 비로소 배임의 범죄행위가 완성되어 그 때부터 공소시효가 진행**된다(대판 2011.11.24, 2010도11394). → 배임죄 14. 경찰채용

③ **강제집행 면탈의 목적으로 채무자가 그의 제3채무자에 대한 채권을 허위로 양도한 경우에 제3채무자에게 채권 양도의 통지가 행하여짐으로써 통상 제3채무자가 채권 귀속의 변동을 인식할 수 있게 된 시점**에서는 채권 실현의 이익이 해하여질 위험이 실제로 발현되었다고 할 것이므로, 늦어도 그 **통지가 있는 때에는 그 범죄행위가 종료하여 그 때부터 공소시효가 진행된다**(대판 2011.10.13, 2011도6855). → **강제집행면탈죄** 17. 변호사

④ 허위의 채무를 부담하는 내용의 채무변제계약 공정증서를 작성한 후 이에 기하여 채권압류 및 추심명령을 받은 때에 **강제집행면탈죄가 성립함과 동시에 그 범죄행위가 종료되어 공소시효가 진행한다**(대판 2009.5.28, 2009도875). → 강제집행면탈죄 16. 변호사, 17. 경찰승진

⑤ **공무원이 그 직무에 관하여 금전을 무이자로 차용**한 경우에는 그 차용 당시에 금융이익 상당의 뇌물을 수수한 것으로 보아야 하므로 그 **공소시효는 금전을 무이자로 차용한 때로부터 기산**한다(대판 2012.2.23, 2011도7282). → 수뢰죄 16. 경찰승진·경찰간부

⑥ 공무원이 뇌물로 투기적 사업에 참여할 기회를 제공받은 경우 **뇌물수수죄의 기수시기는 투기적 사업에 참여하는 행위가 종료한 때로 보아야 한다**(이 때부터 공소시효가 진행한다)(대판 2011.7.28, 2009도9122).

⑦ 독점규제법 제19조 제1항 제1호에서 정한 **가격결정 등의 합의 및 그에 기한 실행행위가 있었던 경우** 독점규제법 제66조 제1항 제9호 위반죄의 **공소시효는 실행행위가 종료한 날부터 진행**한다(대판 2015.9.10, 2015도3926 **판유리 담합 사건**). → 독점규제법 위반 20. 경찰채용

⑧ **부정수표단속법 제2조 제2항 위반의 범죄(부정수표발행)**는 예금부족으로 인하여 제시일에 지급되지 아니할 것이라는 결과 발생을 예견하고 발행인이 수표를 발행한 때에 바로 성립하는 것이고(이 때부터 공소시효가 진행한다.), 수표소지인이 발행일자를 보충기재하여 제시하고 그 제시일에 수표금의 지급이 거절된 때에 범죄가 성립하는 것은 아니다(대판 2003.9.26, 2003도3394). → 부정수표단속법 위반

⑨ 공직선거법 제268조 제1항 본문은 '이 법에 규정한 죄의 공소시효는 당해 선거일 후 6개월(선거일 후에 행하여진 범죄는 그 행위가 있는 날부터 6개월)을 경과함으로써 완성한다.'라고 규정하고 있다. 여기서 말하는 '당해 선거일'이란 그 선거범죄와 직접 관련된 공직선거의 투표일을 의미한다. 이는 선거범죄가 당내경선운동에 관한 공직선거법 위반죄인 경우에도 마찬가지이므로 **그 선거범죄에 대한 공소시효의 기산일은 당내경선의 투표일이 아니라 그 선거범죄와 직접 관련된 공직선거의 투표일이다**(대판 2019.10.31, 2019도8815). 20. 경찰채용

⑩ 피고인이 허위사실이 기재된 귀화허가신청서를 담당공무원에게 제출하여 그에 따라 귀화허가업무를 담당하는 행정청이 그릇된 행위나 처분을 하여야만 위계에 의한 공무집행방해죄가 기수 및 종료에 이른다고 할 것이고, 단지 **허위사실이 기재된 귀화허가신청서를 제출하여 접수되게 한 사정만으로는 구체적인 직무집행을 저지하거나 현실적으로 곤란하게 하는 데까지 이르렀다고 단정할 수 없다. 구체적인 직무집행을 저지하거나 현실적으로 곤란하게 하는 데까지 이르렀을 때 범죄가 종료하고 그때부터 공소시효가 진행한다**(대판 2017.4.27, 2017도2583). 20. 경찰채용

⑪ 무고죄에 있어서 그 신고 된 범죄사실이 이미 공소시효가 완성된 것이어서 무고죄가 성립하지 아니하는 경우에 해당하는지 여부는 그 **신고시를 기준으로 하여 판단하여야 한다**(대판 2008.3.27, 2007도11153 **폭행일시 특정 사건**). 21. 경찰채용

⑫ 병역법 제70조 제3항, 제94조에서 규정하고 있는 **국외여행허가의무 위반으로 인한 병역법위반죄는** 국외여행의 허가를 받은 병역의무자가 기간만료 15일 전까지 기간연장허가를 받지 않고 **정당한 사유 없이 허가된 기간 내에 귀국하지 않은 때에 성립함과 동시에 완성되는 이른바 즉시범으로서** 그 이후에 귀국하지 않은 상태가 계속되고 있더라도 위 규정이 정한 범행을 계속하고 있다고 볼 수 없다. 따라서 이 범죄의 공소시효는 범행종료일인 국외여행허가기간 만료일부터 진행한다(대판 2022.12.1, 2019도5925 **병역회피 목적 미국체류 사건**).

⑬ 변호사법 제113조 제5호, 제31조 제1항 제3호 위반죄의 **공소시효는 그 범죄행위인 '수임'행위가 종료한 때로부터 진행된다고 봄이 타당하고,** 수임에 따른 '수임사무의 수행'이 종료될 때까지 공소시효가 진행되지 않는다고 해석할 수는 없다(대판 2022.1.14, 2017도18693 **수임행위 공소시효 기산점 사건**). 변호사인 피고인들이 진실화해를 위한 과거사정리위원회 등에서 공무원으로 재직하면서 조사를 담당한 사건과 관련된 소송사건을 공무원 퇴직 후 수임하여 소송수행을 한 사건이다.

⑭ 수산업협동조합법 제178조 제5항 본문은 "제1항 내지 제4항에 규정된 죄의 공소시효는 해당 선거일 후 6월(선거일 후에 행하여진 죄는 그 행위가 있는 날부터 6월)을 경과함으로써 완성한다."고 규정함으로써, 수산업협동조합법에 규정된 선거범죄 중 선거일까지 발생한 범죄에 대하여는 '선거일 후'부터, 선거일 후에 발생한 범죄에 대하여는 '그 행위가 있었던 날', 즉 범죄행위 종료일부터 각 공소시효가 진행되도록 하고 있다. 여기서 선거일까지 발생한 범죄의 공소시효 기산일인 **'선거일 후'는 '선거일 당일'이 아니라 '선거일 다음 날'을 의미한다고 해석하는 것이 우선 위 조항의 문언에 부합한다**(대판 2012.10.11, 2011도17404). 21. 경찰채용

⑮ 공무원이 동일한 사안에 관한 일련의 직무집행 과정에서 단일하고 계속된 범의로 일정기간 계속하여 저지른 직권남용 행위가 직권남용권리행사방해죄의 포괄일죄가 되는 경우 그 공소시효는 **최종 범죄행위가 종료된 때부터 진행한다**(대판 2021.3.11, 2020도12583 **국정원장 사건**). 22. 국가직 7급

⑯ 변호사법 제113조 제5호, 제31조 제1항 제3호 위반죄의 **공소시효는 그 범죄행위인 '수임'행위가 종료한 때로부터 진행된다고 봄이 타당하고,** 수임에 따른 '수임사무의 수행'이 종료될 때까지 공소시효가 진행되지 않는다고 해석할 수는 없다(대판 2022.1.14, 2017도18693 **수임행위 공소시효 기산점 사건**).

04 공소시효 정지사유

공소의 제기	① **공소시효는 공소의 제기로 진행이 정지되고, 공소제기로 정지된 공소시효는 공소기각 또는 관할위반의 재판이 확정된 때로부터 다시 진행함**(《주의》 공소의 제기로 공소시효의 진행이 중단되고 ×) 14·18. 경찰승진, 14·15. 법원직 9급, 16. 경찰채용 ② **공범의 1인에 대한 시효정지는 다른 공범자에게 대하여 효력이 미치고** 당해 사건의 재판이 확정된 때로부터 진행함 14. 경찰승진, 14·16. 국가직 9급, 15. 경찰간부·경찰채용, 16. 변호사
범인의 해외도피	범인이 **형사처분을 면할 목적으로 국외에 있는 경우** 그 기간동안 공소시효의 진행이 정지됨 15. 경찰채용
재정신청	재정신청이 있을 때에는 고등법원의 **재정결정이 확정될 때까지 공소시효의 진행이 정지됨**(《주의》 검찰항고 ×, 헌법소원 ×) 15. 경찰채용, 17. 경찰간부, 18. 변호사·경찰승진
소년보호사건의 심리개시결정	소년보호사건에 있어 소년부 판사의 심리개시결정이 있는 때로부터 보호처분의 결정이 확정될 때까지 공소시효의 진행이 정지됨(《주의》 보호처분의 결정이 있을 때까지 ×)
가정보호사건송치	가정폭력범죄에 대한 공소시효는 당해 가정보호사건이 법원에 송치된 때로부터 공소시효의 진행이 정지됨

성매매보호사건송치	성매매에 대한 공소시효는 당해 보호사건이 법원에 송치된 때로부터 공소시효의 진행이 정지됨
미성년자 등에 대한 성폭력범죄	미성년자 등에 대한 성폭력범죄의 경우 피해자가 성년에 달할 때까지 공소시효의 진행이 정지됨
대통령으로서의 재직	대통령의 불소추특권에 의하여 대통령 재직 중에는 공소시효의 진행이 정지됨 17. 경찰간부
관세범에 대한 통고처분	관세범에 대하여 관세청장 또는 세관장의 통고처분(벌금에 상당하거나 몰수·추징금에 해당하는 금액을 납부할 것을 통고)이 있으면 공소시효의 진행이 정지됨

⚖️판례 ∣

1 공소제기와 공소시효 정지

피고인의 신병이 확보되기 전에 공소가 제기되었다고 하더라도 그러한 사정만으로 공소제기가 부적법한 것이 아니고, 공소가 제기되면 형사소송법 제253조 제1항에 따라 공소시효의 진행이 정지된다(대판 2017.1.25, 2016도15526 패터슨 이태원 살인 사건).

2 '범인이 형사처분을 면할 목적으로 국외에 있는 경우'의 의미 등

① 형사소송법 제253조 제3항이 정한 **'범인이 형사처분을 면할 목적으로 국외에 있는 경우'**는 범인이 국내에서 범죄를 저지르고 형사처분을 면할 목적으로 국외로 도피한 경우에 한정되지 아니하고, 범인이 국외에서 범죄를 저지르고 형사처분을 면할 목적으로 국외에서 체류를 계속하는 경우도 포함된다(대판 2015.6.24, 2015도5916). 16. 국가직 9급, 16·17. 국가직 7급, 16·18. 경찰채용 20. 경찰채용

② 형사소송법 제253조 제3항은 **"범인이 형사처분을 면할 목적으로 국외에 있는 경우 그 기간 동안 공소시효는 정지된다."**고 규정하고 있는데, 이 때 범인의 국외체류의 목적은 오로지 형사처분을 면할 목적만으로 국외체류하는 것에 한정되는 것은 아니고, 범인이 가지는 여러 국외체류의 목적 중 형사처분을 면할 목적이 포함되어 있으면 족하다(대판 2010.12.9, 2009도6411 조풍언 사건). 14·15. 경찰승진, 15·17. 법원직 9급, 16·17. 경찰간부, 16. 경찰채용

3 '형사처분을 면할 목적'을 인정할 수 없어 공소시효 진행이 정지되지 않는 경우

① 피고인이 당해 사건으로 처벌받을 가능성이 있음을 인지하였다고 보기 어려운 경우라면 피고인이 다른 고소사건과 관련하여 형사처분을 면할 목적으로 국외에 있은 경우라고 하더라도 당해 사건의 **형사처분을 면할 목적으로 국외에 있었다고 볼 수 없다**(대판 2014.4.24, 2013도9162 짝퉁 미술품 판매 사건). 16. 경찰채용, 17. 법원직 9급, 18. 국가직 7급

② **통상 범인이 외국에서 다른 범죄로 외국의 수감시설에 수감된 경우**, 그 범행에 대한 법정형이 당해 범죄의 법정형보다 월등하게 높고, 실제 그 범죄로 인한 수감기간이 당해 범죄의 공소시효 기간보다도 현저하게 길어서 범인이 수감기간 중에 생활근거지가 있는 우리나라로 돌아오려고 했을 것으로 넉넉잡아 인정할 수 있는 사정이 있다면, **그 수감기간에는 '형사처분을 면할 목적'이 유지되지 않았다고 볼 여지가 있다**(대판 2008.12.11, 2008도4101 불쌍한 피고인 사건). 18. 국가직 9급

4 국외도피로 인한 공소시효 정지를 규정한 형사소송법 제253조 제3항이 공소시효 완성 간주를 규정한 형사소송법 제249조 제2항에도 적용되는지의 여부(소극)

형사소송법 제253조 제3항에서 정지의 대상으로 규정한 '공소시효'는 범죄행위가 종료한 때로부터 진행하고 공소의 제기로 정지되는 형사소송법 제249조 제1항의 시효를 뜻하고, 그 시효와 별개로 공소를 제기한 때로부터 일정 기간이 경과하면 공소시효가 완성된 것으로 간주된다고 규정한 형사소송법 **제249조 제2항**에서 말하는 '공소시효'는 여기에 포함되지 않는다. 따라서 공소제기 후 피고인이 처벌을 면할 목적으로 국외에 있는 경우에도 그 기간 동안 형사소송법 제249조 제2항에서 정한 기간의 진행이 정지되지는 않는다 (대판 2022.9.29, 2020도13547 **기소 후 미국도피 사건**). ➡ 피고인은 1997.8.21. 특가법위반(사기)죄로 기소된 후 1심 재판이 계속 중이던 1998.4.28.경 미국으로 출국하여 항소심에 이르기까지 입국하지 않았는데, 기소시부터 항소심판결 선고시까지 15년 이상이 경과하였다. 이 경우 항소심은 형사소송법 제249조 제2항(의제공소시효)에 의하여 면소판결을 선고하여야 한다. 다만, 피고인이 형사처분을 면할 목적으로 국외에 있는 경우 그 기간 동안 제249조 제2항에 따른 기간의 진행은 정지된다는 규정이 신설(제253조 제4항)되어 현재는 재판시효(의제공소시효)가 정지됨.

5 공소시효 정지에 관한 형사소송법 제253조 제2항의 '공범'에 뇌물공여죄와 뇌물수수죄 사이와 같은 대향범 관계에 있는 자가 포함되는지의 여부(소극)

[1] 뇌물공여죄와 뇌물수수죄 사이와 같은 이른바 대향범 관계에 있는 자는 강학상으로는 필요적 공범이라고 불리고 있으나, 서로 대향된 행위의 존재를 필요로 할 뿐 각자 자신의 구성요건을 실현하고 별도의 형벌규정에 따라 처벌되는 것이어서, 2인 이상이 가공하여 공동의 구성요건을 실현하는 공범관계에 있는 자와는 본질적으로 다르다. [2] "공범의 1인에 대한 시효정지는 다른 공범자에 대하여 효력이 미친다."라고 규정한 형사소송법 제253조 제2항에서 '공범'에는 뇌물공여죄와 뇌물수수죄 사이와 같은 대향범 관계에 있는 자는 포함되지 않는다(대판 2015.2.12, 2012도4842 **제3자 뇌물교부 공범 사건**). 15·18·20. 경찰채용, 16·17·20. 변호사, 16·18. 국가직 7급·국가직 9급, 16·17·18·21. 경찰간부, 20. 법원직 9급·경찰승진

6 공범 중 1인에 대해 약식명령이 확정된 후 그에 대한 정식재판청구권회복결정이 있는 경우, 그 사이의 기간 동안 다른 공범자에 대한 공소시효 진행이 정지되는지의 여부(원칙적 소극)

공범 중 1인에 대해 약식명령이 확정된 후 그에 대한 정식재판청구권회복결정이 있었다고 하더라도 그 사이의 기간 동안에는 특별한 사정이 없는 한 다른 공범자에 대한 공소시효는 정지함이 없이 계속 진행한다 (대판 2012.3.29, 2011도15137 **공범 공소시효 진행 사건**). 17. 국가직 9급, 18·20. 경찰승진, 20. 경찰채용

7 공범 중 1인이 범죄의 증명이 없다는 이유로 무죄판결을 받고 확정된 경우, 진범에 대한 공소시효 진행이 정지되는지의 여부(소극)

공범의 1인으로 기소된 자가 구성요건에 해당하는 위법행위를 공동으로 하였다고 인정되기는 하나 책임조각을 이유로 무죄로 되는 경우와는 달리 범죄의 증명이 없다는 이유로 공범 중 1인이 무죄의 확정판결을 선고받은 경우에는 그를 공범이라고 할 수 없어 그에 대하여 제기된 공소로써는 진범에 대한 공소시효정지의 효력이 없다(대판 1999.3.9, 98도4621). 15·18. 경찰채용, 16. 국가직 7급·국가직 9급, 16·17. 경찰간부·변호사

8 피고인과 공범관계에 있는 자가 같은 범죄사실로 공소제기가 된 후 대법원에서 상고기각됨으로써 유죄판결이 확정되었다면 공범자인 피고인에 대하여도 그 공범관계에 있는 자가 공소제기된 때부터 그 재판이 확정된 때까지의 기간 동안은 공소시효의 진행이 정지된다(대판 1995.1.20, 94도2752).

제2장 공판절차

제1절 공판절차의 기본원칙

공판중심주의	공판기일절차가 당해 사건과 관련된 모든 형사소송의 중심이 되어야 한다는 원칙
직접주의	① 법관의 심증형성은 공판정에서 직접 조사한 **원본증거**에 의하여야 한다는 원칙 ② 직접주의의 표현 　㉠ **전문법칙** 　㉡ 판사경질시 공판절차의 갱신 등
공개주의	① 일반 국민에게 **법원의 재판과정에 대한 방청을 허용**하는 원칙 ② 일반사건 심리의 비공개 　㉠ 재판의 심리는 국가의 안전보장·안녕질서 또는 선량한 풍속을 해할 우려가 있는 때에는 법원의 결정으로 이를 공개하지 아니할 수 있음. 판결의 선고는 절대적으로 공개해야 함 　（**《주의》** 국가의 안전보장·안녕질서 또는 선량한 풍속을 해할 우려가 있는 때에는 심리와 판결을 공개하지 아니할 수 있다. ×） 　㉡ 피해자의 사생활의 비밀이나 신변보호를 위하여 필요하다고 인정하는 때에는 심리를 공개하지 아니할 수 있음 14. 국가직 9급, 15. 경찰채용, 16. 법원직 9급 ③ 특수사건 심리의 비공개 　㉠ **소년보호사건의 심리는 원칙적으로 공개하지 않음** 14. 국가직 9급 　㉡ 성폭력범죄, 성매매보호사건 및 가정보호사건의 심리는 공개하지 아니할 수 있음 ④ 특정인에 대한 공개주의 배제 　㉠ 재판장은 법정질서를 유지하기 위하여 방청권을 발행하여 방청인의 수를 제한할 수 있고 법정의 존엄과 질서를 해할 우려가 있는 자의 입정을 금지하거나 퇴정을 명할 수 있음 14. 국가직 7급 　㉡ 재판장은 증인·감정인이 피고인 등의 면전에서 충분한 진술을 할 수 없다고 인정한 때에는 그를 퇴정하게 하고 진술하게 할 수 있음. 이 경우 증인·감정인의 진술이 종료한 때에는 퇴정한 피고인을 입정하게 한 후 법원사무관 등으로 하여금 진술의 요지를 고지하게 해야 함 14. 국가직 9급, 16. 법원직 9급 　㉢ 재판장은 증인신문에 있어 신문하지 아니한 증인이 재정한 때에는 퇴정을 명해야 함
구두변론주의	법원은 당사자의 **구두에 의한 변론(주장과 입증)**을 근거로 재판을 하여야 한다는 원칙
집중심리주의	① 공판기일의 **심리는 집중**되어야 하고, 심리에 2일 이상이 필요한 경우에는 부득이한 사정이 없는 한 **매일 계속 개정**해야 함 15·16. 경찰간부, 18. 경찰채용 ② 재판장은 매일 계속 개정하지 못하는 경우에도 특별한 사정이 없는 한 전회의 공판기일부터 **14일 이내로** 다음 공판기일을 지정해야 함 15·16. 경찰간부, 18. 경찰채용

🔨 판례 │

1 공판중심주의 및 직접주의 관련 판례

우리 형사소송법은 형사사건의 실체에 대한 유죄·무죄의 심증 형성은 법정에서의 심리에 의하여야 한다는 **공판중심주의의 한 요소로서**, 법관의 면전에서 직접 조사한 증거만을 재판의 기초로 삼을 수 있고 증명대상이 되는 사실과 가장 가까운 **원본 증거를 재판의 기초로 삼아야 하며, 원본 증거의 대체물 사용은 원칙적으로 허용되어서는 안된다**는 실질적 직접심리주의를 채택하고 있다(대판 2010.6.24, 2010도3846).

2 항소심이 제1심 증인이 한 진술의 신빙성 유무에 대한 제1심의 판단을 뒤집을 수 있는지의 여부(원칙적 소극)

① **항소심으로서는** 제1심 증인이 한 진술의 신빙성 유무에 대한 제1심의 판단이 항소심의 판단과 다르다는 이유만으로 이에 대한 **제1심의 판단을 함부로 뒤집어서는 아니된다** 할 것이나, 제1심 증인이 한 진술의 **신빙성 유무에 대한 제1심의 판단이 명백하게 잘못되었다고 볼 특별한 사정이 있거나** 제1심의 증거조사 결과와 항소심 변론종결시까지 추가로 이루어진 증거조사결과를 종합하면 제1심 증인이 한 진술의 신빙성 유무에 대한 제1심의 판단을 그대로 유지하는 것이 현저히 부당하다고 인정되는 예외적인 경우에는 그러하지 아니하다(대판 2009.3.26, 2008도6895).

② 형사재판에서 항소심은 사후심 겸 속심의 구조이므로, **제1심이 채용한 증거에 대하여 그 신빙성에 의문은 가지만 그렇다고 직접 증거조사를 한 제1심의 자유심증이 명백히 잘못되었다고 볼 만한 합리적인 사유도 나타나 있지 아니한 경우에는**, 비록 동일한 증거라고 하더라도 다시 한번 증거조사를 하여 항소심이 느끼고 있는 의문점이 과연 그 증거의 신빙성을 부정할 정도의 것인지 알아보거나 그 증거의 신빙성에 대하여 입증의 필요성을 느끼지 못하고 있는 검사에 대하여 항소심이 가지고 있는 의문점에 관하여 입증을 촉구하는 등의 방법으로 그 증거의 신빙성에 대하여 더 심리하여 본 후 그 채부를 판단하여야 하고, 그 증거의 신빙성에 의문이 간다는 사유만으로 더 이상 아무런 심리를 함이 없이 그 증거를 곧바로 배척하여서는 아니된다(대판 1996.12.6, 96도2461). 15. 국가직 9급

3 공개주의가 적용되지 않는 경우

① 헌법 제109조에 규정된 **재판공개의 원칙이 법원이 판결하기 전에 당사자에게 미리 그 내용을 알려줄 것을 의미하는 것은 아니다**(대판 2008.12.24, 2006도1427).

② 헌법 제109조는 **재판공개의 원칙을 규정하고 있는 것으로서 검사의 공소제기 절차에는 적용될 여지가 없다.** 따라서 공소가 제기되기 전까지 피고인이 그 내용이나 공소제기 여부를 알 수 없었다거나 피고인의 소송기록 열람·등사권이 제한되어 있었다고 하더라도 그 공소제기 절차가 위 헌법 규정을 위반하였다고는 할 수 없다(대판 2008.12.24, 2006도1427). 14. 국가직 7급, 18. 국가직 9급

4 공개주의에 위반되는 경우

① 헌법 제109조, 법원조직법 제57조 제1항이 정한 **공개금지사유가 없음에도 불구하고 재판의 심리에 관한 공개를 금지하기로 결정하였다면** 그러한 공개금지결정은 피고인의 공개재판을 받을 권리를 침해한 것으로서 그 절차에 의하여 이루어진 **증인의 증언은 증거능력이 없다**고 할 것이고, 변호인의 반대신문권이 보장되었더라도 달리 볼 수 없으며, 이러한 법리는 **공개금지결정의 선고가 없는 등으로 공개금지결정의 사유를 알 수 없는 경우에도 마찬가지이다**(대판 2015.10.29, 2014도5939 서울시 공무원 간첩 사건). 15·17. 국가직 9급, 18. 경찰채용

② 증거보전절차의 제1회 기일에서 이루어진 증인에 대한 증인신문은 비공개로 진행되었다고 봄이 상당한데, **증거보전기일에서 비공개결정의 선고가 되지 않아 비공개사유를 알 수 없으므로 이 부분 증거는 공개재판을 받을 권리를 침해한 것으로 증거능력이 없다**(대판 2015.10.29, 2014도5939 서울시 공무원 간첩 사건).

③ 제1심 법원이 **공개금지결정을 선고하지 않은 채** 공개되지 않은 상태에서 증인에 대한 증인신문절차를 진행한 경우, 그 증인에 대한 증인신문조서는 **유죄의 증거로 쓸 수 없다**(대판 2013.7.26, 2013도2511 **왕재산 간첩단 사건**).

5 공개주의에 위반되지 않는 경우

법원이 법정의 규모, 질서의 유지, 심리의 원활한 진행 등을 고려하여 방청을 희망하는 피고인들의 가족, 친지 기타 일반 국민에게 미리 **방청권을 발행**하게 하고 그 소지자에 한하여 방청을 허용하는 등의 방법으로 방청인의 수를 제한하는 조치를 취하는 것이 **공개재판주의의 취지에 반하는 것은 아니다**(대판 1990.6.8, 90도646 **문익환 목사 방북 사건**).

6 피고인 퇴정과 증인에 대한 반대신문권의 보장

① 형사소송법 제297조의 규정에 따라 재판장은 증인이 피고인의 면전에서 충분한 진술을 할 수 없다고 인정한 때에는 피고인을 퇴정하게 하고 증인신문을 진행함으로써 피고인의 직접적인 증인 대면을 제한할 수 있지만, 이러한 경우에도 피고인의 반대신문권을 배제하는 것은 허용되지 않는다(대판 2012.2.23, 2011도15608). 14. 경찰채용

② 재판장이 피해자들을 증인으로 신문할 때 증인들이 피고인의 면전에서 충분한 진술을 할 수 없다고 인정하여 **피고인의 퇴정을 명하고 증인신문을 진행**하였는데, 증인신문을 실시하는 과정에 변호인을 참여시키는 한편 피고인을 입정하게 하고 법원사무관 등으로 하여금 진술의 요지를 고지하게 한 다음 **변호인을 통하여 반대신문의 기회를 부여한 경우** 증인신문절차 등 공판절차에 어떠한 위법이 있다고 볼 수 없다(대판 2012.2.23, 2011도15608).

③ 변호인이 없는 피고인을 일시 퇴정하게 하고 증인신문을 한 다음 피고인에게 실질적인 반대신문권의 기회를 부여하지 아니한 채 이루어진 증인의 법정진술은 위법한 증거로서 증거능력이 없다고 볼 여지가 있다. 그러나 재판장이 증인신문 결과 등을 공판조서에 의하여 고지하였는데 피고인은 **"변경할 점과 이의할 점이 없다."**고 진술한 사실을 알 수 있는바, 이와 같이 피고인이 책문권 포기 의사를 명시함으로써 실질적인 반대신문의 기회를 부여받지 못한 **하자가 치유되었다고 할 수 있으므로 증인의 법정진술이 위법한 증거라고 볼 수 없다**(대판 2010.1.14, 2009도9344). 14·17. 경찰간부, 15. 경찰채용, 18. 국가직 7급

④ 피고인에게 불리한 증거인 증인이 주신문의 경우와 달리 반대신문에 대하여는 답변을 하지 아니하는 등 진술내용의 모순이나 불합리를 그 증인신문 과정에서 드러내어 이를 탄핵하는 것이 사실상 곤란하였고, 그것이 피고인 또는 변호인에게 책임있는 사유에 기인한 깃이 아닌 경우라면 관계 법령의 규정 혹은 증인의 특성 기타 공판절차의 특수성에 비추어 이를 정당화할 수 있는 특별한 사정이 존재하지 아니하는 이상, 이와 같이 **실질적 반대신문권의 기회가 부여되지 아니한 채** 이루어진 증인의 법정진술은 위법한 증거로서 **증거능력을 인정하기 어렵다.** 이 경우 피고인의 책문권 포기로 그 하자가 치유될 수 있으나, **책문권 포기의 의사는 명시적인 것이어야 한다**(대판 2022.3.17, 2016도17054 **상해 피해자 불출석 사건**).

01 심판대상

불고불리의 원칙	① 법원의 심판대상은 피고인과 공소사실임 ② 불고불리 원칙상 **법원은 공소가 제기되지 아니한 사실에 대해서는 심판을 할 수 없음**
심판대상	① 공소장에 기재된 공소사실이 현실적 심판의 대상이고, 공소사실과 동일성이 인정되는 사실이 잠재적 심판대상임(이원설 · 다수설 · 판례) ② 잠재적 심판대상은 공소장변경에 의하여 현실적 심판대상으로 전환됨
공소사실의 동일성	공소사실의 동일성은 공소제기의 객관적 범위, 법원의 심판대상, 공소장변경의 허용범위, 기판력의 객관적 범위 등을 결정하는 기준이 됨

⚖ 판례 | 불고불리의 원칙 관련

1 불고불리의 원칙에 위반되는 경우

① 공소가 제기되지 아니한 별개의 범죄사실을 법원이 인정하여 그에 관하여 몰수나 추징을 선고하는 것은 불고불리의 원칙에 위반되어 허용되지 아니한다(대판 2010.5.13, 2009도11732).

② 일반법과 특별법이 동일한 구성요건을 가지고 있고 그 구성요건에 해당하는 어느 범죄사실에 대하여 검사가 그중 형이 가벼운 일반법의 법조를 적용하여 그 죄명으로 기소하였는데 그 일반법과 특별법을 적용한 때 형의 범위가 차이나는 경우에는, 비록 그 공소사실에 변경이 없고 적용법조의 구성요건이 완전히 동일하다 하더라도 그러한 적용법조의 변경이 피고인의 방어권 행사에 실질적인 불이익을 초래한다고 보아야 하며, 따라서 **법원은 공소장변경 없이는 형이 더 무거운 특별법의 법조를 적용하여 특별법 위반의 죄로 처단할 수 없다**(대판 2007.12.27, 2007도4749 **상습절도 군인 사건**). 16. 국가직 9급

2 불고불리의 원칙에 위반되지 않는 경우

① 법정형에 징역형과 벌금형을 병과할 수 있도록 규정되어 있는 경우 법원은 공소장에 기재된 적용법조의 유무나 검사의 구형 여부와 관계없이 그 심리확정한 사실에 대하여 **재량으로 벌금형의 병과 여부를 정할 수 있으므로** 법원이 벌금형을 병과한 것이 불고불리의 원칙에 위배된다고 할 수 없다(대판 2011.2.24, 2010도7404).

② 추징은 일종의 형으로서 **검사가 공소를 제기함에 있어 관련 추징규정의 적용을 빠뜨렸다** 하더라도 **법원은 직권으로 이를 적용하여야 한다**(대판 2007.1.25, 2006도8663). 16. 경찰간부

---

02 공소장변경(심판대상 변경)

의의	검사가 공소사실의 동일성을 해하지 않는 범위 안에서 공소장에 기재된 **공소사실 또는 적용법조를 추가 · 철회 · 변경**하는 제도 15 · 18. 경찰채용
공소장변경의 한계	공소장변경은 **공소사실의 동일성을 해하지 않는 범위 내에서만 허용됨** 14 · 17. 경찰간부, 17 · 18. 경찰채용

공소장변경의 필요성	① 공소사실의 동일성을 전제로 하여 법원이 어떤 범위에서 공소장변경 없이 공소장에 기재된 공소사실과 다른 사실을 심판할 수 있는가의 문제가 발생함 ② 공소장에 기재된 사실과 다른 사실을 인정할 때에는 원칙적으로 공소장변경을 요하지만, 피고인의 방어권 행사에 실질적으로 불이익을 초래할 염려가 없는 경우에는 공소장변경이 필요 없음(실질적 불이익설)
공소장변경 절차	① 공소장변경은 검사의 신청에 의함. 신청은 원칙적으로 **사실심 변론종결 전까지** 해야 함 ② 검사는 **공소장변경허가신청서**를 법원에 제출함. 다만, 법원은 공판정에서는 피고인에게 이익이 되거나 피고인이 동의하는 경우 **구술**에 의한 공소장변경을 허가할 수 있음 14. 경찰간부, 15·18. 경찰채용 ③ 검사의 공소장변경신청이 공소사실의 동일성을 해하지 않는 때에는 법원은 의무적으로 **공소장변경을 허가해야 함** ④ 공소장변경이 있는 때에는 법원은 그 사유를 신속히 **피고인 또는 변호인에게 고지함**(《주의》 피고인 및 변호인에게 고지 ×) ⑤ 공소장변경이 피고인의 불이익을 증가할 염려가 있다고 인정한 때에는 법원은 **직권 또는 청구**에 의하여 **공판절차를 정지할 수 있음**(《주의》 공판절차를 정지하여야 한다. ×) 15. 법원직 9급, 17. 경찰간부·경찰채용, 18. 경찰승진
법원의 공소장변경 요구	① 법원은 심리경과에 비추어 상당하다고 인정할 때에는 공소사실 또는 적용법조의 추가 또는 변경을 **검사에게 요구하여야 함** ➡ 조문은 '요구하여야 한다'라고 규정하여 의무처럼 규정하였으나 판례는 **재량**으로 이해 ② 법원은 검사가 제기한 공소사실의 범위 안에서 판결을 선고하면 족하고, 적극적으로 공소장변경을 요구할 의무는 없음
기타 절차의 공소장변경 허용 여부	① **항소심**(○), 상고심에서 파기환송 또는 파기이송 받은 원심법원(○) ② 상고심(×) ③ 간이공판절차(○) ④ 약식명령절차(×) ⑤ 재심심판절차(○) ⑥ 국민참여재판절차(○)

03 공소장변경의 한계(공소사실의 동일성) 관련 판례

> **⚖️판례 | 공소사실의 동일성 여부의 판단 기준**
>
> **1** 공소사실의 동일성은 공소사실의 기초가 되는 사회적 사실관계가 기본적인 점에서 동일하면 그대로 유지되는 것이며, 이러한 기본적 사실관계의 동일성을 판단함에 있어서는 그 사실의 동일성이 갖는 기능을 염두에 두고 피고인의 행위와 그 사회적인 사실관계를 기본으로 하되 규범적 요소도 아울러 고려하여야 한다(대판 2013.2.28, 2011도14986). 14·17. 경찰간부, 15·16·17. 법원직 9급
>
> **2** **포괄일죄**에 있어서는 공소장변경을 통한 종전 공소사실의 철회 및 새로운 공소사실의 추가가 가능한 점에 비추어 그 공소장변경허가 여부를 결정함에 있어서는 **포괄일죄를 구성하는 개개 공소사실별로 종전 것과의 동일성 여부를 따지기보다는** 변경된 공소사실이 전체적으로 포괄일죄의 범주 내에 있는지 여부, 즉 단일하고 계속된 범의하에 동종의 범행을 반복하여 행하고 그 피해법익도 동일한 경우에 해당한다고 볼 수 있는지 여부에 초점을 맞추어야 할 것이다(대판 2006.4.27, 2006도514 18회 뇌물수수 사건). 19. 경찰채용

3 일방의 범죄가 성립되는 때에는 타방의 범죄성립은 인정할 수 없다고 볼 정도로 양자가 밀접한 관계에 있는 경우에는 **양자의 기본적 사실관계는 동일하다고 봄이 상당하다**(대판 2007.5.10, 2007도1048). 22. 소방간부

4 공소사실의 동일성이 인정되는 경우

① [1] "피고인은 1981.1.14. 19:00경 안영리 A의 집에서 평소감정이 있음을 이유로 **피해자의 얼굴을 1회 때려 폭행을 했다.**"라는 공소사실과, [2] "피고인은 1979.12. 중순경 **[1]과 같이 폭행을 했다.**"라는 공소사실(대판 1982.12.28, 82도2156) - 폭행죄

② [1] "피고인은 1999.5. 일자 불상 04:00경 **피해자와 전화통화 중 다른 남자와의 관계를 아들에게 폭로하겠다고 말하여 협박하였다.**"라는 공소사실과, [2] "피고인은 2000.8.4. 새벽경 **[1]과 동일한 방법으로 동일한 피해자를 협박하였다.**"라는 공소사실(대판 2005.7.14, 2003도1166) - 협박죄 20. 경찰채용

③ [1] "피고인 甲은 2001.6. 하순경부터 2002.12. 하순경까지 **총 18회에 걸쳐** 乙로부터 퇴폐 스포츠마사지 업소 **단속 무마용으로 총 7,020만원을 수수하였다**(그중 2회는 2002.1. 하순경 및 2002.9. 하순경 서대문경찰서 부근 상호불상 다방에서 수수한 것임)"라는 공소사실과, [2] "피고인 甲은 [1]과 같은 기간에 **총 18회에 걸쳐** 乙로부터 퇴폐 스포츠마사지 업소 **단속 무마용으로 총 7,020만원을 수수하였다**(그중 2회는 2002.2. 초순경 및 2002.9. 중순경 서대문경찰서 형사계 당직사무실에서 수수한 것임)."라는 공소사실(대판 2006.4.27, 2006도514) - 특정범죄가중법 위반(수뢰)

④ [1] "피고인 甲은 1984.10. 초순 일자 불상 **피고인 乙로부터 금 150만원을 교부받아 뇌물을 수수한 것이다.**"라는 공소사실과, [2] "피고인 甲은 1984.9.말 일자 불상경 **금 150만원을 피고인 乙로부터 교부받아 뇌물을 수수한 것이다.**"라는 공소사실(대판 1990.5.8, 89도1450) - 수뢰죄

⑤ [1] "피고인은 1991.5.10. 16:00 기독교 100주년 기념관에서 강연을 하면서 'A는 예수님이 하나님의 아들임과 성령잉태, 예수의 죽으심과 부활하심을 부인하고 신앙고백을 하지 않는 등 이단교리를 갖고 있다'고 공연히 사실을 적시하여 A의 명예를 훼손하였다."라는 공소사실과, [2] "피고인은 [1]과 같은 일시, 장소에서 강연을 하면서 'A가 교회 입구의 솔다방에서 피고인과 이야기하는 가운데 피고인이 A에게 B의 교리를 지적하자 A가 B는 지금은 많이 달라지고 있다고 대답하였으므로 A는 B의 이단성을 인정한 것이다'는 취지의 말을 함으로써 공연히 사실을 적시하여 A의 명예를 훼손하였다."라는 공소사실(대판 1994.3.8, 93도2950) - 명예훼손죄

⑥ [1] "피고인은 ~ 피해자들로부터 **차용금 명목으로 합계 24억 7,100만원을 교부받아 이를 편취하였다.**"라는 공소사실과, [2] "피고인은 ~ 피해자들로부터 **투자금 명목으로** 2007.11.27. 1억 3,000만원을 교부받은 것을 비롯하여 그때부터 2008.7.31.경까지 별지 범죄일람표(투자금산정서) 기재와 같이 47회에 걸쳐 **합계 2,458,389,426원을 교부받아 이를 편취하였다.**"라는 공소사실(대판 2011.4.14, 2011도769) - 특정경제범죄법 위반(사기)

⑦ [1] "피고인은 **피해자를 살해하려고 목을 누르는 등 폭행을 가하였으나** 미수에 그쳤다."라는 공소사실과, [2] "피고인은 **피해자를 강간하려고 목을 누르는 등 폭행을 가하였으나** 미수에 그치고 피해자에게 상해를 입혔다."라는 공소사실(대판 1984.6.26, 84도666) - 살인미수죄 + 강간치상죄 20. 경찰채용

⑧ [1] "피고인은 B의 절도범행을 신고하고 경찰에서 참고인 진술을 한 A에 대하여 '차회 조사시에는 위 진술내용을 번복하여 B는 A가 목격한 범인이 아니다'라고 **허위진술을 하여 달라고 요구하면서 이에 불응하면 어떠한 위해를 가할 듯한 태세를 보여 외포케 하여 A를 협박하였다.**"라는 공소사실과, [2] "피고인은 '차회 ~ 아니다'와 **같은 내용으로 진술할 것을 강요하여** 이에 겁을 먹은 A로 하여금 제2회 참고인진술을 함에 있어서 '전회에 B가 절도범인이라고 진술한 것은 잘못된 진술이고, B는 A가 목격한 범인이 아니다'라고 허위로 진술케 함으로써 경찰에 검거되어 신병이 확보된 채 조사를 받고 있던 B를 증거불충분으로 풀려나게 하여 성환, 평택 이하 미상 등지로 약 65일간 도피케 하였다."라는 공소사실(대판 1987.2.10, 85도897) - 협박죄 ➡ 범인도피죄 16. 국가직 9급

⑨ [1] "**피고인 甲은 乙과 합동하여** 1997.2.2. 00:00경 동두천시 생연동 400의3 앞길에서 **피해자 A 소유의 그레이스 승합차를 절취하였다.**"라는 공소사실과, [2] "**피고인 甲은** 1997.2.3. 01:40경(1997.2.2. 01:40경의 오기) 동두천시 생연동 소재 신천교에서 같은 동 398 소재 금시당 앞길까지 **乙이 절취하여 온** 피해자 A 소유의 그레이스 승합차가 장물인 정을 알면서 운전하여 가 장물을 운반하였다."라는 공소사실(대판 1999.5.14, 98도1438)— 특수절도죄 + 장물운반죄

⑩ [1] "피고인은 1988.10.18. 05:00경 부산시 소재 우성장여관에서 피고인이 **위조한 10만원권 수표 1매를 진정하게 성립된 것인 양** 그 정을 모르는 여관 주인 피해자 A에게 밀린 숙박비 일부로 **교부하여** 동 액수를 공제받음으로써 동액 상당의 재산상 이득을 **편취한 것이다.**"라는 공소사실과, [2] "피고인은 [1]과 같은 일시 · 장소에서 피고인이 **위조한 10만원권 수표 1매를** 그 정을 모르는 여관 주인 A에게 밀린 숙박비 지불조로 **교부하여** 그로 하여금 부산은행 부전동지점을 통하여 수표의 지급의탁은행인 국민은행 초량지점에 진정하게 성립된 것인 양 제시케하여 금 10만원을 교부받으려고 하였으나 위조사실이 발각되어 **미수에 그친 것이다.**"라는 공소사실(대판 1990.2.13, 89도1457) – 사기죄 ➡ 사기미수죄

⑪ [1] "피고인은 청탁의 대가로 甲으로부터 **乙복지법인 출연금의 형태로 30억원의 뇌물을 사실상 직접 수수하였다.**"라는 공소사실과, [2] "피고인은 청탁의 대가로 **30억원의 뇌물을 乙복지법인이 수수하도록 하였다.**"라는 공소사실(대판 2007.1.26, 2004도1632) – 제3자뇌물제공죄 ➡ 수뢰죄

⑫ [1] "피고인은 건축물에 해당하는 **컨테이너를 허가 없이 건축하였다**"라는 공소사실과 [2] "피고인은 가설건축물에 해당하는 **컨테이너를 신고 없이 축조하였다**"라는 공소사실(대판 2022.12.29, 2022도9845 **컨테이너 무신고 축조사건**) ➡ 건축법 위반

⑬ 하나의 사건에 관하여 한번 선서한 증인이 같은 기일에 여러 가지 사실에 관하여 기억에 반하는 허위의 공술을 한 것으로서 포괄하여 1개의 위증죄를 구성하는 것으로 보아야 하고, **그 일부의 범죄사실에 대하여 공소가 제기된 뒤에 항소심에서 나머지 부분을 추가하였다고 하여 공소사실의 동일성을 해하는 것이라고 볼 수 없다**(대판 1992.12.22, 92도2047). – 위증죄

⑭ 동일한 부가가치세의 과세기간 내에 행하여진 조세포탈기간이나 포탈액수의 일부에 대한 조세포탈죄의 고발이 있는 경우 그 고발의 효력은 그 과세기간 내의 조세포탈기간 및 포탈액수 전부에 미친다. 따라서 **일부에 대한 고발이 있는 경우 기본적 사실관계의 동일성이 인정되는 범위 내에서 조세포탈기간이나 포탈액수를 추가하는 공소장변경은 적법**하다(대판 2009.7.23, 2009도3282). – 조세범처벌법 위반

⑮ 공소사실의 피해자를 주식회사 '엔코글로벌'에서 '해피하우스 디자인(Happy House Design Pty Ltd)'으로 변경한다 하더라도 피고인이 공소사실 기재 일시 · 장소에서 저작권 침해행위를 하였다는 사실과 침해행위의 태양 및 침해된 저작권이 어떠한 저작물에 대한 것인지에 변함이 없는 이상, **공소장변경 전후의 공소사실은 상호 동일성을 인정할 수 있다**(대판 2008.2.28, 2007도8705). – 저작권법 위반

⑯ 검사는 "피고인들이 흉기를 휴대하고 다방에 모여 강도예비를 하였다."는 공소사실과 그 적용법조를 법원의 허가를 받아 "정당한 이유 없이 폭력범죄에 공용될 우려가 있는 흉기를 휴대하고 있었다."는 폭력범죄처벌법 제7조 소정의 죄로 변경을 하였는바, 그 변경 전의 공소사실과 변경 후의 공소사실은 그 기본적 사실이 동일하다(대판 1987.1.20, 86도2396). – 강도예비죄 ➡ 폭력행위처벌법 위반 14. 변호사, 16. 국가직 9급, 19. 경찰간부

⑰ 처음에 어느 물건을 장물인줄 알면서 남에게 양여하였다 하여 **장물양여죄로 공소를 제기하였다가**, 나중에 그 물건을 절취한 사실을 이유로 **야간주거침입절도나 절도로서 공소장에 기재한 공소사실을 변경하는 것은 그 공소사실에 있어서 동일성을 해하는 것이라고는 볼 수 없다**(대판 1964.12.19, 64도664). – 장물양도죄 ➡ 야간주거침입절도죄 or 절도죄

⑱ "의사인 甲이 2016.10.17.경부터 2018.9.30.경까지 A병원의 실제 운영자인 乙에게 **월 300만원을 받고 의사면허증을 대여하였다.**"라는 공소사실을 "의사가 아닌 자는 병원을 개설할 수 없음에도 의사인 甲은 의사면허가 없는 乙과 공모하여 병원을 甲명의로 개설하기로 하였다. 이에 따라 **乙은 2016.10.17.경 甲 명의로 A병원을 개설하였다.**"라는 내용으로 변경한 경우 피고인이 의사면허증을 대여해 준 행위와 비의료인의 의료기관 개설행위에 가담한 행위는 모두 피고인이 단일한 범의 아래 저지른 일련의 행위로서 밀접한 관계에 있고 죄질 및 피해법익도 유사하므로 양 사실은 **그 기본적 사실관계가 동일한 것이라고 하지 않을 수 없다**(대판 2012.9.13, 2010도11338) - 의료법 위반 19. 국가직 7급

5 공소사실의 동일성이 인정되지 않는 경우

① [1] "피고인은 **아리랑관광호텔의 관광택시사업권과 관련하여 피해자 A로부터 1976.12.27. 금 1,200만 원을 교부받은 후 횡령하였다.**"라는 공소사실과, [2] "피고인은 **1977.3.20. 피해자 A로부터 택시구입대 금으로 금 1,500만원을 받은 후 횡령하였다.**"라는 공소사실(대판 1989.9.26, 88도1677) - 업무상 횡령죄

② [1] "피고인은 **2000.2.27. 04:00경 대림상회 내에서 청소년인 A(남, 16세)에게** 청소년 유해약물인 디스 담배를 1갑 판매하였다."라는 공소사실과, [2] "피고인은 **2000.2.26. 20:00경 대림상회 내에서 청소 년인 B(남, 16세)에게** 청소년 유해약물인 디스 담배 1갑을 판매하였다."라는 공소사실(대판 2002.3.29, 2002도587) - 청소년 보호법 위반

③ [1] "피고인은 **발로 피해자의 배와 가슴 부위를 수회 차 피해자에게 약 2주간의 치료를 요하는 흉부좌 상을 가하였다.**"라는 공소사실과, [2] "피고인은 [1] 범죄 후 계속하여 **부엌 뒤에 있는 창고에서 위험한 물건인 전지가위를 가지고 와 거실바닥에 쓰러져 있는 피해자에게 들이대며 '너 오늘 죽여 버리겠다'고 말하여 피해자를 협박하였다.**"라는 공소사실(대판 2008.12.11, 2008도3656) - 상해죄 ➡ 상해죄 + 협 박죄

④ [1] "피고인은 **1982.8.3. 18:00경 부산 서구 다대포 해수욕장 청수장 회집에서 피해자 A의 멱살을 잡아 밀고 물컵의 물을 뿌려 폭행을 가하여 2주간의 치료를 요하는 하구순부 파열상을 입혔다.**"라는 공소사 실과, [2] "피고인은 **1983.5.27. 매형인 B에게 폭행, 협박하였다.**"라는 공소사실(대판 1984.3.13, 84도 219) - 상해죄 ➡ 폭행죄 및 협박죄

⑤ [1] "피고인은 피해자에게 원목 하산비를 지원하면 원목 전부를 납품하겠다고 거짓말을 하여 **원목 하산 비 명목으로 피해자로부터 금원을 편취하였다.**"라는 공소사실과, [2] "피고인은 피해자가 하산해 놓은 **소나무 원목을 타처에 판매ㆍ인도하여서 절취하였다.**"라는 공소사실(대판 1983.2.22, 82도2113) - 사 기죄 ➡ 절도죄

⑥ [1] "피고인은 1999.6.9. 법무사 사무실에서 甲으로부터 피해자 A를 위한 **합의금 1,315만원을 교부받아 이를 보관 중, 1999.6. 말경** A로부터 그 반환요구를 받고도 거부하여 **이를 횡령하였다.**"라는 공소사실 과, [2] "피고인은 1999.6.7. 서울 이하 불상지에서 A를 기망하여 다음 날 A로부터 수사사건에 관한 일 체의 권한을 피고인에게 위임한다는 취지의 위임장을 팩스로 송부받아 **위임장 사본 1매를 편취한 것이 다.**"라는 공소사실(대판 2001.3.27, 2001도116) - 횡령죄 + 사기죄

⑦ [1] "피고인은 **2008.10. 하순경 성남시 모란시장 부근 도로에 정차한 승용차 안에서 A에게 필로폰 약 0.3g을 건네주어 이를 교부하였다.**"라는 공소사실과, [2] "피고인은 **2008.10. 중순경 장소 불상지에서** A에게 전화로 350만원을 주면 필로폰 10g을 구해다 주겠다고 거짓말하여 A, B로부터 같은 달 하순경 성남 모란역에서 **필로폰 대금 및 수고비 합계 370만원을 교부받았다.**"라는 공소사실(대판 2012.4.13, 2010도16659) - 마약류관리법 위반 + 사기죄 19. 경찰간부, 20. 경찰채용

⑧ **'2개월 내에 작위의무를 이행하라는 행정청의 지시를 이행하지 아니한 행위'와 7개월 후 다시 '같은 내 용의 지시를 받고 이를 이행하지 아니한 행위'**는 성립의 근거와 일시 및 이행기간이 뚜렷이 구별되어 서로 양립이 가능한 전혀 별개의 범죄로서 동일성이 없다(대판 1994.4.26, 93도1731). - 주택건설촉진 법 위반

⑨ 당초 공소사실인 '설계도서에 따른 법정지하층을 설치하지 아니한 사실'과 변경을 구한 공소사실인 '건축완료 후 건축허가 설계대로 동 지하층을 설치한 것처럼 관할 구청장에게 허위로 신고한 사실'은 상호 공소사실의 동일성이 인정되지 아니한다(대판 1975.1.28, 74도2616). – 건축법 위반

⑩ '甲이 2017.10. 하순경 甲의 승용차 안에서 乙에게 필로폰 약 0.3g을 교부하였다'라는 마약류관리에 관한 법률 위반(향정)의 공소사실로 기소하였다가 '甲이 2017.10. 중순경 장소불상지에서 전화로 乙에게 필로폰 10g을 구해 주겠다고 속여 2017.10. 하순경 ○○역 근처에서 乙로부터 필로폰 대금 370만원을 교부받아 편취하였다'라는 사기 범죄사실을 예비적으로 추가한 경우 당초의 공소사실인 마약류관리에 관한 법률 위반(향정)의 범죄사실과 검사의 공소장변경에 의해 예비적으로 추가된 사기의 범죄사실은 그 수단·방법 등 범죄사실의 내용이나 행위의 태양 및 피해법익이 다르고 죄질에도 현저한 차이가 있어 그 기본적인 사실관계가 동일하다고 볼 수 없다(대판 2012.4.13, 2010도16659). – 마약류관리법 위반 19. 국가직 7급

⑪ '공무원인 甲이 여행업자 乙과 공모하여 탐방행사의 여행 경비를 부풀려 과다 청구하는 방법으로 학부모들을 기망하여 2017.5.1.부터 2018.9.23.까지 총 11회에 걸쳐 6,500만원을 편취하였다'라는 공소사실로 기소하였다가, '공무원인 甲이 자신에게 탐방행사를 맡겨준 사례금 명목으로 2018.8.1.부터 2018.12.1.까지 총 5회에 걸쳐 乙로부터 1,300만원의 뇌물을 수수하였다'라는 공소사실을 예비적으로 추가한 경우 당초의 공소사실(사기)과 예비적 공소사실(뇌물수수)은 그 시기와 수단·방법 등의 범죄사실의 내용이나 행위 태양 및 피해법익이 다르고 죄질에도 현저한 차이가 있어 그 기본적인 사실관계가 동일하다고 보기 어렵다(대판 2017.8.29, 2015도1968 과학영재교육원장 사건). 19. 국가직 7급

⑫ '甲이 2017.8.11. 토지거래허가구역 내 토지를 A에게 미등기 전매한 후 B에게 근저당권을 설정해주어 3억 5천만원의 이득을 취하였다'라는 배임죄의 공소사실로 기소하였다가 '甲이 2017.8.11. 근저당권을 말소하여 소유권이전등기를 넘겨줄 의사나 능력이 없음에도 A를 기망하여 2억 7,000만원의 매매대금을 편취하였다'라는 사기죄의 공소사실을 예비적으로 추가한 경우 피고인들에 대하여 공소가 제기된 당초의 배임 범죄사실과 검사가 공소장변경신청을 하여 예비적으로 추가한 사기 범죄사실은 그 범행 일시와 장소, 수단, 방법 등 범죄사실의 내용이나 행위 태양이 다르고 범죄의 결과도 다르며 죄질에도 현저히 차이가 있으므로 그 기본적 사실관계가 동일하다고 할 수 없다(대판 2012.4.13, 2011도3469). 19. 국가직 7급

04 공소장변경의 필요성 관련 판례

⚖️**판례 |**

1 법원이 공소장변경 없이 공소장에 기재된 공소사실과 다른 범죄사실을 인정하기 위한 요건(= 피고인의 방어권 행사에 실질적으로 불이익을 초래할 염려가 없을 것)

① 법원이 공소장의 변경 없이 직권으로 공소장에 기재된 공소사실과 다른 범죄사실을 인정하기 위하여는 공소사실의 동일성이 인정되는 범위 내이어야 할 뿐만 아니라 피고인의 방어권 행사에 실질적 불이익을 초래할 염려가 없어야 한다(대판 2013.6.27, 2013도3983).

② 피고인의 방어권 행사에 실질적인 불이익을 초래할 염려가 없는 경우에는 공소사실과 기본적 사실이 동일한 범위 내에서 법원이 공소장변경절차를 거치지 아니하고 다르게 사실을 인정하였다고 할지라도 불고불리의 원칙에 위배되지 아니한다(대판 2015.12.10, 2013도13444 장종현 백석대 총장 횡령 사건).

14. 국가직 9급, 15. 변호사, 15·17. 법원직 9급, 16. 경찰채용, 17. 경찰승진

2 공소장변경을 요하는 경우 I

① 살인죄 ➡ 폭행치사죄(대판 2001.6.29, 2001도1091 **해변가 직장동료 폭행 사건**) 14·16. 경찰채용, 16. 국가직 9급

② **특수폭행죄** ➡ **특수협박죄**(대판 2008.3.27, 2007도8772 **쇠망치로 때려볼라 사건**)

③ **폭행치사죄** ➡ **폭행죄**(대판 1990.11.27, 90도2189)

④ **폭행치상죄** ➡ **폭행죄**(대판 1971.1.12, 70도2216)(《주의》 폭행치상죄에서 폭행죄는 축소사실의 인정으로 공소장변경이 필요 없다. ×)

⑤ **특수협박죄** ➡ **상습특수협박죄**(대판 2016.10.27, 2016도11880)

⑥ **명예훼손죄** ➡ **모욕죄**(대판 1972.5.31, 70도1859)

⑦ 사실적시 명예훼손죄 ➡ 허위사실적시 명예훼손죄(대판 2001.11.27, 2001도5008) 14·16. 경찰채용

⑧ 성폭력처벌법 제6조 제4항(**장애인 간음·추행**) ➡ 형법 제302조(**위력에 의한 심신미약자 간음·추행**)(대판 2014.3.27, 2013도13567 **중국집 여종업원 성폭행 사건**) 15. 경찰간부

⑨ 강간치상죄(예비적으로 상해죄) ➡ 강제추행치상죄(대판 1968.9.29, 68도776)

⑩ **공무집행방해죄** ➡ **다른 폭력행위 범죄**(대판 1991.12.10, 91도2395)

⑪ 군형법상 항명죄 ➡ 폭행죄(대판 1963.2.14, 62도280)

⑫ **뇌물수수죄** ➡ **알선수뢰죄**(대판 2009.8.20, 2009도4391 **강원도 건설방재국장 사건**)

⑬ **증뇌물전달죄** ➡ **뇌물수수죄**(대판 1965.10.26, 65도785)

⑭ 도로교통법 제148조의2 제2항 제2호(**혈중알콜농도 0.1% 이상 0.2% 미만 상태에서 음주운전**) ➡ 도로교통법 제148조의2 제1항 제1호(**2회 이상 음주운전 전과가 있는 상태에서 다시 음주운전**) 19. 경찰채용

3 공소장변경을 요하지 않는 경우 I

① **위력자살결의죄** ➡ **자살교사죄**(대판 2005.9.28, 2005도5775)

② **허위사실적시 명예훼손죄** ➡ **사실적시 명예훼손죄**(대판 2011.5.13, 2009도14442 **노회찬 의원 사건**)

③ **허위사실적시 출판물명예훼손죄** ➡ **사실적시 출판물명예훼손죄**(대판 2008.11.13, 2006도7915 **효산콘도 감사중단 폭로 사건**) 15. 국가직 7급, 17. 변호사

④ **허위사실적시 출판물명예훼손죄** ➡ **사실적시 출판물명예훼손죄 또는 사실적시 명예훼손죄**(대판 1997.2.14, 96도2234)

⑤ **강간죄** ➡ **폭행죄**(대판 2010.11.11, 2010도10512)

⑥ **강간치상죄** ➡ **강간죄**(대판 2002.7.12, 2001도6777 **주병진 사건**)

⑦ **강간치상죄** ➡ **강제추행치상죄**(대판 2001.10.30, 2001도3867)

⑧ **강간치상죄** ➡ **준강제추행죄**(대판 2008.5.29, 2007도7260 **국방부 간부 여직원 성추행 사건**)

⑨ **강제추행치상죄** ➡ **강제추행죄**[대판 1999.4.15, 96도1922(전합)]

⑩ 성폭력처벌법 제7조 제3항(**13세 미만자 강제추행**) ➡ 동법 제7조 제5항(**13세 미만자 위력추행**)(대판 2013.12.12, 2013도12803)

⑪ 성폭력처벌법 제6조 제1항(**장애인강간**) ➡ 동법 제6조 제5항(**장애인위력간음**) 또는 성폭력처벌법 제6조 제3항(**장애인강제추행**) ➡ 동법 제6조 제6항(**장애인위력추행**)(대판 2014.10.15, 2014도9315 **오빠야가 한번 쐈줄게 사건**)

⑫ **뇌물수수죄** ➡ **뇌물수수약속죄**(대판 1988.11.22, 86도1223)

⑬ **수뢰 후 부정처사죄** ➡ **뇌물수수죄**(대판 1999.11.9, 99도2530 **면허취소 관련 수뢰 사건**)

⑭ 특정범죄가중법 제2조 제1항(**가중수뢰**) ➡ 뇌물수수죄(대판 1978.8.22, 78도1525)

4 공소장변경을 요하는 경우 II

① **특수절도죄** ➡ **장물운반죄**(대판 1965.1.26, 64도681)

② **특수절도죄** ➡ **점유이탈물횡령죄**(대판 1965.8.24, 65도537)

③ **특수강도죄** ➡ **특수공갈죄**[대판 1968.9.19, 68도995(전합)] 14. 경찰채용

④ 강도상해교사죄 ➡ 공갈교사죄(대판 1993.4.27, 92도3156)

⑤ 준강도죄 ➡ 강도치상죄(대판 1963.2.28, 63도33)

⑥ 사기죄 ➡ 상습사기죄(대판 2000.2.11, 99도4797) 16. 경찰채용

⑦ 특정경제범죄법 제3조 제1항 제2호, 형법 제347조 제1항(사기) ➡ 동법 제3조 제1항 제2호, 형법 제351조(상습사기)(대판 1989.6.13, 89도582)

⑧ 구 폭력행위처벌법 제3조 제1항(흉기 등 휴대의 방법으로 공갈) ➡ 동법 제3조 제1항(다중의 위력 등의 방법으로 공갈)(대판 2013.6.27, 2013도3983)

⑨ 권리행사방해죄 ➡ 배임죄(대판 2017.5.30, 2017도4578)

⑩ 상표법 위반 ➡ 부정경쟁방지법 위반(대판 2011.1.13, 2010도5994 EBS 방송교재 사건) 15. 경찰채용, 18. 경찰간부

5 공소장변경을 요하지 않는 경우 II

① 특수절도(미수)죄 ➡ 절도(미수)죄(대판 1973.7.24, 73도1256)

② 강도상해죄 ➡ 특수강도죄(대판 1963.9.12, 63도215)

③ 강도상해죄 ➡ 주거침입죄 및 상해죄(대판 1996.5.10, 96도755)

④ 강도강간죄 ➡ 특수강도미수죄 및 강간죄(대판 1987.5.12, 87도792)

⑤ 성폭력처벌법(특수강도강간미수) ➡ 특수강도죄(대판 1996.6.28, 96도1232)

⑥ 상습공갈죄 ➡ 폭행죄(대판 2006.5.25, 2004도3934)

⑦ 상습절도죄 ➡ 절도죄(대판 1984.2.28, 84도34)

⑧ 특정범죄가중법 제5조의4 제5항(누범 준강도) ➡ 준강도죄(대판 1982.9.14, 82도1716)

6 공소장변경을 요하는 경우 III

① 성폭력처벌법상 주거침입강간미수죄 ➡ 동법 주거침입강제추행죄(대판 2008.9.11, 2008도2409)

② 특정범죄가중법상 미성년자약취 후 재물취득미수죄 ➡ 동법 미성년자약취 후 재물요구죄(대판 2008.7.10, 2008도3747 부산 학생유괴 사건)

③ 살인미수죄 ➡ 살인예비음모죄(대판 1968.9.30, 68도1031)

④ 문화재보호법상 비지정문화재 수출미수죄 ➡ 동법 비지정문화재 수출예비음모죄(대판 1999.11.26, 99도2461 청화백자 매도 실패 사건) 15. 경찰채용·국가직 7급, 18. 경찰간부

⑤ 특정범죄가중법상 관세포탈미수죄 ➡ 동법 관세포탈예비죄(대판 1983.4.12, 82도2939) 14. 경찰채용, 15. 변호사·국가직 7급

⑥ 장물보관죄 ➡ 업무상과실장물보관죄(대판 1984.2.28, 83도3334) 14. 경찰채용

⑦ 부정수표단속법 제2조 제2항(고의범) ➡ 동법 제2조 제3항(과실범)(대판 1981.12.8, 80도2824)

⑧ 업무상과실치사죄 ➡ 단순과실치사죄(대판 1968.11.19, 68도1998) 14. 경찰채용

7 공소장변경을 요하지 않는 경우 III

① 강간치사죄 ➡ 강간미수치사죄, 강간죄 또는 강간미수죄(대판 1969.2.18, 68도1601) 15. 국가직 7급

② 종전 향정신성의약품관리법상 히로뽕 투약기수죄 ➡ 동법 히로뽕 투약미수죄(대판 1999.11.9, 99도3674) 14. 경찰채용, 15. 국가직 7급

③ 중실화죄 ➡ 실화죄(대판 1980.10.14, 79도305)

④ 업무상과실치상죄 ➡ 과실치상죄(대판 2017.12.5, 2016도16738 주점 손님 추락 사건)

8 공소장변경을 요하는 경우 IV – 형이 더 무거운 법조항을 적용하는 경우

① 13세 미만자 추행(성폭력처벌법 제7조 제5항·제3항 – 형법상 강제추행) ➡ 13세 미만자 추행(성폭력처벌법 제7조 제5항·제2항 제2호 – 성기, 항문에 신체의 일부나 도구를 넣는 행위)(대판 2011.2.1, 2010도14391 여아 음부 손가락 삽입 사건)

② 제3자뇌물공여교사(형법 제31조 제1항, 제130조) ➡ 제3자뇌물공여교사(특정범죄가중법 제2조 제1항, 형법 제31조 제1항, 제130조)(대판 2008.3.14, 2007도10601 함형구 고성군수 사건)

9 공소장변경을 요하지 않는 경우 Ⅳ – 형이 더 무겁지 않게 법률적용만을 달리하는 경우

① 횡령죄 ➡ 배임죄(대판 2015.10.29, 2013도9481)

② 배임죄 ➡ 횡령죄(대판 1999.11.26, 99도2651) 15. 변호사, 16. 경찰채용·국가직 9급, 17. 경찰간부

③ 실체적 경합범 ➡ 포괄일죄(대판 1987.7.21, 87도546) 14. 경찰채용

④ 실체적 경합범 ➡ 상상적 경합범(대판 1980.12.9, 80도2236)

⑤ 포괄일죄 ➡ 실체적 경합범(대판 2005.10.28, 2005도5996) 18. 국가직 9급

10 상대적으로 공소장변경의 요부를 결정해야 하는 경우

① 공소장변경을 요하는 경우(공판과정에서 언급된 바 없음)

㉠ **단독범** ➡ **공동정범**(대판 1997.5.23, 96도1185)

㉡ **공동정범** ➡ **방조범**(대판 2011.11.24, 2009도7166)(同旨 대판 2006.3.9, 2004도206; 대판 2001.11.9, 2001도4792; 대판 1996.2.23, 94도1684)

㉢ **단독범** ➡ **방조범**(대판 1991.5.28, 91도676)

㉣ **간접정범** ➡ **방조범**(대판 2007.10.25, 2007도4663) 15. 변호사

② 공소장변경을 요하지 않는 경우(공판과정에서 충분한 심리가 이루어짐)

㉠ **단독범** ➡ **공동정범**(대판 2015.12.10, 2013도13444 **장종현 백석대 총장 횡령 사건**)[同旨 대판 2015. 1.22, 2014도10978(전합) **이석기 의원 사건**; 대판 2013.10.24, 2013도5752 **시흥시 허위출장복명서 사건**; 대판 2007.4.26, 2007도309; 대판 1999.7.23, 99도1911 **경성 비리 사건**; 대판 1991.5.28, 90도1977] 15. 경찰간부, 18. 경찰승진

㉡ **공동정범** ➡ **방조범**(대판 2013.9.26, 2011도1435 **파일공유사이트 사건**)(同旨 대판 2012.6.28, 2012도2628 **에이스일렉트로닉스 사건**; 대판 2010.5.13, 2010도336; 대판 2004.6.24, 2002도995 **보라매병원 사건**; 대판 1995.9.29, 95도456; 대판 1982.6.8, 82도884)

㉢ **공동정범** ➡ **간접정범**(대판 2017.3.16, 2016도21075)(同旨 대판 2015.4.23, 2014도13148 **장태종 신협중앙회장 사건**)

㉣ **(직접)정범의 공범** ➡ **간접정범의 공범**(대판 2010.4.29, 2010도875 **자생식물원 준공검사조서 사건**)

05 공소장변경의 절차 관련 판례

> ⚖ **판례 Ⅰ**
>
> **1** 공소장변경이 가능한 시한(= 원칙적으로 변론종결 전)
>
> 공소장의 변경은 그 변경사유가 변론종결 이후에 발생하는 등 특별한 사정이 없는 한 법원에서 **공판의 심리를 종결하기 전에 한 신청에 한하여** 공소사실의 동일성을 해하지 아니하는 한도에서 허가하여야 하는 것이지, 법원이 적법하게 공판의 심리를 종결한 뒤에 이르러 검사가 공소장변경허가신청을 한 경우에는 반드시 공판의 심리를 재개하여 공소장변경을 허가하여야 하는 것은 아니다(대판 2010.4.29, 2007도6553). 19. 경찰간부
>
> **2** 공소장변경신청이 공소사실의 동일성을 해하지 아니하는 경우 법원은 이를 의무적으로 허가해야 하는지의 여부(적극)
>
> 형사소송법 제298조 제1항은 "검사는 법원의 허가를 얻어 공소장에 기재한 공소사실 또는 적용법조의 추가, 철회 또는 변경을 할 수 있다. 이 경우에 법원은 공소사실의 동일성을 해하지 아니하는 한도에서 허가하여야 한다."고 규정하고 있으므로 검사의 공소장변경신청이 공소사실의 동일성을 해하지 아니하는 한 법원은 이를 허가하여야 한다(대판 2013.9.12, 2012도14097). 14. 국가직 9급, 15. 경찰채용, 15·17. 법원직 9급, 17·18. 경찰승진

3 공소장변경신청이 공소사실의 동일성을 해하는 경우 법원이 취해야 할 조치(= 기각결정)

공소장의 변경은 공소사실의 동일성이 인정되는 범위 내에서만 허용되고 **공소사실의 동일성이 인정되지 아니한 범죄사실을 공소사실로 추가하는 취지의 공소장변경신청이 있는 경우에는 법원은 그 변경신청을 기각**하여야 한다(대판 2012.4.13, 2011도3469).

4 공소장변경허가결정에 대하여 독립하여 불복할 수 있는지의 여부(소극)

공소사실 또는 적용법조의 추가, 철회 또는 변경의 허가에 관한 결정은 판결 전의 소송절차에 관한 결정이라 할 것이므로 그 결정을 함에 있어서 저지른 위법이 판결에 영향을 미친 경우에 한하여 그 판결에 대하여 상소를 하여 다툼으로써 불복하는 외에는 당사자가 이에 대하여 독립하여 상소할 수 없다(대결 1987.3.28, 87모17). 14·16. 국가직 9급, 15·17. 변호사, 16. 국가직 7급·경찰채용, 19. 경찰간부

5 공소장변경 허가 여부 결정시에 변경 전 공소사실의 유·무죄 여부를 고려할 수 있는지의 여부(소극)

공소장변경 허가 여부 결정시에 변경 전 공소사실의 유·무죄 여부를 고려할 것은 아니라고 할 것이므로, 환송 후 원심(항소심)에서도 환송심에서의 실체판단 결과 공소사실이 무죄로 판단된 것까지 고려하여 공소장변경허가 여부를 결정할 것은 아니다(대판 2018.10.25, 2018도9810).

6 검사의 공소장변경허가신청에 대한 법원의 허부결정의 방법

법원은 검사의 공소장변경허가신청에 대해 결정의 형식으로 이를 허가 또는 불허가하고, **법원의 허가 여부 결정은 공판정 외에서 별도의 결정서를 작성하여 고지하거나 공판정에서 구술로 하고 공판조서에 기재할 수도 있다.** 만일 공소장변경허가 여부 결정을 공판정에서 고지하였다면 그 사실은 공판조서의 필요적 기재사항이다(형사소송법 제51조 제2항 제14호). 공소장변경허가신청이 있음에도 공소장변경 허가 여부 결정을 명시적으로 하지 않은 채 공판절차를 진행하면 현실적 심판대상이 된 공소사실이 무엇인지 불명확하여 피고인의 방어권 행사에 영향을 줄 수 있으므로 **공소장변경 허가 여부 결정은 위와 같은 형식으로 명시적인 결정을 하는 것이 바람직하다**(대판 2023.6.15, 2023도3038 **병원장 기여금·보험료 횡령사건**).

7 공소장변경과 피고인 등에 대한 고지·송달

형사소송규칙 제142조 제3항은 "공소장변경허가신청서가 제출된 경우 법원은 그 부본을 피고인 또는 변호인에게 즉시 송달하여야 한다."고 규정하고 있는데, 피고인과 변호인 모두에게 부본을 송달하여야 하는 취지가 아님은 문언상 명백하므로 공소장변경신청서 부본을 피고인과 변호인 중 어느 한 쪽에 대해서만 송달하였다고 하여 절차상 잘못이 있다고 할 수 없다(대판 2013.7.12, 2013도5165). 14·15. 국가직 9급, 17. 경찰승진, 18. 변호사, 20. 국가직 7급

8 공소장변경허가결정을 한 법원이 스스로 이를 취소할 수 있는지의 여부(적극)

공소사실의 동일성이 인정되지 않는 등의 사유로 공소장변경허가결정에 위법사유가 있는 경우에는 공소장변경허가를 한 법원이 스스로 이를 취소할 수 있다(대판 2001.3.27, 2001도116). 17. 변호사·경찰간부

9 공소장변경요구가 법원의 재량에 속하는지의 여부(적극)

법원이 검사에게 공소장변경을 요구할 것인지 여부는 재량에 속하는 것이므로, 법원이 검사에게 공소장의 변경을 요구하지 아니하였다고 하여 위법하다고 할 수 없다(대판 2011.1.13, 2010도5994). 15·18. 경찰채용, 17. 경찰간부·법원직 9급

10 항소심에서도 공소장변경을 할 수 있는지의 여부(적극)

① **공소장변경은 제1심은 물론 항소심에서도 가능하고, 검사의 공소장변경허가신청이 공소사실의 동일성을 해하지 아니하는 한 법원은 이를 허가하여야 한다**(대판 2010.4.29, 2007도6553). 15·18. 경찰채용, 16. 법원직 9급·국가직 9급, 17·18. 경찰간부

② 피고인의 상고에 의하여 상고심에서 원심판결을 파기하고 **사건을 항소심에 환송한 경우에도 공소사실의 동일성이 인정되면 공소장변경을 허용하여 심판대상으로 삼을 수 있다**(대판 2004.7.22, 2003도8153). 15. 경찰채용, 15·20. 국가직 7급, 17·18. 변호사, 18. 경찰간부

01 공소장부본 송달

공소장부본 송달	① 법원은 공소제기가 있으면 지체 없이 공소장부본을 피고인 또는 변호인에게 송달함. 다만, **제1회 공판기일 전 5일까지** 송달해야 함 14. 국가직 9급, 15. 경찰간부 ② 피고인 또는 변호인은 공소장부본을 송달받은 날부터 **7일 이내**에 공소사실에 대한 인정 여부, 공판준비절차에 관한 의견 등을 기재한 의견서를 법원에 제출해야 함. 다만, 피고인이 진술을 거부하는 경우에는 그 취지를 기재한 의견서를 제출할 수 있음

02 서류의 열람·등사

✎ 제1편 소송주체와 일반이론의 제1장 제3절 05 서류 등 열람·등사권 참고

03 협의의 공판준비절차

의의		① 재판장은 효율적이고 집중적인 심리를 위하여 사건을 공판준비절차에 부칠 수 있음(**«주의**» 통상의 공판절차와 국민참여재판은 공판준비절차가 필요적 절차이다. ×) 14. 국가직 7급, 15. 경찰채용·법원직 9급, 17. 국가직 9급 ② 공판준비절차는 주장 및 입증계획 등을 **서면**으로 준비하게 하거나 **공판준비기일**을 열어 진행함 15. 경찰채용 ③ 법원은 쟁점 및 증거의 정리를 위하여 필요한 경우에는 제1회 공판기일 후에도 사건을 공판준비절차에 부칠 수 있음
절차	서면	① 검사·피고인 또는 변호인은 주장의 요지 및 입증취지 등이 기재된 서면을 법원에 제출할 수 있고, 재판장은 검사·피고인 또는 변호인에 대하여 서면의 제출을 명할 수 있음 ② 법원은 서면이 제출된 때에는 그 부본을 상대방에게 송달해야 함
	준비기일	① 법원은 공판준비기일을 지정할 수 있음. 검사·피고인 또는 변호인은 법원에 공판준비기일의 지정을 신청할 수 있으나, 이에 관한 법원의 결정에 대해서는 불복할 수 없음 14·17. 경찰채용·국가직 7급, 17. 경찰승진 ② 법원은 합의부원으로 하여금 공판준비기일을 진행하게 할 수 있음. 수명법관은 공판준비기일에 관하여 법원 또는 재판장과 동일한 권한이 있음 ③ 공판준비기일은 공개함. 다만, 공개하면 절차의 진행이 방해될 우려가 있는 때에는 예외 16. 경찰채용 ④ 공판준비기일에는 검사 및 변호인이 출석해야 함 ⑤ 법원은 검사, 피고인 및 변호인에게 공판준비기일을 통지해야 함(**«주의**» 검사, 피고인 또는 변호인에게 통지 ×) 17. 국가직 9급 ⑥ 법원은 공판준비기일이 지정된 사건에 관하여 변호인이 없는 때에는 **직권으로 변호인을 선정해야 함** 14·17. 국가직 9급, 15. 법원직 9급, 16·17·18. 경찰승진, 17. 경찰채용

	⑦ 법원은 피고인을 소환할 수 있으며, 피고인은 법원의 소환이 없는 때에도 공판준비기일에 출석할 수 있음(**주의** 법원의 소환이 없으면 출석할 수 없다. ×) 14·16·17. 경찰채용·국가직 7급 ⑧ 재판장은 출석한 피고인에게 **진술을 거부할 수 있음을 알려주어야 함** 14. 경찰채용, 18. 법원직 9급
내용	법원은 공판준비절차에서 다음 행위를 할 수 있음(**주의** 영장의 발부 ×, 증거조사 ×, 판결의 선고 ×) 15. 경찰채용, 17. 경찰승진·국가직 9급 ① 공소사실 또는 적용법조를 명확하게 하는 행위 ② 공소사실 또는 **적용법조의 추가·철회 또는 변경을 허가**하는 행위 ③ 공소사실과 관련하여 주장할 내용을 명확히 하여 사건의 쟁점을 정리하는 행위 ④ 계산이 어렵거나 그 밖에 복잡한 내용에 관하여 설명하도록 하는 행위 ⑤ 증거신청을 하도록 하는 행위 ⑥ 신청된 증거와 관련하여 입증취지 및 내용 등을 명확하게 하는 행위 ⑦ 증거신청에 관한 의견을 확인하는 행위 ⑧ 증거채부의 결정을 하는 행위 ⑨ 증거조사의 순서 및 방법을 정하는 행위 ⑩ 서류 등의 열람 또는 등사와 관련된 신청의 당부를 결정하는 행위 ⑪ 공판기일을 지정 또는 변경하는 행위 ⑫ 그 밖에 공판절차의 진행에 필요한 사항을 정하는 행위
종결	법원은 다음 하나에 해당하는 사유가 있는 때에는 공판준비절차를 종결해야 함 ① 쟁점 및 증거의 정리가 완료된 때 ② 사건을 공판준비절차에 부친 뒤 3개월이 지난 때 ③ 검사·변호인 또는 소환받은 피고인이 출석하지 아니한 때
효과	공판준비기일에서 신청하지 못한 증거는 다음 하나에 해당하는 경우에 한하여 공판기일에 신청할 수 있음. 다만, **법원은 직권으로 증거를 조사할 수 있음** 14. 국가직 7급, 15. 경찰간부·법원직 9급, 15·16. 경찰채용, 17. 경찰승진·국가직 9급 ① 그 신청으로 인하여 소송을 현저히 지연시키지 아니하는 때 ② 중대한 과실 없이 공판준비기일에 제출하지 못하는 등 부득이한 사유를 소명한 때
기일간 공판준비	법원은 쟁점 및 증거의 정리를 위하여 필요한 경우에는 제1회 공판기일 후에도 사건을 공판준비절차에 부칠 수 있음. 이 경우 기일 전 공판준비절차에 관한 규정을 준용함 15. 법원직 9급, 15·16·17. 경찰채용

04 기타

공판기일의 지정·변경	① 재판장은 공판기일을 정해야 함 ② 재판장은 직권 또는 신청에 의하여 공판기일을 변경할 수 있음
소환과 통지	① 공판기일에는 피고인, 대표자 또는 대리인을 소환해야 함 　㉠ 피고인을 소환함에는 **소환장을 발부**하여야 하며 이를 송달해야 함 ➔ 원칙 　㉡ **법원의 구내에 있는 피고인에 대하여 공판기일을 통지**한 때에는 소환장송달의 효력이 있음 　㉢ 피고인이 기일에 출석한다는 서면을 제출하거나 출석한 피고인에 대하여 차회 기일을 정하여 **출석을 명한 때**에는 소환장의 송달과 동일한 효력이 있음 　㉣ **구금된 피고인에 대하여는 교도관에게 통지하여 소환**하고, 피고인이 교도관으로부터 소환통지를 받은 때에는 소환장의 송달과 동일한 효력이 있음

	⑩ 검사가 피고인의 주소로서 보정한 **변호사의 사무소**는 피고인의 주소, 거소, 영업소 또는 **사무소 등의 송달장소가 아니고, 피고인이 송달영수인과 연명하여 서면으로 신고한 송달영수인의 주소에도 해당하지 아니하며**, 달리 그곳이 피고인에 대한 적법한 송달장소에 해당한다고 볼 자료가 없으므로 항소심이 피고인에 대한 **공판기일소환장 등을 변호사 사무소로 발송하여 그 사무소의 직원이 수령하였다고 하더라도 형사소송법이 정한 적법한 방법으로 피고인의 소환이 이루어졌다고 볼 수 없다**(대판 2018.11.29, 2018도13377 **변호사 사무소 송달 사건**). 20. 법원직 9급 ② 공판기일은 검사, 변호인과 보조인에게 통지해야 함 ③ 공판기일에 소환 또는 통지서를 받은 자가 질병 기타의 사유로 출석하지 못할 때에는 의사의 진단서 기타의 자료를 제출해야 함
증거제출 등	① 검사·피고인·변호인은 공판기일 전에 서류나 물건을 증거로 법원에 제출할 수 있음 15. 법원직 9급 ② 법원은 검사·피고인·변호인의 신청에 의하여 필요하다고 인정한 때에는 공판기일 전에 피고인 또는 증인을 신문할 수 있고, 검증·감정·번역을 명할 수 있음 17. 국가직 9급
공무소 등에 조회	① 법원은 직권 또는 검사·피고인·변호인의 신청에 의하여 공무소 또는 공사단체에 조회하여 필요한 사항의 보고 또는 그 보관서류의 송부를 요구할 수 있음 16. 변호사, 17. 국가직 9급 ② 신청을 받은 법원이 송부요구신청을 채택하는 경우에는 서류를 보관하고 있는 법원 등에 대하여 그 서류 중 신청인 또는 변호인이 지정하는 부분의 인증등본을 송부하여 줄 것을 요구할 수 있음 ③ 요구를 받은 법원 등은 당해 서류를 보관하고 있지 아니하거나 기타 송부요구에 응할 수 없는 사정이 있는 경우를 제외하고는 신청인 또는 변호인에게 당해 서류를 열람하게 하여 필요한 부분을 지정할 수 있도록 하여야 하며 정당한 이유 없이 이에 대한 협력을 거절하지 못함

제4절 공판정의 구성 등

01 공판정의 구성

공판정의 구성	① 공판정은 판사와 검사, 법원사무관 등이 출석하여 개정함 ② 검사의 좌석과 피고인 및 변호인의 좌석은 대등하며, 법대의 좌우측에 마주 보고 위치하고, 증인의 좌석은 법대의 정면에 위치함. 다만, 피고인신문을 하는 때에는 피고인은 증인석에 좌석함 14. 경찰채용	
판사의 출석	판사는 공판기일에 예외 없이 출석해야 하고 판사가 출석하지 아니한 경우에는 심리를 진행할 수 없음	
검사의 출석	원칙	검사가 공판기일에 출석하지 아니하면 원칙적으로 개정하지 못함
	예외 (출석불요)	검사가 공판기일의 통지를 2회 이상 받고 출석하지 아니하거나 판결만을 선고하는 때 15. 경찰채용·법원직 9급, 18. 경찰승진

피고인의 출석	원칙	피고인이 공판기일에 출석하지 아니하면 원칙적으로 개정하지 못함

	예외
	(출석불요)
		① 피고인이 의사무능력자인 경우
		② 피고인이 법인인 경우
		③ 경미하거나 유리한 사건인 경우 I 14·15·16. 국가직 9급, 15·18. 경찰승진, 17. 변호사, 18. 법원직 9급
		    ㉠ 다액 500만원 이하의 벌금 또는 과료에 해당하는 사건(《주의》 구류 ×)
		    ㉡ **공소기각 또는 면소**의 재판을 할 것이 명백한 사건(《주의》 집행유예 ×, 선고유예 ×)
		    ㉢ 장기 3년 이하의 징역 또는 금고, 다액 500만원을 초과하는 벌금 또는 구류에 해당하는 사건에서 피고인의 불출석허가신청이 있고 법원이 이를 허가한 사건. 다만, 인정신문절차를 진행하거나 판결을 선고하는 공판기일은 예외
		    ㉣ 약식명령에 대하여 **피고인만이 정식재판의 청구를 하여 판결을 선고하는 사건**
		④ 경미하거나 유리한 사건인 경우 II 18. 경찰승진
		    ㉠ 즉결심판절차에서 피고인에게 벌금 또는 과료를 선고하는 경우
		    ㉡ 피고인이 심신상실 상태에 있거나 또는 질병에 걸려 있고, **무죄·면소·형의 면제·공소기각**의 재판을 할 것으로 명백한 경우
		⑤ 피고인이 퇴정하거나 퇴정명령을 받은 경우
		⑥ 구속된 피고인이 **출석을 거부**하고 **교도관에 의한 인치가 불가능하거나 현저히 곤란**하다고 인정되는 경우 15·18·20. 법원직 9급
		⑦ 항소심과 약식명령에 대한 정식재판청구사건에서 피고인이 정당한 사유 없이 2**회 이상 출정하지 아니한 경우** 17. 국가직 7급
		⑧ 상고심과 약식절차의 경우 15. 경찰승진
		⑨ 소송촉진법상 궐석재판을 하는 경우 17. 법원직 9급
		    ㉠ 제1심에서 피고인에 대한 송달불능보고서가 접수된 때부터 6개월이 지나도록 피고인의 소재를 확인할 수 없는 경우에는 피고인의 진술 없이 재판할 수 있음
		    ㉡ 사형, 무기 또는 장기 10년이 넘는 징역이나 금고에 해당하는 사건은 제외됨
		⑩ 치료감호청구사건에서 피치료감호청구인이 심신장애로 공판기일에 출석이 불가능한 경우

변호인의 출석		① 변호인의 출석은 원칙적으로 공판개정의 요건이 되지 않음 ② 필요적 변호사건의 경우에는 변호인의 출석은 공판개정의 요건이 됨. 다만, **판결만을 선고하는 때에는 예외** 14. 경찰간부·국가직 9급

제3편 공판

2장

⚖️ 판례 |

1 필요적 변호사건에서 피고인이 재판장의 허가 없이 퇴정하고 변호인마저 이에 동조하여 퇴정해 버린 경우, 피고인이나 변호인의 재정 없이도 심리판결을 할 수 있는지의 여부(적극)

필요적 변호사건이라 하여도 피고인이 재판거부의 의사를 표시하고 재판장의 허가 없이 퇴정하고 변호인마저 이에 동조하여 **퇴정해 버린 것은 모두 피고인측의 방어권의 남용 내지 변호권의 포기로 볼 수밖에 없는 것이므로** 수소법원으로서는 형사소송법 제330조에 의하여 **피고인이나 변호인의 재정 없이도 심리판결 할 수 있다.** 위와 같이 피고인과 변호인들이 출석하지 않은 상태에서 증거조사를 할 수밖에 없는 경우에는 형사소송법 제318조 제2항의 규정상 피고인의 진의와는 관계없이 형사소송법 제318조 제1항의 **동의가 있는 것으로 간주**하게 되어 있다(대판 1991.6.28, 91도865). 14 · 15 · 17. 경찰채용, 14 · 20. 국가직 9급, 16. 국가직 7급, 16 · 18. 법원직 9급, 18. 경찰승진, 18 · 21 · 경찰간부, 20. 변호사

2 항소심에서 형사소송법 제365조에 따라 피고인의 진술 없이 판결하기 위한 요건

형사소송법 제370조, 제276조에 의하면 항소심에서도 공판기일에 피고인의 출석 없이는 개정하지 못하나, 같은 법 제365조가 피고인이 항소심 공판기일에 출석하지 아니한 때에는 다시 기일을 정하고, 피고인이 정당한 사유 없이 다시 정한 기일에도 출석하지 아니한 때에는 피고인의 진술 없이 판결할 수 있도록 정하고 있으므로 **피고인의 출석 없이 개정하려면 불출석이 2회 이상 계속된 바가 있어야 한다**(대판 2016.4.29, 2016도2210 1회 3회 불출석 사건). 17. 국가직 7급, 18. 국가직 9급 · 법원직 9급

02 전문심리위원의 참여

의의	법원은 직권으로 또는 신청에 의해 **전문심리위원을** 지정하여 공판준비 및 공판기일 등 **소송절차에 참여하게 할 수 있음** 14. 국가직 9급, 17. 경찰채용
전문심리 위원의 지정 등	① 전문심리위원을 소송절차에 참여시키는 경우 법원은 검사, 피고인 또는 변호인의 의견을 들어 각 사건마다 **1인 이상의** 전문심리위원을 지정함 ② 전문심리위원에게는 수당을 지급하고, 필요한 경우에는 그 밖의 여비 · 일당 및 숙박료를 지급할 수 있음 ③ 제척 및 기피에 관한 규정은 전문심리위원에게 준용함. 제척 또는 기피 신청이 있는 전문심리위원은 그 신청에 관한 결정이 확정될 때까지 소송절차에 참여할 수 없음
전문심리 위원의 참여	① 전문심리위원은 전문적인 지식에 의한 설명 또는 의견을 기재한 서면을 제출하거나 기일에서 전문적인 지식에 의하여 설명이나 의견을 진술할 수 있음. 다만, **재판의 합의에는 참여할 수 없음** 15. 국가직 9급, 17. 경찰채용 ② 전문심리위원은 재판장의 허가를 받아 피고인 또는 변호인, 증인 또는 감정인 등 소송관계인에게 소송관계를 분명하게 하기 위하여 **직접 질문할 수 있음** 15. 국가직 9급, 17. 경찰채용 ③ 법원은 전문심리위원이 제출한 서면이나 전문심리위원의 설명 또는 의견의 진술에 관하여 검사, 피고인 또는 변호인에게 구술 또는 서면에 의한 **의견진술의 기회를 주어야 함** ④ 법원은 상당하다고 인정하는 때에는 검사, 피고인 또는 변호인의 신청이나 직권으로 참여결정을 취소할 수 있음 ⑤ 법원은 **검사와 피고인 또는 변호인이 합의하여** 취소결정을 신청한 때에는 **취소하여야 함** (**《주의》** 검사와 피고인 또는 변호인이 합의한 경우 그 결정을 취소할 수 있다. ×)

03 소송지휘권 및 법정경찰권

1. 소송지휘권

의의	소송절차를 질서있게 유지하고 소송진행을 순조롭게 하기 위한 법원 또는 재판장의 합목적적 활동
내용	**재판장** ① 공판기일의 지정·변경 ② 인정신문 ③ 진술(거부)권 고지 등 ④ 증인신문 또는 피고인신문 순서의 변경 ⑤ 불필요한 변론의 제한 ⑥ 석명권 등
	법원 ① 국선변호인 선정 ➡ 예외 있음 ② 증거신청에 대한 결정 ③ 공소장변경의 요구와 허가 ④ 증거조사 및 증거결정에 대한 이의신청의 결정 ⑤ 재판장의 처분에 대한 이의신청의 결정 ⑥ 공판절차의 정지 등

⚖ 판례 |

1 재판장의 정당한 소송지휘권에 해당하는 경우

형사공판절차에서 **변호인의 중복되고 상당하지 아니한 신문에 대하여 재판장이 제한을 명하는 것은** 재판장의 소송지휘권에 속하는 것으로서 그 신문의 제한이 현저하게 부당하거나 부적절한 경우가 아닌 한 신문을 제한한 재판장의 조치가 위법하다고 할 수 없다(대판 2008.3.27, 2007도4116). 15. 국가직 9급

2 석명을 요하는 경우

① **공소장변경 절차 없이도 법원이 심리·판단할 수 있는 죄가 한 개가 아니라 여러 개인 경우**, 법원으로서는 그중 어느 하나를 임의로 선택할 수 있는 것이 아니라 검사에게 공소사실 및 적용법조에 관한 **석명을 구하여 공소장을 보완하게 한 다음 이에 따라 심리·판단하여야 할 것이다**(대판 2005.7.8, 2005도279). 15. 경찰간부. 16. 경찰채용. 17·18. 경찰승진

② **공소장의 기재가 불명확한 경우** 법원은 형사소송규칙 제141조의 규정에 의하여 **검사에게 석명을 구한 다음, 그래도 검사가 이를 명확하게 하지 않은 때에야 공소사실의 불특정을 이유로 공소를 기각함이 상당하다**고 할 것이므로, 원심이 검사에게 공소사실 특정에 관한 석명에 이르지 아니한 채 곧바로 위와 같이 공소사실의 불특정을 이유로 공소기각의 판결을 한 데에는 공소사실의 특정에 관한 법리를 오해하였거나 심리를 미진한 위법이 있다고 할 것이다(대판 2006.5.11, 2004도5972). 14. 변호사. 16. 법원직 9급

2. 법정경찰권

의의	법정질서를 유지하기 위하여 공판심리의 방해를 예방·배제하거나 법정질서를 문란하게 한 자를 제재하는 권력작용	
내용	방해예방·배제작용	① 재판장은 법정질서와 존엄을 해할 우려가 있는 자의 입정금지 또는 퇴정을 명하거나 기타 법정의 질서유지에 필요한 명령을 발할 수 있음 ② 재판장은 법정에 있어서의 질서유지를 위하여 필요하다고 인정할 때에는 개정전후를 불문하고 관할 경찰서장에게 국가경찰공무원의 파견을 요구할 수 있음
	제재작용	법원은 직권으로 법정내외에서 재판장의 명령에 위배하는 행위를 하거나 폭언·소란 등의 행위로 법원의 심리를 방해하거나 재판의 위신을 현저하게 훼손한 자에 대하여 결정으로 **20일 이내의 감치 또는 100만원 이하의 과태료**에 처하거나 병과할 수 있음
	피고인의 신체구속	공판정에서는 피고인의 신체를 구속하지 못함. 다만, 재판장은 피고인이 폭력을 행사하거나 도망할 염려가 있다고 인정하는 때에는 피고인의 신체의 구속을 명하거나 기타 필요한 조치를 할 수 있음

제5절 공판기일의 절차

01 모두절차

진술거부권 고지	재판장은 피고인에게 진술을 거부할 수 있음을 고지해야 함
인정신문	재판장은 피고인의 성명, 연령, 등록기준지, 주거와 직업을 물어서 피고인임에 틀림없음을 확인해야 함
검사의 모두진술	① 검사는 공소장에 의하여 공소사실·죄명 및 적용법조를 낭독해야 함(《주의》 낭독하게 할 수 있다. ×) 14. 국가직 7급 ② 재판장은 필요하다고 인정하는 때에는 검사에게 공소의 요지를 진술하게 할 수 있음
피고인의 모두진술	① 피고인은 검사의 모두진술이 끝난 뒤에 공소사실의 인정 여부를 진술해야 함. 다만, 피고인이 진술거부권을 행사하는 경우에는 그렇지 않음 ② 피고인 및 변호인은 이익이 되는 사실 등을 진술할 수 있음 ③ 피고인은 모두진술 단계에서 현장부재의 주장을 할 수 있음 22. 국가직 7급
재판장의 쟁점질문 등	① 재판장은 피고인의 모두진술이 끝난 다음에 피고인 또는 변호인에게 쟁점의 정리를 위하여 필요한 질문을 할 수 있음 ② 재판장은 증거조사를 하기에 앞서 검사 및 변호인으로 하여금 공소사실 등의 증명과 관련된 주장 및 입증계획 등을 진술하게 할 수 있음

02 사실심리절차

1. 증거조사

의의		① 법원이 범죄사실과 양형에 관한 심증을 얻기 위하여 인증·물증·서증 등의 각종 증거방법을 조사하여 그 내용을 알아보는 소송행위 ② 증거조사는 재판장의 쟁점질문 등의 절차가 끝난 후에 실시함
증거신청 및 증거결정 등	신청	① 당사자는 서류나 물건을 증거로 제출할 수 있고, 증인·감정인·통역인·번역인의 신문을 신청할 수 있음 18. 변호사, 19. 경찰간부 　㉠ 검사, 피고인 또는 변호인이 증거신청을 함에 있어서는 그 증거와 증명하고자 하는 사실과의 관계를 구체적으로 명시해야 함 　㉡ 서류나 물건의 일부에 대한 증거신청을 함에 있어서는 **증거로 할 부분을 특정하여 명시해야 함** ② 증거신청은 **서면** 또는 **구두**로 할 수 있음 ③ 증거신청 시기에는 제한이 없음. 다만, 법원은 고의로 증거를 뒤늦게 신청함으로써 공판의 완결을 지연하는 것으로 인정할 때에는 결정으로 이를 각하할 수 있음 15. 경찰채용, 19. 경찰간부 ④ 당사자는 필요한 **증거를 일괄하여 신청해야 함** 14. 경찰승진 ⑤ 증거신청은 검사가 먼저 이를 한 후 다음에 피고인 또는 변호인이 이를 함(《주의》 피고인 또는 변호인이 한 후 검사가 한다. ×) 14. 경찰승진 ➡ 법원은 서류 또는 물건이 증거로 제출된 경우에 이에 관한 증거결정을 함에 있어서는 **제출한 자로 하여금** 그 서류 또는 물건을 상대방에게 제시하게 하여 상대방으로 하여금 그 서류 또는 물건의 증거능력 유무에 관한 의견을 진술하게 하여야 함. 다만, 형사소송법 제318조의3의 규정에 의하여 동의가 있는 것으로 간주되는 경우에는 그러하지 않음(규칙 제134조 제2항). 22. 경찰승진, 22. 국가직 9급 ⑥ 법원은 증거신청에 대하여 증거결정(각하결정, 기각결정, 채택결정, 보류결정)을 해야 함 17. 경찰간부 　㉠ 법원은 증거결정을 함에 있어서 그 증거에 대한 검사, 피고인 또는 변호인의 의견을 들을 수 있음 　㉡ 법원은 증거신청을 기각·각하하거나 보류하는 경우, 당해 증거서류 또는 증거물을 제출받아서는 아니됨 15. 경찰채용
	직권	① 법원은 직권으로 증거조사를 할 수 있음 14. 경찰승진, 17. 경찰간부 ② 직권증거조사는 법원의 권한이자 의무에 해당함(판례)
증거조사	순서 등	① 법원은 **검사가 신청한 증거를 조사한 후 피고인·변호인이 신청한 증거를 조사함.** 법원은 이 조사가 끝난 후 직권으로 결정한 증거를 조사함 ➡ 신문순서 변경 가능 15. 경찰채용, 16·19. 경찰간부 ② 소송관계인이 증거로 제출한 서류나 물건 등은 공판정에서 개별적으로 지시·설명하여 조사해야 함 ③ 피고인 또는 피고인 아닌 자의 진술을 기재한 조서 또는 서류가 피고인의 자백 진술을 내용으로 하는 경우에는 범죄사실에 관한 다른 증거를 조사한 후에 이를 조사해야 함 ④ 재판장은 피고인에게 각 증거조사의 결과에 대한 의견을 묻고 권리를 보호함에 필요한 증거조사를 신청할 수 있음을 고지해야 함

방법	① 증인: 당사자와 재판장이 **신문**하여 조사함
	② 증거서류
	   ㉠ 당사자의 신청에 따라 증거서류를 조사하는 때에는 신청인이 이를 **낭독**해야 하고, 법원이 직권으로 증거서류를 조사하는 때에는 소지인 또는 재판장이 **낭독**해야 함
	   ㉡ 재판장은 필요하다고 인정하는 때에는 **내용의 고지** 또는 **제시 · 열람**하게 하는 방법으로 조사할 수 있음
	③ 증거물: 당사자의 신청에 따라 증거물을 조사하는 때에는 신청인이 이를 **제시**해야 하고, 법원이 직권으로 증거물을 조사하는 때에는 소지인 또는 재판장이 **제시**해야 함
	④ 컴퓨터디스크 등: 컴퓨터디스크 등에 기억된 문자정보를 증거자료로 하는 경우에는 **읽을 수 있도록 출력**하여 인증한 등본을 낼 수 있음 15. 경찰채용
	⑤ 녹음 · 녹화매체 등: 녹음 · 녹화매체 등을 **재생**하여 **청취 또는 시청**하는 방법으로 함

불복	① 증거결정과 증거조사에 대한 결정은 판결 전 소송절차에 관한 결정이므로 상소하지 못하지만 당사자는 **이의신청을 할 수 있음**
	② 이의신청의 사유 14 · 15. 국가직 7급, 15. 경찰채용, 17. 국가직 9급
	   ㉠ **법원의 증거결정 및 재판장의 처분**: **법령위반**만을 이유로 할 수 있음
	   ㉡ **법원의 증거조사**: **법령위반 또는 상당하지 아니함**을 이유로 할 수 있음
	③ 이의신청의 방식과 시기 및 결정
	   ㉠ 개개의 행위, 처분 또는 결정시마다 그 이유를 간결하게 명시하여 **즉시** 이를 하여야 함
	   ㉡ 결정은 이의신청이 있은 후 **즉시** 하여야 함
	   ㉢ 시기에 늦은 이의신청, 소송지연만을 목적으로 하는 것임이 명백한 이의신청은 결정으로 이를 기각하여야 함.
	   ㉣ 시기에 늦은 이의신청이 **중요한 사항을 대상으로 하고 있는 경우에는 시기에 늦은 것만을 이유로 하여 기각하여서는 아니됨**
	   ㉤ 증거조사를 마친 증거가 증거능력이 없음을 이유로 한 이의신청을 이유있다고 인정할 경우에는 그 **증거의 전부 또는 일부를 배제**한다는 취지의 결정을 하여야 함
	   ㉥ 이의신청에 대한 결정에 의하여 판단이 된 사항에 대하여는 **다시 이의신청을 할 수 없음**

⚖ 판례 |

1 증거신청에 대한 채택 여부가 법원의 재량인지의 여부(원칙적 적극)

증거신청의 채택 여부는 법원의 재량으로서 법원이 필요하지 아니하다고 인정할 때에는 이를 조사하지 아니할 수 있는 것이다(대판 2011.1.27, 2010도7947 **이광재 강원지사 사건**). 15. 국가직 7급

2 피고인이 철회한 증인을 법원이 신문할 수 있는지의 여부(적극)

증인은 법원이 직권에 의하여 신문할 수도 있고 증거의 채부는 법원의 직권에 속하는 것이므로 피고인이 **철회한 증인을 법원이 직권신문**하고 이를 채증하더라도 위법이 아니다(대판 1983.7.12, 82도3216). 16. 경찰채용, 19. 경찰간부

3 증거물인 서면의 증거조사방법

본래 증거물이지만 증거서류의 성질도 가지고 있는 이른바 '증거물인 서면'을 조사하기 위해서는 증거서류의 조사방식인 낭독·내용고지 또는 열람의 절차와 증거물의 조사방식인 제시의 절차가 함께 이루어져야 하므로 원칙적으로 증거신청인으로 하여금 그 서면을 제시하면서 낭독하게 하거나 이에 갈음하여 그 내용을 고지 또는 열람하도록 하여야 한다(대판 2013.7.26, 2013도2511 **왕재산 간첩단 사건**). 14. 법원직 9급, 15·17. 국가직 9급, 16. 경찰채용

4 증거능력이 없어 증거로 채택되지 아니한 증거서류 또는 증거물에 대하여 법원이 취해야 할 조치(제출자에게 반환)

형사소송규칙 제134조 제4항은 "법원은 증거신청을 기각·각하하거나 증거신청에 대한 결정을 보류하는 경우 증거신청인으로부터 당해 증거서류 또는 증거물을 제출받아서는 아니 된다."라고 규정하고 있으므로 **법원은 증거능력이 없어 증거로 채택되지 아니한 증거서류 또는 증거물을 제출받아서는 안 되고, 일단 제출받은 경우에는 이를 증거신청인에게 반환하여야 한다**(대판 2021.7.21, 2018도3226 **피신조서 증거기록 편철 사건**).

2. 피고인신문

의의	피고인에 대하여 공소사실과 그 정상에 관하여 필요한 사항을 신문하는 절차
방법	① 피고인신문은 증거조사 완료 후에 실시함. 다만, 재판장은 필요하다고 인정하는 때에는 증거조사가 완료되기 전이라도 이를 허가할 수 있음(《주의》 피고인신문 후 증거조사 한다. ×) ② 검사 또는 변호인은 증거조사 종료 후에 순차로 피고인에게 공소사실 및 정상에 관하여 필요한 사항을 신문할 수 있고, 재판장은 필요하다고 인정하는 때에는 피고인을 신문할 수 있음 ➡ 신문순서 변경 가능 14. 경찰승진
신뢰관계자 동석	① 피고인이 신체적 또는 정신적 장애로 사물을 변별하거나 의사를 결정·전달할 능력이 미약한 경우 ② 피고인의 연령·성별·국적 등의 사정을 고려하여, 그 심리적 안정의 도모와 원활한 의사소통을 위하여 필요한 경우

3. 최후변론

최후변론	① 피고인신문과 증거조사가 종료한 때에는 검사는 사실과 법률적용에 관하여 의견을 진술함. 다만, 검사의 출석 없이 개정할 수 있는 경우에는 공소장의 기재사항에 의하여 검사의 의견 진술이 있는 것으로 간주함 ② 재판장은 검사의 의견을 들은 후 피고인과 변호인에게 최종의 의견을 진술할 기회를 주어야 함

03 판결선고절차

방법	① 판결의 선고는 공판정에서 재판서에 의해야 함 ② 판결의 선고는 재판장이 하며 주문을 낭독하고 이유의 요지를 설명해야 함
선고기일 등	① 판결의 선고는 변론을 종결한 기일에 해야 함. 다만, 특별한 사정이 있어 따로 선고기일을 지정할 경우의 판결선고기일은 변론종결 후 **14일 이내로** 지정되어야 함(《주의》 익일선고 ×) ② 판결의 선고는 변론을 종결한 기일에 하여야 하나, 특별한 사정이 있는 때에는 따로 선고기일을 지정할 수 있다(제318조의4 제1항). 재판장은 공판기일을 정하거나 변경할 수 있는데(제267조, 제270조), 공판기일에는 피고인을 소환하여야 하고, 검사, 변호인에게 공판기일을 통지하여야 한다(제267조 제2항, 제3항). 다만 이와 같은 규정이 준수되지 않은 채로 공판기일의 진행이 이루어진 경우에도 **그로 인하여 피고인의 방어권, 변호인의 변호권이 본질적으로 침해되지 않았다고 볼 만한 특별한 사정이 있다면 판결에 영향을 미친 법령 위반이라고 할 수 없다**(대판 2023.7.13, 2023도4371 **대출금리를 낮춰 주겠다 사건**). ③ 변론을 종결한 기일에 판결을 선고하는 경우에는 선고 후 **5일 내**에 판결서를 작성해야 함

⚖️ 판례 | 판결선고의 종료시점과 변경 선고가 가능한 한계 및 판결 변경 선고의 위법

[1] 판결 선고는 전체적으로 하나의 절차로서 재판장이 판결의 주문을 낭독하고 이유의 요지를 설명한 다음 피고인에게 상소기간 등을 고지하고, 필요한 경우 훈계, 보호관찰 등 관련 서면의 교부까지 마치는 등 선고절차를 마쳤을 때에 비로소 종료된다. **재판장이 주문을 낭독한 이후라도 선고가 종료되기 전까지는 일단 낭독한 주문의 내용을 정정하여 다시 선고할 수 있다.** 그러나 판결 선고절차가 종료되기 전이라도 변경 선고가 무제한 허용된다고 할 수는 없다. 재판장이 일단 주문을 낭독하여 선고 내용이 외부적으로 표시된 이상 **재판서에 기재된 주문과 이유를 잘못 낭독하거나 설명하는 등 실수가 있거나 판결 내용에 잘못이 있음이 발견된 경우와 같이 특별한 사정이 있는 경우에 변경 선고가 허용된다.** [2] 제1심 재판장은 '피고인을 징역 1년에 처한다'는 주문을 낭독하여 선고 내용을 외부적으로 표시하였다. 제1심 재판장은 징역 1년이 피고인의 죄책에 부합하는 적정한 형이라고 판단하여 징역 1년을 선고하였다고 볼 수 있고, 피고인이 난동을 부린 것은 그 이후의 사정이다. **제1심 재판장은 선고절차 중 피고인의 행동을 양형에 반영해야 한다는 이유로 이미 주문으로 낭독한 형의 3배에 해당하는 징역 3년으로 선고형을 변경하였다.** 위 선고기일에는 피고인의 변호인이 출석하지 않았고, 피고인은 자신의 행동이 위와 같이 양형에 불리하게 반영되는 과정에서 어떠한 방어권도 행사하지 못하였다. 그런데도 원심은 제1심 선고절차에 아무런 위법이 없다고 판단하였다. 원심판결에는 판결 선고절차와 변경 선고의 한계에 관한 법리를 오해하여 판결에 영향을 미친 **잘못이 있다**(대판 2022.5.13, 2017도3884 **징역 3년으로 정정한다 사건**).

01 증인신문

1. 증인의 의의 등

의의	① 증인신문이란 요증사실과 관련하여 증인의 경험을 내용으로 하는 진술을 얻는 증거조사 방법 ② 증인이란 **자신이 과거에 체험한 사실을 법원 또는 법관에게 진술하는 제3자**
증인거부권자	① **공무원**이 그 직무에 관하여 알게 된 사실에 관하여 **직무상 비밀**에 속한 사항임을 신고한 때에는 그 소속공무소 또는 감독관공서의 승낙 없이는 증인으로 신문하지 못함 14. 법원직 9급, 18. 경찰간부 ② 소속 공무소 또는 당해 감독관공서는 국가의 중대한 이익을 해하는 경우를 제외하고는 승낙을 거부하지 못함
증인적격	① 증인으로 선서하고 진술할 수 있는 자격을 말함 ② 증인적격이 있는 자가 선서하지 않고 진술하면 증거능력이 부정됨 ③ 증인적격 인정 여부 　㉠ 법관(×) 　㉡ 검사(×) ➡ 수사검사는 가능 　㉢ 사법경찰관(○) 　㉣ 변호인(×) 　㉤ 피고인(×) 　㉥ **공범인 공동피고인(변론이 분리되면 ○, 분리되지 않으면 ×)** 　㉦ **공범이 아닌 공동피고인(○)**
증언능력	① 증인이 자신이 과거에 경험한 사실을 그 기억에 따라 진술할 수 있는 정신능력 ② 유아의 증언능력 유무는 그의 지적수준에 따라 개별적이고 구체적으로 결정되어야 함

판례 |

1 당해 사건을 수사한 수사경찰관의 증인적격 유무(적극)

형사소송에 있어서 경찰공무원은 당해 피고인에 대한 수사를 담당하였는지의 여부에 관계없이 그 피고인에 대한 공판과정에서는 제3자라고 할 수 있어 **수사 담당 경찰공무원**이라 하더라도 증인의 지위에 있을 수 있음을 부정할 수 없다(헌재 2001.11.29. 2001헌바41). 14. 국가직 9급, 16. 경찰간부, 20. 경찰채용·국가직 7급

2 공범인 공동피고인의 증인적격(변론이 분리되지 않으면 소극, 분리되면 적극)

① **피고인의 지위에 있는 공동피고인은** 다른 공동피고인에 대한 공소사실에 관하여 **증인이 될 수 없으나, 소송절차가 분리되어 피고인의 지위를 벗어나게 되면** 다른 공동피고인에 대한 공소사실에 관하여 **증인이 될 수 있고** 이는 대향범인 공동피고인의 경우에도 다르지 않다(대판 2012.3.29. 2009도11249 **증수뢰자 상호 증언 사건**). 15·20. 국가직 7급, 15. 국가직 9급, 16·18. 변호사

② 공범인 공동피고인은 당해 소송절차에서는 피고인의 지위에 있어 다른 공동피고인에 대한 공소사실에 관하여 증인이 될 수 없으나, 소송절차가 분리되어 피고인의 지위에서 벗어나게 되면 다른 공동피고인에 대한 공소사실에 관하여 증인이 될 수 있다(대판 2012.10.11. 2012도6848). 14·16·17. 변호사, 14·15. 국가직 9급, 14·15·17·20. 법원직 9급, 15·17·18·19. 경찰간부, 18. 경찰채용, 20. 경찰승진

3 공범이 아닌 공동피고인의 증인적격 유무(적극)

① 피고인과 별개의 범죄사실로 기소되어 병합심리되고 있던 공동피고인은 피고인에 대한 관계에서는 증인의 지위에 있음에 불과하므로, 선서 없이 한 그 공동피고인의 법정 및 검찰진술은 피고인에 대한 공소범죄사실을 인정하는 증거로 할 수 없다(대판 1982.6.22, 82도898). 14·18. 경찰채용, 15. 국가직 7급·국가직 9급, 17·18. 변호사, 17. 경찰간부·법원직 9급

② **공동피고인인 절도범과 그 장물범**은 서로 다른 공동피고인의 범죄사실에 관하여는 **증인의 지위에 있다**할 것이므로, 피고인이 증거로 함에 동의한 바 없는 공동피고인에 대한 피의자신문조서는 공동피고인의 증언에 의하여 그 성립의 진정이 인정되지 아니하는 한 피고인의 공소범죄사실을 인정하는 증거로 할 수 없다(대판 2006.1.12, 2005도7601). 14. 법원직 9급, 15. 국가직 9급, 16·17. 경찰간부, 17·18. 경찰채용, 18. 국가직 7급

2. 증인의 의무와 권리

(1) 증인의 의무

출석	① 증인은 법원의 소환에 응하여 출석해야 함(증인거부권자는 출석의무가 없지만, 증언거부권자는 출석의무가 있음) ② 정당한 사유 없이 출석하지 아니한 때에는 법원이 구속영장을 발부하여 증인을 구인할 수 있음 ③ 소환장을 송달받은 증인이 정당한 사유 없이 출석하지 아니한 때에는 결정으로 **소송비용**을 증인이 부담하도록 명하고, 500만원 이하의 과태료를 부과할 수 있음 ④ 법원은 증인이 과태료 재판을 받고도 정당한 사유 없이 다시 출석하지 아니한 때에는 결정으로 7일 이내의 감치에 처함 14. 경찰승진 ⑤ 법원은 감치의 재판을 받은 증인이 감치의 집행 중에 증언을 한 때에는 즉시 감치결정을 취소하고 그 증인을 석방하도록 명하여야 함 17. 경찰채용 ⑥ 소송비용부담, 과태료, 감치처분에 대하여 즉시항고를 할 수 있음 ➡ 재판의 집행정지 ×
선서	① 증인은 신문 전에 선서하게 해야 함 ② 16세 미만의 자 또는 선서의 취지를 이해하지 못하는 자는 선서시키지 아니하고 신문함 (《주의》 미성년자 ×) 14. 경찰승진, 14·15·16. 법원직 9급, 15. 경찰간부 ③ 선서를 거부한 때에는 **50만원 이하의 과태료**에 처함 15. 경찰승진, 15·18. 경찰간부 ④ 과태료 부과에 대하여 즉시항고를 할 수 있음 ➡ 재판의 집행정지 ○ 18. 경찰간부
증언	① 증인은 신문받은 사항에 대하여 양심에 따라 숨김과 보탬이 없이 증언을 해야 함 ② 증언을 거부한 때에는 **50만원 이하의 과태료**에 처함 15. 경찰간부 ③ 과태료 부과에 대하여 즉시항고를 할 수 있음 ➡ 재판의 집행정지 ○

⚖️판례 | 선서무능력자가 선서하고 증언한 경우 선서와 증언의 효력(= 선서는 무효, 증언은 유효)

선서무능력자에 대하여 선서케하고 신문한 경우라 할지라도 그 선서만이 무효가 되고, 그 증언의 효력에 관하여는 영향이 없고 **유효**하다(대판 1957.3.8, 57도23). 14. 국가직 9급, 16. 변호사

(2) 증인의 권리

증언거부권	① 증인은 자기나 친족 등이 **형사소추 또는 공소제기를 당하거나 유죄판결을 받을 사실이 발로될 염려 있는 증언을 거부할 수 있음** 14. 법원직 9급, 15 · 18. 경찰간부
	② 변호사 · 변리사 · 공증인 · 공인회계사 · 세무사 · 대서업자 · 의사 · 한의사 · 치과의사 · 약사 · 약종상 · 조산사 · 간호사 · 종교의 직에 있는 자 또는 이러한 직에 있던 자가 그 업무상 위탁을 받은 관계로 알게 된 사실로서 **타인의 비밀에 관한 것은 증언을 거부할 수 있음**. 다만, 본인의 승낙이 있거나 중대한 공익상 필요가 있는 때에는 예외로 함(《주의》 공무원이나 변호사는 증언거부권자이다. ×)
	③ 증인이 증언거부권자에 해당하는 경우에는 재판장은 신문 전에 **증언을 거부할 수 있음을 설명해야 함**. 증언을 거부하는 자는 거부사유를 소명해야 함 14. 경찰승진
비용상환청구권	소환받은 증인은 법률의 규정에 의하여 여비 · 일당 · 숙박료를 청구할 수 있음. 다만, 정당한 사유 없이 선서 또는 증언을 거부한 자는 예외로 함
증인신문조서열람권	증인은 자신에 대한 증인신문조서 및 그 일부로 인용된 속기록, 녹음물, 영상녹화물 또는 녹취서의 열람, 등사 또는 사본을 청구할 수 있음

🔨판례 |

1 유죄의 확정판결을 받은 사실에 대해서 증언을 거부할 수 있는지의 여부(소극)

① **이미 유죄의 확정판결을 받은 경우에는 일사부재리의 원칙에 의해 다시 처벌받지 아니하므로** 자신에 대한 유죄판결이 확정된 증인은 공범에 대한 피고사건에서 **증언을 거부할 수 없고,** 설령 증인이 자신에 대한 형사사건에서 시종일관 그 범행을 부인하였다 하더라도 그러한 사정만으로 증인이 진실대로 진술할 것을 기대할 수 있는 가능성이 없는 경우에 해당한다고 할 수 없으므로 허위의 진술에 대하여 위증죄의 성립을 부정할 수 없다(대판 2011.11.24, 2011도11994 **진해 필로폰 매매알선 사건**). 14. 변호사, 14 · 20.경찰승진, 16. 국가직 9급, 17. 경찰간부 · 국가직 7급 · 법원직 9급, 18. 경찰채용

② **이미 유죄의 확정판결을 받은 경우에는 일사부재리의 원칙에 의해 다시 처벌되지 아니하므로 증언을 거부할 수 없는바,** 이는 사실대로의 진술 즉 자신의 범행을 시인하는 진술을 기대할 수 있기 때문인 점 등에 비추어 보면 피고인은 강도상해죄로 이미 유죄의 확정판결을 받았으므로 그 범행에 대한 증언을 거부할 수 없을 뿐만 아니라 **나아가 사실대로 증언하여야 한다**(대판 2008.10.23, 2005도10101 **황제룸 주점 앞 강도상해 사건**). 14 · 16 · 18. 변호사, 15 · 18. 국가직 9급, 15. 경찰간부, 16 · 19. 경찰채용

2 형사소송절차에서 증언거부권을 고지받지 못하여 증언거부권을 행사하는 데 사실상 장애가 초래되었다고 볼 수 있는 경우 위증죄의 성립 여부(소극)

헌법 제12조 제2항에 정한 불이익 진술의 강요금지 원칙을 구체화한 자기부죄거부특권에 관한 것이거나 기타 증언거부사유가 있음에도 증인이 **증언거부권을 고지받지 못함으로 인하여 그 증언거부권을 행사하는 데 사실상 장애가 초래되었다고 볼 수 있는 경우에는 위증죄의 성립을 부정하여야 할 것이다**(대판 2012.3.29, 2009도11249 **증수뢰자 상호 증언 사건**). 14. 국가직 9급 · 경찰승진, 16. 경찰간부, 16 · 18. 변호사

3 민사소송절차에서 증언거부권을 고지받지 못한 경우 위증죄의 성립 여부(적극)

(형사소송절차와는 달리 증언거부권 고지 규정을 두지 아니한) 민사소송절차에서 재판장이 증인에게 **증언거부권을 고지하지 아니하였다** 하여 절차위반의 위법이 있다고 할 수 없고, 따라서 적법한 선서 절차를 마쳤음에도 **허위진술을 한 증인에 대해서는 달리 특별한 사정이 없는 한 위증죄가 성립한다**(대판 2011.7.28, 2009도14928 **농약 판매사원 위증 사건**). 16. 변호사 · 경찰간부

3. 증인신문의 방법

절차		① 검사·피고인 또는 변호인은 증인신문에 참여할 수 있음 16. 경찰간부 ② 재판장은 증인으로부터 주민등록증 등 신분증을 제시받거나 그 밖의 적당한 방법으로 증인임이 틀림없음을 확인해야 함 ③ 증인에게 위증의 벌을 경고. 증언거부권을 가지는 경우 증언거부권을 설명 ④ 증인신문은 구두로 해야 함. 다만, 증인이 들을 수 없는 때에는 서면으로 묻고, 말할 수 없는 때에는 서면으로 답하게 할 수 있음 ⑤ 증인신문은 각 증인에 대하여 신문해야 하고, 신문하지 아니한 증인이 재정한 때에는 퇴정을 명해야 함. 다만, 필요한 때에는 증인과 다른 증인 또는 피고인과 대질하게 할 수 있음
신뢰관계자 동석		① 증인이 현저하게 불안 또는 긴장을 느낄 우려가 있다고 인정되는 경우 ➡ 동석하게 할 수 있음 15. 법원직 9급 ② 범죄로 인한 피해자가 13세 미만이거나 신체적 또는 정신적 장애로 사물을 변별하거나 의사를 결정할 능력이 미약한 경우 ➡ 부득이한 경우가 아닌 한 동석하게 하여야 함 15. 국가직 9급
교호신문	의의	증인을 신청한 당사자가 먼저 신문하고 그 다음에 반대 당사자가 신문하며 재판장은 당사자의 신문이 끝난 후에 신문함
	원칙	① 주신문 ➡ 반대신문 ➡ 재주신문 ➡ 재반대신문 ➡ 재재주신문 식의 방법으로 진행함 ② 주신문이나 재주신문에서는 원칙적으로 유도신문이 허용되지 않지만, 반대신문이나 재반대신문에서는 원칙적으로 유도신문이 허용됨 14. 경찰승진, 17. 경찰채용·법원직 9급 ③ 주신문·반대신문·재주신문까지는 법원의 허가 없이 이를 할 수 있음 ④ 주신문 또는 반대신문에서는 **증언의 증명력을 다투기 위하여 필요한 사항에 관한 신문(탄핵신문)을 할 수 있음.** 다만, 증인의 명예를 해치는 내용의 신문을 해서는 안 됨 14. 경찰간부·국가직 9급
	예외	① 재판장은 필요하다고 인정하면 어느 때나 개입하여 증인을 신문할 수 있음 ② 재판장은 증인신문의 순서를 변경할 수 있음 ③ 법원이 직권으로 신문할 증인이나 피해자의 신청에 의하여 신문할 증인의 신문방식은 재판장이 정하는 바에 의함 ④ 간이공판절차에서는 교호신문에 의하지 아니하고 법원이 상당하다고 인정하는 방법으로 증인을 신문할 수 있음
중계시설을 통한 신문 등		① 증인과 피고인이 서로 얼굴을 보지 못하게 중계시설을 통하여 신문하거나 차폐시설 등을 설치하고 신문할 수 있음 15·18. 경찰채용 ② 사유 　㉠ 아동복지법 제71조 제1호부터 제3호까지의 규정에 해당하는 죄의 피해자를 증인으로 신문하는 경우 　㉡ 청소년성보호법 제7조, 제8조, 제11조부터 제15조까지 및 제17조 제1항의 규정에 해당하는 죄의 대상이 되는 아동·청소년 또는 피해자를 증인으로 신문하는 경우 　㉢ 범죄의 성질, 증인의 연령, 심신의 상태, 피고인과의 관계, 그 밖의 사정으로 인하여 피고인 등과 대면하여 진술하는 경우 심리적인 부담으로 정신의 평온을 현저하게 잃을 우려가 있다고 인정되는 자를 증인으로 신문하는 경우

1 증인신문과 당사자의 참여권

① 피고인 본인 또는 그 변호인이 미리 증인신문에 참여케 하여 달라고 신청한 경우에는 변호인이 참여하였다고 하여도 피고인의 참여 없이 실시한 증인신문은 위법이다(대판 1969.7.25, 68도1481 **피고인 배제, 변호인만 참여 사건**). 14. 국가직 9급

② 법원이 공판기일에 증인을 채택하여 다음 공판기일에 증인신문을 하기로 피고인에게 고지하였는데 그 다음 공판기일에 증인은 출석하였으나 피고인이 정당한 사유 없이 출석하지 아니한 경우, **이미 출석하여 있는 증인에 대하여 공판기일 외의 신문으로서 증인신문을 하고 다음 공판기일에 그 증인신문조서에 대한 서증조사를 하는 것은 증거조사절차로서 적법**하다(대판 2000.10.13, 2000도3265 **공판기일 외 증인신문 사건**). 18. 국가직 7급

2 책문권의 포기로 유도신문의 하자가 치유되는 경우

검사가 증인 등에게 주신문을 하면서 형사소송규칙상 허용되지 않는 유도신문을 하였다고 볼 여지가 있었는데, 그 다음 공판기일에 재판장이 증인신문 결과 등을 각 공판조서(증인신문조서)에 의하여 고지하였음에도 피고인과 변호인이 "변경할 점과 이의할 점이 없다."고 진술한 경우, 피고인이 책문권 포기 의사를 명시함으로써 **유도신문에 의하여 이루어진 주신문의 하자는 치유된다**(대판 2012.7.26, 2012도2937 **지원장 출신 원로변호사 사기 사건**). 15. 국가직 9급, 18. 국가직 7급, 20. 경찰채용

3 검사가 증인으로 채택된 수감자를 거의 매일 검사실로 소환하여 피고인측 변호인이 접근하는 것을 차단하는 등의 조치가 공정한 재판을 받을 권리를 침해하는지의 여부(적극)

검사이든 피고인이든 공평하게 증인에 접근할 수 있도록 기회가 보장되지 않으면 안되며, **검사와 피고인 쌍방 중 어느 한편이 증인과의 접촉을 독점하거나 상대방의 접근을 차단하도록 허용한다면 이는 상대방의 공정한 재판을 받을 권리를 침해하는 것**이 되고, 구속된 증인에 대한 편의제공 역시 그것이 일방당사자인 검사에게만 허용된다면 그 증인과 검사와의 부당한 인간관계의 형성이나 회유의 수단 등으로 오용될 우려가 있고, 또 거꾸로 그러한 편의의 박탈 가능성이 증인에게 심리적 압박수단으로 작용할 수도 있으므로 접근차단의 경우와 마찬가지로 공정한 재판을 해하는 역할을 할 수 있다(대판 2002.10.8, 2001도3931 **정대철·이기택 의원 & 이재학 경성회장 사건**). 15. 경찰승진, 15·18. 경찰간부

4 차폐시설 설치와 증인신문 관련 판례

[1] 법원은 형사소송법 제165조의2 제3호의 요건(피고인 등과 대면하여 진술하면 심리적인 부담으로 정신의 평온을 현저하게 잃을 우려가 있는 경우)이 충족될 경우 **피고인뿐만 아니라 검사, 변호인, 방청인 등에 대하여도 차폐시설 등을 설치하는 방식으로 증인신문을 할 수 있으며**, 이는 형사소송규칙 제84조의9에서 피고인과 증인 사이의 차폐시설 설치만을 규정하고 있다고 하여 달리 볼 것이 아니다. [2] 다만, 증인이 변호인을 대면하여 진술함에 있어 심리적인 부담으로 정신의 평온을 현저하게 잃을 우려가 있다고 인정되는 경우는 일반적으로 쉽게 상정할 수 없고, 피고인뿐만 아니라 변호인에 대해서까지 차폐시설을 설치하는 방식으로 증인신문이 이루어지는 경우 피고인과 변호인 모두 증인이 증언하는 모습이나 태도 등을 관찰할 수 없게 되어 그 한도에서 반대신문권이 제한될 수 있으므로, **변호인에 대한 차폐시설의 설치는**, 특정범죄신고자 등 보호법 제7조에 따라 범죄신고자 등이나 그 친족 등이 보복을 당할 우려가 있다고 인정되어 조서 등에 인적사항을 기재하지 아니한 범죄신고자 등을 증인으로 신문하는 경우와 같이, 이미 인적사항에 관하여 비밀조치가 취해진 증인이 **변호인을 대면하여 진술함으로써 자신의 신분이 노출되는 것에 대하여 심한 심리적인 부담을 느끼는 등의 특별한 사정이 있는 경우에 예외적으로 허용될 수 있을 뿐이다**(대판 2015.5.28, 2014도18006 **칠성파 사건**). 15. 경찰채용

제3편 공판

2장

5 재판장의 증인신문 순서변경

피고인이 신청한 증인에 대하여 재판장이 먼저 신문하였다고 하여 이를 **잘못이라 할 수 없다**(대판 1971.9.28, 71도1496). 22. 경찰승진, 22. 해경간부

6 핵심증인의 경우 다른 증거나 증인의 진술에 비추어 굳이 추가 증거조사를 할 필요가 없다는 등 특별한 사정이 없고, 소재탐지나 구인장 발부가 불가능한 것이 아님에도 불구하고, 불출석한 핵심 증인에 대하여 소재탐지나 구인장 발부 없이 증인채택 결정을 취소하는 것은 법원의 재량을 벗어나는 것으로서 위법하다(대판 2020.12.10, 2020도2623).

4. 범죄피해자의 재판절차진술권

의의		법원은 범죄로 인한 피해자 또는 그 법정대리인(피해자가 사망한 경우에는 배우자·직계친족·형제자매 포함)의 신청이 있는 경우에는 그 피해자 등을 증인으로 신문해야 함(**«주의** 신문할 수 있다. ×) 14·15. 경찰채용, 15·16. 법원직 9급
진술권의 제한		① 법원은 피해자 등이 공판절차에서 충분히 진술하여 다시 진술할 필요가 없다고 인정되는 경우 또는 공판절차가 현저하게 지연될 우려가 있는 경우에는 피해자의 진술신청을 기각할 수 있음 14. 국가직 9급, 15. 경찰채용 ② 법원은 진술을 신청한 자가 다수인 경우에는 증인으로 신문할 자의 수를 제한할 수 있음 14. 경찰채용, 16. 법원직 9급, 17. 경찰간부
절차	증인신문	① 법원은 피해의 정도 및 결과, **피고인의 처벌에 관한 의견**, 그밖에 당해 사건에 관한 의견을 진술할 기회를 주어야 함 14. 경찰채용·국가직 7급, 15. 국가직 9급 ② 피해자의 신청에 의한 증인신문은 교호신문에 의하지 아니하고 재판장이 정하는 바에 의함 ③ 진술을 신청한 피해자가 출석통지를 받고도 정당한 이유 없이 **출석하지 아니한 때에는 그 신청을 철회한 것으로 봄** 14. 경찰채용
	의견진술, 서면제출	① 증인신문 외 의견진술 　㉠ 법원은 직권 또는 피해자 등의 신청에 따라 피해자 등을 공판기일에 출석하게 하여 범죄사실의 인정에 해당하지 않는 사항에 관하여 **증인신문에 의하지 아니하고 의견을 진술하게 할 수 있음** 15. 국가직 7급, 16. 법원직 9급 　㉡ 재판장은 의견진술에 대하여 그 취지를 명확하게 하기 위하여 피해자 등에게 질문할 수 있고, 설명을 촉구할 수 있음 　㉢ 피해자 등의 의견진술은 범죄사실의 인정을 위한 증거로 할 수 없음 15. 국가직 7급 ② 의견진술에 갈음하는 서면 　㉠ 재판장은 피해자 등에게 **의견진술에 갈음하여 의견을 기재한 서면을 제출하게 할 수 있음** 　㉡ 서면이 법원에 제출된 때에는 검사 및 피고인 또는 변호인에게 그 취지를 통지해야 함 　㉢ 의견진술에 갈음하는 서면은 범죄사실의 인정을 위한 증거로 할 수 없음
심리의 비공개		① 법원은 범죄로 인한 피해자를 증인으로 신문하는 경우 당해 피해자·법정대리인 또는 검사의 신청에 따라 필요하다고 인정하는 때에는 결정으로 **심리를 공개하지 아니할 수 있음** 14. 경찰승진·국가직 9급, 14·18. 경찰채용, 18. 경찰간부 ② 법원은 비공개결정을 한 경우에도 적당하다고 인정되는 자의 재정을 허가할 수 있음

02 기타 증거조사

1. 감정

의의	일정한 학식과 경험을 가진 제3자가 그 학식과 경험을 활용하여 얻은 판단을 법원·법관에 보고하는 것
감정의 절차	**구인**에 관한 규정을 제외하고는 증인신문에 관한 규정은 감정에 준용됨
감정처분	① 감정인이 감정에 관하여 필요한 때에 법원의 허가를 얻어 행하는 신체검사, 사체해부 등의 강제처분 ② 감정의 위촉을 받은 자는 감정처분을 하기 위하여 법원의 허가를 얻어야 함 ③ 감정처분허가장에는 피고인의 성명, 죄명, 들어갈 장소, 검사할 신체, 해부할 사체, 발굴할 분묘, 파괴할 물건, 감정인의 성명과 유효기간을 기재함
통역·번역	감정에 관한 규정은 통역과 번역에 준용됨

2. 검증

의의	법원 또는 법관이 오관의 작용에 의하여 물건이나 신체 등의 존재나 상태를 알아보는 증거조사 방법
내용	① 법원은 사실을 발견함에 필요한 때에는 검증을 할 수 있음 ② 법원의 검증은 증거조사의 일종으로 **영장 없이 이를 할 수 있음**(《주의》 수사기관·법원의 검증은 영장이 필요하다. ×) 14. 경찰간부 ③ 압수·수색에 대한 내용은 원칙적으로 검증에 준용됨 ④ 검증을 함에는 신체의 검사, 사체의 해부, 분묘의 발굴, 물건의 파괴 기타 필요한 처분을 할 수 있음
검증조서의 작성	① 검증 후에는 검증조서를 작성해야 함 ② 검증조서는 당연히 증거능력이 인정됨

제7절 공판절차의 특칙

01 간이공판절차

의의	피고인이 공판정에서 공소사실에 대하여 자백한 경우 일정한 요건을 전제로 심리를 신속하게 진행하는 공판절차(《주의》 공판준비절차 ×, 수사단계 ×) 14. 경찰간부, 14·18. 경찰채용, 17·18. 경찰승진
개시요건	① 간이공판절차는 제1심에서만 허용됨 14. 경찰간부·국가직 9급 ② 간이공판절차에 의하여 심판할 수 있는 범죄에는 제한이 없음 ➡ **단독판사 또는 합의부 사건 불문** 14. 경찰채용, 16. 경찰채용 ③ 실체적 경합범 중 일부를 자백했을 때, 자백한 범죄에 대해서만 간이공판절차에 의한 심판이 가능 ④ 피고인의 자백이 신빙할 수 있어야 하고, 기타 간이공판절차에 의할 것이 적당해야 함 17. 법원직 9급

		⑤ 간이공판절차 개시결정에 대해서는 불복할 수 없음
		⑥ 국민참여재판에서는 간이공판절차가 허용되지 않음 14·17. 국가직 9급
간이공판절차 개시		요건이 구비되면 법원은 그 공소사실에 대하여 간이공판절차에 의하여 심판할 것을 결정할 수 있음 14. 경찰채용, 15. 법원직 9급
증거조사의 특칙	증거조사절차의 간이화	① 간이공판절차에서는 정식의 증거조사에 의하지 아니하고 법원이 상당하다고 인정하는 방법으로 증거조사를 할 수 있음(《주의》 증거조사 생략 ×, 상당한 방법으로 판결선고 ×) 14. 국가직 9급 ② 간이공판절차에 적용되지 않는 규정 17. 국가직 9급 　㉠ 증인에 대한 교호신문 19. 경찰채용 　㉡ 재판장의 쟁점정리 후 증거조사 　㉢ 증거서류나 증거물의 개별적 지시·설명 　㉣ 증거조사의 순서 　㉤ 증거서류나 증거물 등에 대한 조사방식 　㉥ 증거조사 결과에 대하여 피고인의 의견을 묻는 것 　㉦ 증인신문·피고인신문 등에 있어 피고인이나 재정인을 퇴정시키는 것
	증거능력제한의 완화	① 간이공판절차에서는 전문증거에 대하여 당사자의 증거동의가 있는 것으로 간주함(원칙적으로 전문법칙 비적용). 다만, 검사, 피고인 또는 변호인의 이의가 있는 때에는 그렇지 않음 14. 변호사, 14·16. 경찰채용, 15·16. 법원직 9급, 17. 국가직 9급, 18. 경찰간부 ② 자백의 보강법칙이나 자백배제법칙이 그대로 적용이 되고 또한 공소장변경도 허용됨 14. 경찰간부·국가직 9급, 14·16. 경찰채용, 15. 법원직 9급
간이공판절차 취소		① 피고인의 자백이 신빙할 수 없다고 인정되거나 간이공판절차로 심판하는 것이 현저히 부당하다고 인정할 때에는 검사의 의견을 들어 그 결정을 취소해야 함 14. 국가직 9급, 15. 국가직 7급, 17·18. 경찰승진 ② 간이공판절차 결정이 취소된 때에는 원칙적으로 공판절차를 갱신해야 함. 다만, 검사·피고인·변호인이 이의가 없는 때에는 그렇지 않음 14. 경찰채용, 14·17. 법원직 9급, 18. 경찰승진

⚖ **판례 |**

1 간이공판절차의 요건인 '공소사실의 자백'의 의미 등

① 간이공판절차 결정의 요건인 **'공소사실의 자백'**이라 함은 공소장 기재사실을 인정하고 나아가 위법성이나 책임조각사유가 되는 사실을 진술하지 아니하는 것으로 충분하고 명시적으로 유죄를 자인하는 진술이 있어야 하는 것은 아니다(대판 1987.8.18., 87도1269). 15. 국가직 7급, 16·18. 경찰채용, 20. 국가직 9급·해경채용

② 피고인이 공소사실에 대하여 검사가 신문을 할 때에는 "공소사실을 모두 사실과 다름없다."고 진술하였으나, 변호인이 신문을 할 때에는 **범의나 공소사실을 부인하였다면**, 그 공소사실은 **간이공판절차에 의하여 심판할 대상이 아니다**(대판 1998.2.27., 97도3421). 14. 법원직 9급, 18. 경찰채용

③ 피고인은 변호인의 반대신문에 대하여 **"피고인으로서는 술에 너무 취해 무슨 행동을 하였는지조차 알 수 없다."**는 취지로 진술하고 있음을 알 수 있는바, 이는 결국 범의를 부인함과 동시에 범행 당시 심신상실 또는 심신미약의 상태에 있었다는 주장으로서 법률상 범죄의 성립을 조각하거나 형의 감면의 이유가 되는 사실의 진술에 해당하므로 **간이공판절차에 의하여 심판할 대상이 아니다**(대판 2004.7.9, 2004도2116 **그랜저 음주뺑소니 사건**). 16. 경찰채용, 17. 법원직 9급, 17·18. 경찰승진

2 간이공판절차에서의 증거조사방법

피고인이 공판정에서 공소사실을 자백한 때에 법원이 취하는 심판의 간이공판절차에서의 증거조사는 **증거방법을 표시하고 증거조사내용을 '증거조사함'이라고 표시**하는 방법으로 하였다면 간이절차에서의 증거조사에서 법원이 인정·채택한 상당한 증거방법이라고 인정할 수 있다(대판 1980.4.22, 80도333). 14. 법원직 9급, 20. 국가직 9급

3 간이공판절차와 전문증거에 대한 증거동의 간주

피고인이 제1심 법원에서 공소사실에 대하여 자백하여 제1심 법원이 이에 대하여 간이공판절차에 의하여 심판할 것을 결정하고, 이에 따라 제1심 법원이 제1심판결 명시의 **증거들을 증거로 함에 피고인 또는 변호인의 이의가 없어 형사소송법 제318조의3의 규정에 따라 증거능력이 있다고 보고 상당하다고 인정하는 방법으로 증거조사를 한 이상, 가사 항소심에 이르러 범행을 부인하였다고 하더라도 제1심 법원에서 증거로 할 수 있었던 증거는 항소법원에서도 증거로 할 수 있는 것**이므로 제1심 법원에서 이미 증거능력이 있었던 증거는 항소심에서도 증거능력이 그대로 유지되어 심판의 기초가 될 수 있고 다시 증거조사를 할 필요가 없다(대판 2005.3.11, 2004도8313). 16. 법원직 9급

02 공판절차 정지·갱신 등

공판절차의 정지	① 심리를 진행할 수 없는 일정한 사유가 있는 경우 법원의 결정으로 심리를 진행하지 않는 것 ② 사유 14. 국가직 7급, 15. 법원직 9급, 18. 경찰승진 　㉠ 심신상실 또는 질병 　㉡ 공소장변경 　㉢ 소송절차의 정지에 따른 공판절차의 정지(예 기피신청, 병합심리신청, 관할지정신청, 관할 　　이전신청, 재심청구의 경합, 위헌법률심판제청 등)
공판절차의 갱신	① 판결선고 이전에 법원이 이미 진행한 공판절차를 다시 처음부터 진행하는 것 ② 사유 14. 경찰채용·국가직 7급, 15·16. 법원직 9급, 16. 국가직 9급 　㉠ 판사의 경질. 다만, 판결만을 선고할 때에는 예외 　㉡ 국민참여재판에 있어 (예비)배심원의 교체 　㉢ 간이공판절차의 취소 　㉣ 심신상실로 인한 공판절차정지 후 재개(《주의》 질병으로 공판절차가 정지된 경우 그 정지사유가 　　소멸하면 공판절차를 갱신하여야 한다. ×)
변론의 분리·병합·재개	① 법원은 필요하다고 인정할 때에는 직권 또는 검사·피고인·변호인의 신청에 의하여 변론을 분리하거나 병합할 수 있음 ② 법원은 필요하다고 인정할 때에는 직권 또는 검사·피고인·변호인의 신청에 의하여 결정으로 종결한 변론을 재개할 수 있음

제8절 국민참여재판

01 의의 등

의의	① 국민참여재판이란 배심원이 참여하는 형사재판을 말함 ② 배심원이란 국민의 형사재판 참여에 관한 법률에 따라 형사재판에 참여하도록 선정된 사람을 말함
대상사건	① 법원조직법 제32조 제1항(제2호 및 제5호 제외)에 따른 **합의부 관할사건** 14. 경찰간부·법원직 9급 ② ①에 해당하는 사건의 **미수죄·교사죄·방조죄·예비죄·음모죄에 해당하는 사건** ③ ①②에 해당하는 사건과 형사소송법 제11조에 따른 **관련사건으로서 병합하여 심리하는 사건**
개시요건	① 국민참여재판의 요건 14·16. 경찰간부, 14. 법원직 9급 　㉠ **피고인이 국민참여재판을 원할 것** 　㉡ **법원에 의한 배제결정이 없을 것** ② 피고인의 의사확인 　㉠ 법원은 피고인에 대하여 국민참여재판을 원하는지 여부에 관한 의사를 서면 등의 방법으로 **반드시 확인해야 함** 14·15. 법원직 9급, 17·18. 경찰채용 　㉡ 피고인은 공소장부본을 송달받은 날부터 7일 이내에 국민참여재판을 원하는지 여부에 관한 의사가 기재된 서면을 제출해야 함 　㉢ 피고인이 의사확인 서면을 제출하지 아니한 때에는 국민참여재판을 원하지 아니하는 것으로 봄 　㉣ 피고인은 배제결정 또는 통상절차 회부결정이 있거나 공판준비기일이 종결되거나 제1회 공판기일이 열린 이후에는 종전의 의사를 바꿀 수 없음
배제결정	① 법원은 공소제기 후부터 공판준비기일이 종결된 다음날까지 국민참여재판을 하지 아니하기로 하는 배제결정을 할 수 있음(《주의》 공판준비기일이 종결된 날까지 ×) 15. 경찰채용, 17. 경찰승진 ② 배제결정의 사유 15·18. 경찰채용, 17. 국가직 7급 　㉠ 배심원 등이 출석의 어려움이 있거나 직무를 공정하게 수행하지 못할 염려가 있다고 인정되는 경우 　㉡ 공범 관계에 있는 피고인들 중 일부가 국민참여재판을 원하지 아니하여 국민참여재판의 진행에 어려움이 있다고 인정되는 경우 　㉢ 성폭력범죄 피해자 또는 법정대리인이 국민참여재판을 원하지 아니하는 경우 　㉣ 그 밖에 국민참여재판으로 진행하는 것이 적절하지 아니하다고 인정되는 경우 ③ 법원은 결정을 하기 전에 검사·피고인 또는 변호인의 의견을 들어야 하고, 이 결정에 대하여는 **즉시항고를 할 수 있음** 15. 경찰채용, 17. 국가직 9급
관할 등	① 국민참여재판은 제1심에 한하여 허용됨 ② 국민참여재판은 **지방법원본원 합의부가 관할함** ③ 국민참여재판에 관하여 변호인이 없는 때에는 법원은 **직권으로 변호인을 선정해야 함** 15. 경찰승진, 15·16. 법원직 9급, 16·18. 경찰간부, 18. 변호사 ④ 국민참여재판은 **간이공판절차에 의하여 심판할 수 없음** 14·17. 국가직 9급, 18. 변호사, 18·19. 경찰채용

절차의 변화	대상사건 ×	① 법원은 공소사실의 일부 철회 또는 변경으로 인하여 대상사건에 해당하지 아니하게 된 경우에도 국민참여재판을 계속 진행함. 다만, 법원은 결정으로 당해 사건을 지방법원 본원 합의부가 국민참여재판에 의하지 아니하고 심판하게 할 수 있음 14·16. 경찰간부, 15·17. 경찰채용, 16. 법원직 9급, 17. 국가직 9급 ② 이 결정에 대하여는 불복할 수 없음 ③ 배심원과 예비배심원은 해임된 것으로 봄. 결정 전에 행한 소송행위는 그 결정 이후에도 그 효력에 영향이 없음 15. 경찰채용
	통상절차 회부	① 법원은 직권 또는 검사·피고인 또는 변호인의 신청에 따라 결정으로 사건을 지방법원본원 합의부가 국민참여재판에 의하지 아니하고 심판하게 할 수 있음 ② 통상절차 회부결정의 사유 　㉠ 피고인의 질병 등으로 공판절차가 장기간 정지된 경우 　㉡ 피고인에 대한 구속기간이 만료된 경우 　㉢ 성폭력범죄 피해자 보호를 위해 필요한 경우 　㉣ 그 밖에 국민참여재판을 계속 진행하는 것이 부적절하다고 인정하는 경우 ③ 이 결정에 대하여는 불복할 수 없음 ④ 배심원과 예비배심원은 해임된 것으로 봄. 결정 전에 행한 소송행위는 그 결정 이후에도 그 효력에 영향이 없음

⚖ 판례 |

1 국민참여재판을 받을 권리가 헌법상 기본권인지의 여부(소극)

헌법상 헌법과 법률이 정한 법관에 의한 재판을 받을 권리라 함은 직업법관에 의한 재판을 주된 내용으로 하는 것이므로, **국민참여재판을 받을 권리는 헌법 제27조 제1항에서 규정한 재판을 받을 권리의 보호범위에 속한다고 볼 수 없다**(헌재 2015.7.30, 2014헌바447). 15. 국가직 7급, 16. 변호사·국가직 9급·경찰승진

2 2012.7.1. 이전에 공소제기된 재정합의사건이 국민참여재판의 대상사건에 포함되는지의 여부(소극)

2012.1.17. 법률 제11155호로 국민참여재판법이 개정되면서 제5조 제1항에서 합의부에서 심판하기로 하는 결정을 거친 사건도 국민참여재판의 대상사건에 포함되는 것으로 바뀌었으나, 위 법률 부칙에서 위 법률의 시행일인 2012.7.1. 후에 최초로 공소를 제기하는 사건부터 이를 적용하도록 명시하고 있으므로 **합의부에서 심판하기로 하는 결정을 거친 사건이라도 2012.7.1. 이전에 공소제기된 사건은 국민참여재판의 대상사건에 포함되지 않는다**(대판 2014.6.12, 2014도1894 **김선동 의원 최루탄 투척 사건**). 15. 경찰간부

3 피고인이 제1회 공판기일이 열리기 전까지 국민참여재판 신청을 할 수 있는지의 여부(적극)

공소장부본을 송달받은 날부터 7일 이내에 의사확인서를 제출하지 아니한 피고인도 제1회 공판기일이 열리기 전까지는 국민참여재판 신청을 할 수 있고 법원은 그 의사를 확인하여 국민참여재판으로 진행할 수 있다(대결 2009.10.23, 2009모1032 **유흥주점 종업원 강도상해 사건**). 14·20. 변호사, 15·18. 경찰간부, 16·20. 법원직 9급, 16. 국가직 9급, 17. 경찰채용

4 국민참여재판으로 진행하기로 하는 제1심 법원의 결정에 대하여 항고할 수 있는지의 여부(소극)

국민의 형사재판 참여에 관한 법률에 의하면 제1심 법원이 국민참여재판 대상사건을 피고인의 의사에 따라 국민참여재판으로 진행함에 있어 별도의 국민참여재판 개시결정을 할 필요는 없고, 그에 관한 이의가 있어 제1심 법원이 국민참여재판으로 진행하기로 하는 결정에 이른 경우 이는 판결 전의 소송절차에 관한 결정에 해당하며 그에 대하여 특별히 즉시항고를 허용하는 규정이 없으므로 위 결정에 대하여는 항고할 수 없다고 할 것이다(대결 2009.10.23, 2009모1032 **유흥주점 종업원 강도상해 사건**). 14·20. 국가직 9급, 16·18. 변호사, 21. 경찰간부

5 피고인의 국민참여재판을 받을 권리를 침해한 경우, 그 공판절차에서 이루어진 소송행위의 효력(무효)

① 국민참여재판 대상사건에 관하여 **제1심 법원이 피고인이 국민참여재판을 원하는지에 관한 의사의 확인 절차를 거치지 아니한 채 통상의 공판절차로 재판을 진행**하였다면, 이는 피고인의 국민참여재판을 받을 권리에 대한 중대한 침해로서 그 절차는 위법하고 이러한 **위법한 공판절차에서 이루어진 소송행위도 무효**라고 보아야 한다(대판 2012.9.13, 2012도7760). 15. 국가직 9급, 16. 법원직 9급, 20. 국가직 7급 · 변호사

② 피고인이 법원에 **국민참여재판을 신청하였음에도 불구하고 법원이 이에 대한 배제결정도 하지 않은 채 통상의 공판절차로 재판을 진행**하는 것은 피고인의 국민참여재판을 받을 권리 및 법원의 배제결정에 대한 항고권 등의 중대한 절차적 권리를 침해한 것으로서 위법하다 할 것이고, 이와 같이 위법한 공판절차에서 이루어진 소송행위는 무효라고 보아야 할 것이다(대판 2011.9.8, 2011도7106 **김천 다방아가씨 강간 사건**). 16 · 18. 변호사, 18. 경찰승진 · 경찰간부, 19. 경찰채용

6 피고인에게 국민참여재판 신청의 기회를 제공하지 않은 하자가 치유되기 위한 요건

피고인이 항소심에서 국민참여재판을 원하지 아니한다고 하면서 (국민참여재판의 대상사건임을 간과하여 피고인의 의사를 확인하지 아니한 채 통상의 공판절차로 재판을 진행한) 제1심의 절차적 위법을 문제삼지 아니할 의사를 명백히 표시하는 경우에는 그 하자가 치유되어 제1심 공판절차는 전체로서 적법하게 된다고 봄이 상당하지만, 제1심 공판절차의 하자가 치유된다고 보기 위해서는 피고인에게 국민참여재판절차 등에 관한 충분한 안내가 이루어지고 그 희망 여부에 관하여 숙고할 수 있는 상당한 시간이 사전에 부여되어야 할 것이다(대판 2012.6.14, 2011도15484 **대구 내연녀 갈취 · 감금 · 추행 사건**). 14 · 16. 법원직 9급, 15 · 18. 경찰간부, 16. 국가직 7급, 17 · 19. 경찰채용

02 배심원의 수 및 자격 등

권한과 의무		① 배심원은 사실의 인정, 법령의 적용 및 형의 양정에 관한 의견을 제시할 권한이 있음(《주의》 증거의 조사 ×, 판결의 선고 ×, 증거능력 심리 ×) 15. 국가직 7급 ② 배심원은 법령을 준수하고, 독립하여 성실히 직무를 수행해야 함
배심원의 수 등	배심원의 수	① 법정형이 사형 · 무기징역 또는 무기금고에 해당하는 사건의 경우는 **9인**의 배심원, 그 외의 사건에는 **7인**의 배심원 참여. 다만, 피고인이 공소사실의 주요내용을 인정한 때에는 **5인**의 배심원을 참여하게 할 수 있음 16. 경찰채용 ② 법원은 검사 · 피고인 또는 변호인의 동의가 있는 경우 배심원의 수를 7인과 9인 중에서 ①과 달리 정할 수 있음 16. 경찰채용
	예비배심원	① 배심원의 결원 등에 대비하여 **5인 이내**의 예비배심원을 둘 수 있음 17. 경찰채용 ② 배심원과 예비배심원은 (배심원만 평결 · 양형의견을 제시할 수 있다는 것을 제외한 나머지는) 그 권한의 차이가 없음
배심원의 자격 등		① 배심원은 만 20세 이상의 대한민국 국민 중에서 선정(《주의》 19세 이상 ×) 15. 법원직 9급, 16. 경찰채용, 18. 경찰승진 ② 결격 · 제외 · 제척은 **절대적 배제사유**이고, 면제는 **상대적 배제사유**임(면제할 수 있음)(《주의》 면제하여야 한다. ×)
	결격사유 14 · 17. 경찰승진, 15 · 16. 경찰채용, 15. 법원직 9급, 19. 경찰간부	① 피성년후견인 또는 피한정후견인 ② 파산자로서 복권되지 아니한 사람 ③ 금고 이상의 실형을 선고받고 그 집행이 종료되거나 집행이 면제된 후 5년을 경과하지 아니한 사람

		④ 금고 이상의 형의 집행유예를 선고받고 그 기간이 완료된 날부터 2년을 경과하지 아니한 사람 ⑤ 금고 이상의 형의 선고유예를 받고 그 선고유예기간 중에 있는 사람 ⑥ 법원의 판결에 의하여 자격이 상실 또는 정지된 사람
	제외사유 16. 경찰채용	① 대통령 ② 국회의원 · 지방자치단체의 장 및 지방의회의원 ③ 입법부 · 사법부 · 행정부 등의 정무직 공무원 ④ 법관 · 검사 · 변호사 · 법무사 ⑤ 법원 · 검찰 · 경찰 · 교정 · 보호관찰 공무원 ⑥ 군인 · 군무원 · 소방공무원 · 예비군
	제척사유 19. 경찰간부	① 피해자 ② 피고인 또는 피해자의 친족이나 이러한 관계에 있었던 사람 ③ 피고인 또는 피해자의 법정대리인 ④ 사건에 관한 증인 · 감정인 · 피해자의 대리인 ⑤ 사건에 관한 피고인의 대리인 · 변호인 · 보조인 ⑥ 사건에 관한 검사 또는 사법경찰관의 직무를 행한 사람 ⑦ 사건에 관하여 전심재판 또는 그 기초가 되는 조사 · 심리에 관여한 사람
	면제사유 14. 경찰승진, 19. 경찰간부	① 만 70세 이상인 사람 ② 과거 5년 이내에 배심원후보자로서 선정기일에 출석한 사람 ③ 금고 이상의 형에 해당하는 죄로 기소되어 사건이 종결되지 아니한 사람 ④ 법령에 따라 체포 또는 구금되어 있는 사람 ⑤ 배심원 직무의 수행이 자신이나 제3자에게 위해를 초래하거나 직업상 회복할 수 없는 손해를 입게 될 우려가 있는 사람 ⑥ 중병 · 상해 또는 장애로 인하여 법원에 출석하기 곤란한 사람 ⑦ 그 밖의 부득이한 사유로 배심원 직무를 수행하기 어려운 사람

03 배심원의 선정 및 해임 등

배심원후보자 출석통지 등	① 지방법원장은 매년 주민등록자료를 활용하여 배심원후보예정자명부를 작성함(《주의》 법무부장관 ×) ② 법원은 배심원후보예정자명부 중에서 필요한 수의 배심원후보자를 무작위 추출 방식으로 정하여 배심원과 예비배심원의 선정기일을 통지함
배심원 선정기일	① 법원은 검사 · 피고인 또는 변호인에게 선정기일을 통지해야 함 ② 검사와 변호인은 선정기일에 출석해야 하며, **피고인은 법원의 허가를 받아 출석할 수 있음** ③ 변호인이 선정기일에 출석하지 아니한 경우 법원은 국선변호인을 선정함

| 배심원
선정·불선정 | ① 법원은 당해 재판에서 필요한 배심원과 예비배심원의 수에 해당하는 배심원후보자를 무작위로 뽑고 이들을 대상으로 직권, 기피신청 또는 무이유부 기피신청에 따른 불선정결정을 함. 불선정결정이 있는 경우에는 그 수만큼 절차를 반복함
② 직권 또는 이유부 기피신청에 의한 불선정
　㉠ 법원은 배심원후보자에게 질문을 할 수 있음. 검사·피고인 또는 변호인은 법원으로 하여금 필요한 질문을 하도록 요청할 수 있고, 법원은 검사 또는 변호인으로 하여금 직접 질문하게 할 수 있음
　㉡ 법원은 배심원후보자가 결격·제외·제척·면제 사유에 해당하거나 불공평한 판단을 할 우려가 있다고 인정되는 때에는, 직권 또는 검사·피고인·변호인의 기피신청에 따라 당해 배심원후보자에 대하여 불선정결정을 해야 함
　㉢ 이유부 기피신청이 있더라도 법원은 배심원으로 선정할 수도 있고, 선정하지 않을 수도 있음
　㉣ 기피신청 기각결정에 대하여는 즉시 이의신청을 할 수 있고, 이의신청에 대한 결정에 대하여는 불복할 수 없음
③ 무이유부 기피신청에 의한 불선정
　㉠ **검사와 변호인은** 각자 배심원이 **9인인 경우에는 5인**, 배심원이 **7인인 경우에는 4인**, 배심원이 **5인인 경우에는 3인**의 범위 내에서 배심원후보자에 대하여 이유를 제시하지 아니하는 기피신청을 할 수 있음 17. 경찰승진·국가직 9급, 18. 경찰채용
　㉡ **무이유부 기피신청이 있는 때에는** 법원은 당해 배심원후보자를 **배심원으로 선정할 수 없음** 16. 경찰채용
④ 필요한 수의 배심원과 예비배심원 후보자가 확정되면 법원은 무작위의 방법으로 배심원과 예비배심원을 선정함 |

04 국민참여재판의 절차

공판준비절차	① 재판장은 피고인이 국민참여재판을 원하는 의사를 표시한 경우 배제결정을 하는 경우를 제외하고는 사건을 **공판준비절차에 부쳐야 함** 14. 국가직 7급, 15. 경찰채용, 17. 국가직 9급·법원직 9급 ② 법원은 주장과 증거를 정리하고 심리계획을 수립하기 위하여 공판준비기일을 지정해야 함. 공판준비기일은 원칙적으로 공개함 18. 변호사 ③ 공판준비기일에는 배심원이 참여하지 않음 18. 변호사
배심원의 권한	① 배심원과 예비배심원이 할 수 있는 행위 　㉠ 피고인·증인에 대하여 필요한 사항을 신문하여 줄 것을 재판장에게 요청하는 행위 　㉡ 필요하다고 인정되는 경우 재판장의 허가를 받아 각자 필기를 하여 이를 평의에 사용하는 행위 ② 배심원과 예비배심원이 할 수 없는 행위 　㉠ 심리 도중에 법정을 떠나거나 평의·평결 또는 토의가 완결되기 전에 재판장의 허락 없이 평의·평결 또는 토의 장소를 떠나는 행위 　㉡ 평의가 시작되기 전에 당해 사건에 관한 자신의 견해를 밝히거나 의논하는 행위 　㉢ 재판절차 외에서 당해 사건에 관한 정보를 수집하거나 조사하는 행위 　㉣ 평의·평결 또는 토의에 관한 비밀을 누설하는 행위 ③ 배심원과 예비배심원은 법률에 따라 공정하게 그 직무를 수행할 것을 다짐하는 취지의 선서를 해야 함

	④ 재판장은 배심원과 예비배심원에 대하여 배심원과 예비배심원의 권한·의무·재판절차 그 밖에 직무수행을 원활히 하는 데 필요한 사항을 설명해야 함 ⑤ 배심원 또는 예비배심원은 법원의 **증거능력에 관한 심리에 관여할 수 없음** 14. 국가직 9급, 17·18. 경찰승진, 17. 법원직 9급
평결 및 의견	① 심리에 관여한 배심원은 유·무죄에 관하여 평의하고, 전원의 의견이 일치하면 그에 따라 평결함. 배심원 과반수의 요청이 있으면 심리에 관여한 **판사의 의견을 들을 수 있음** 17. 국가직 9급 ② 전원의 의견이 일치하지 아니하는 때에는 평결 전에 심리에 관여한 판사의 의견을 듣고, 다수결의 방법으로 유·무죄의 평결을 함 14. 국가직 7급, 15. 법원직 9급, 17·19. 경찰채용, 18. 경찰승진 ③ 평결이 유죄인 경우 배심원은 심리에 관여한 판사와 함께 양형에 관하여 토의하고 그에 관한 의견을 개진함 ④ 평결과 의견은 법원을 기속하지 아니함(**《주의** 법원을 기속한다. ×) 17. 법원직 9급
판결의 선고 등	① 재판장은 판결선고시 피고인에게 배심원의 평결결과를 고지해야 하며, **배심원의 평결결과와 다른 판결을 선고**하는 때에는 **피고인에게 그 이유를 설명해야 함** 17. 법원직 9급 ② 판결서에는 배심원이 재판에 참여하였다는 취지를 기재해야 하고, 배심원의 의견을 기재할 수 있음. 배심원의 평결결과와 다른 판결을 선고하는 때에는 판결서에 그 이유를 기재해야 함(**《주의** 판결서에 이유를 기재할 수 있다. ×) 17. 경찰채용

⚖ 판례 |

1 재판장이 배심원과 예비배심원에게 최초로 설명할 대상에 검사가 아직 공소장에 의하여 낭독하지 아니한 공소사실 등이 포함되는지의 여부(원칙적 소극)

국민참여재판법은 제42조 제2항은 재판장의 공판기일에서의 최초 설명의무를 규정하고 있는데, 이러한 재판장의 최초 설명은 재판절차에 익숙하지 아니한 배심원과 예비배심원을 배려하는 차원에서 국민참여재판규칙 제35조 제1항에 따라 피고인에게 진술거부권을 고지하기 전에 이루어지는 것으로 **원칙적으로 설명의 대상에 검사가 아직 공소장에 의하여 낭독하지 아니한 공소사실 등이 포함된다고 볼 수 없다**(대판 2014.11.13, 2014도8377 **미흡했던 설명 사건**). 15. 경찰채용, 16. 국가직 9급

2 배심원이 만장일치의 의견으로 내린 무죄평결이 제1심 재판부의 심증에 부합하여 그대로 채택된 경우, 제1심의 판단을 항소심이 뒤집을 수 있는지의 여부(원칙적 소극)

배심원이 사실의 인정에 관하여 재판부에 제시하는 집단적 의견은 실질적 직접심리주의 및 공판중심주의하에서 증거의 취사와 사실의 인정에 관한 전권을 가지는 사실심 법관의 판단을 돕기 위한 권고적 효력을 가지는 것인바, **배심원이 증인신문 등 사실심리의 전 과정에 함께 참여한 후 증인이 한 진술의 신빙성 등 증거의 취사와 사실의 인정에 관하여 만장일치의 의견으로 내린 무죄의 평결이 재판부의 심증에 부합하여 그대로 채택된 경우**라면, 이러한 절차를 거쳐 이루어진 증거의 취사 및 사실의 인정에 관한 제1심의 판단은 실질적 직접심리주의 및 공판중심주의의 취지와 정신에 비추어 **항소심에서의 새로운 증거조사를 통해 그에 명백히 반대되는 충분하고도 납득할 만한 현저한 사정이 나타나지 않는 한 한층 더 존중될 필요가 있다**(대판 2010.3.25, 2009도14065 **원조교제 빌미 금목걸이 강취 사건**). 15·19. 경찰간부

제3장 재판

제1절 재판의 기본개념

01 재판의 의의와 종류

의의	협의로는 피고사건의 실체에 대한 법원의 공권적 판단, 즉 유무죄 판결을 말하고, 광의로는 법원·법관의 법률행위적 소송행위를 총칭함	
종류	기능	① 종국재판 　㉠ 당해 심급을 종결시키는 재판 　㉡ 유죄판결, 무죄판결, 면소판결, 공소기각판결, 공소기각결정 등 ② 종국 전 재판 　㉠ 종국재판에 이르기까지의 절차에 관한 재판 　㉡ 기피신청기각결정, 구속취소결정, 구속집행정지결정 등
	형식	① 판결 　㉠ 법원이 하는 종국재판의 원칙적 형식 　㉡ 원칙적으로 **구두변론에 의거하여야 하고 이유를 명시해야 함** 15. 경찰간부 　㉢ 상소는 항소와 상고 ② 결정 　㉠ 법원이 하는 종국전 재판의 원칙적인 형식 　㉡ **구두변론에 의거하지 아니할 수 있음.** 상소를 불허하는 결정을 제외하고는 이유를 명시해야 함 14. 국가직 9급, 15. 경찰간부 　㉢ 상소는 항고 ③ 명령 　㉠ 재판장·수명법관·수탁판사가 하는 재판의 형식 　㉡ 구두변론에 의거하지 아니할 수 있고 이유를 명시하지 않아도 됨 　㉢ 명령에 대한 상소방법은 없음 　㉣ 약식명령은 '명령'이라는 명칭에도 불구하고 독립된 재판의 형식임
	내용	① 실체재판 　㉠ 사건의 실체, 즉 실체적 법률관계를 판단하는 재판 　㉡ 유죄판결과 무죄판결 ② 형식재판 　㉠ 사건의 실체가 아닌 절차적·형식적 법률관계를 판단하는 재판 　㉡ 면소판결, 관할위반판결, 공소기각판결, 공소기각결정 등

02 재판의 성립 등

1. 재판의 성립

내부적 성립	① 재판의 의사표시적 내용이 당해 사건의 심리에 관여한 재판기관의 내부에서 결정되는 것 ② 합의부의 재판은 그 구성원인 법관의 합의시에 내부적으로 성립하고, 단독판사의 재판은 재판서 작성시에 내부적으로 성립함 ③ 재판의 내부적 성립이 있은 후에는 법관이 경질되어도 공판절차를 갱신할 필요가 없음
외부적 성립	① 재판의 의사표시적 내용이 재판을 받는 자에게 인식될 수 있는 상태에 이른 것 ② 재판은 선고 또는 고지에 의하여 외부적으로 성립함 ③ 종국재판이 외부적으로 성립한 때에는 그 재판을 한 법원도 이를 취소·변경할 수 없는 구속력이 발생함

2. 판결선고와 재판서 작성 등

판결의 선고 등	① 판결의 선고 　㉠ 판결의 선고는 **변론을 종결한 기일에** 하여야 함. 다만, 특별한 사정이 있는 때에는 따로 선고기일을 지정할 수 있음(《주의》 익일선고가 원칙이다. ×) 　㉡ 특별한 사정이 있어 따로 선고기일을 지정할 경우, 판결선고기일은 변론종결 후 **14일 이내**로 지정되어야 함 15. 경찰간부 ② 판결서의 작성: 변론을 종결한 기일에 판결을 선고하는 경우에는 선고 후 **5일 내**에 판결서를 작성하여야 함
판결선고 기간	① 일반사건 ➡ 소송촉진법에 규정(《주의》 형사소송법에 규정 ×) 　㉠ 판결의 선고는 제1심에서는 공소가 제기된 날로부터 **6월 이내**에, 제2심 및 제3심에서는 기록의 송부를 받은 날로부터 각 **4월 이내**에 해야 함 17. 경찰간부 　㉡ 약식명령은 그 청구가 있는 날로부터 **14일 이내**에 해야 함 ② 선거범과 공범사건: 선거범과 그 공범에 관한 사건에서 판결의 선고는 제1심에서는 공소가 제기된 날부터 6월 이내에, 제2심 및 제3심에서는 전심의 판결의 선고가 있은 날부터 각 3월 이내에 반드시 하여야 함
재판의 구성과 방식	① 재판은 주문과 이유로 구성됨 ② 재판은 법관이 작성한 재판서에 의하여야 함. 다만, 결정 또는 명령을 고지하는 경우에는 재판서를 작성하지 아니하고 조서에만 기재하여 할 수 있음 ③ 재판서에는 재판한 법관이 서명·날인하여야 함. 다만, 판결서와 영장(감정유치장 및 감정처분허가장 포함)을 제외한 재판서에 대하여는 기명·날인으로 갈음할 수 있음
재판서 기재요건	① 재판서에는 법률에 다른 규정이 없으면 재판을 받는 자의 성명·연령·직업과 주거를 기재해야 함. 재판을 받는 자가 법인인 때에는 그 명칭과 사무소를 기재해야 함 ② 판결서에는 기소한 검사와 공판에 관여한 검사의 관직·성명과 변호인의 성명을 기재해야 함

재판서의
송부
	① 검사에 대한 송부: 검사의 집행지휘를 요하는 재판은 재판서 등은 재판의 선고 또는 고지한 때로부터 10일 이내에 검사에게 송부해야 함
	② 피고인에 대한 송달
	    ⊙ 법원은 피고인에 대하여 판결을 선고한 때에는 선고일로부터 7일 이내에 피고인에게 그 판결서등본을 송달해야 함(《주의》 14일 ×)
	    ⓒ 불구속 피고인과 제331조의 규정에 의하여 구속영장의 효력이 상실된 구속 피고인에 대하여는 피고인이 송달을 **신청**하는 경우에 한하여 판결서등본을 송달함(《주의》 직권 또는 신청 ×)

재판서의 경정	① 재판서에 잘못된 계산이나 기재, 그 밖에 이와 비슷한 잘못이 있음이 분명할 때에는 법원은 **직권** 또는 **신청**에 따라 경정결정을 할 수 있음 ② 경정결정에 대하여는 즉시항고를 할 수 있음. 다만, 재판에 대하여 적법한 상소가 있는 때에는 그렇지 않음 ③ 법원은 재판서에 잘못된 계산이나 기재, 그 밖에 이와 비슷한 잘못이 있음이 분명한 때에는 경정결정을 통하여 위와 같은 재판서의 잘못을 바로잡을 수 있다(규칙 제25조 제1항). 그러나 **이미 선고된 판결의 내용을 실질적으로 변경하는 것은 위 규정에서 예정하고 있는 경정의 범위를 벗어나는 것으로서 허용되지 않는다.** 그리고 경정결정은 이를 주문에 기재하여야 하고, 판결 이유에만 기재한 경우 경정결정이 이루어졌다고 할 수 없다(대판 2021.4.29, 2021도26 3개 범죄만 누범 사건) (同旨 대판 2021.1.28, 2017도18536).

⚖️**판례 | 법관의 서명·날인이 없는 재판서의 효력**

1 형사소송법 제38조의 규정에 의하면 재판은 법관이 작성한 재판서에 의하여야 하고, 같은 법 제41조의 규정에 의하면 재판서에는 재판한 법관이 서명·날인을 하여야 하며 재판장이 서명·날인 할 수 없는 때에는 다른 법관이 그 사유를 부기하고 서명·날인하도록 되어 있으므로, 이러한 **법관의 서명·날인이 없는 재판서에 의한 판결은 형사소송법 제383조 제1호 소정의 판결에 영향을 미친 법률위반으로서 파기사유가 된다**(대판 1990.2.27, 90도145). 21. 법원직 9급

2 재판관의 서명·날인이 없는 재판서에 의한 판결은 **군사법원법 제442조 제1호가 정한 판결에 영향을 미친 법률의 위반이 있는 때에 해당하여** 파기되어야 한다. 이는 서명한 재판관의 인영이 아닌 다른 재판관의 인영이 날인되어 있는 경우에도 마찬가지이다(대판 2021.4.29, 2021도2650 **군판사 엉뚱한 날인사건**).

3 형사소송법 제38조에 따르면 재판은 법관이 작성한 재판서에 의하여야 하고, 제41조에 따르면 재판서에는 재판한 법관이 서명·날인하여야 하며, **재판장이** 서명·날인할 수 없는 때에는 다른 법관이 그 사유를 부기하고 서명·날인하여야 한다. 이러한 **법관의 서명·날인이 없는 재판서에 의한 판결은** 형사소송법 제383조 제1호가 정한 '**판결에 영향을 미친 법률의 위반이 있는 때'에 해당하여 파기되어야 한다**(대판 2022.7.14, 2022도5129 **공인중개사법위반 벌금형 분리선고 사건**).

4 형사소송법 제38조에 따르면 재판은 법관이 작성한 재판서에 의하여야 하고, 제41조에 따르면 재판서에는 재판한 법관이 서명·날인하여야 하며, **재판장 외의 법관이** 서명·날인할 수 없는 때에는 재판장이 그 사유를 부기하고 서명·날인하여야 한다. **법관이 서명·날인을 하지 않은 재판서에 따른 판결은** 형사소송법 제383조 제1호가 정한 '**판결에 영향을 미친 법률의 위반이 있는 때'에 해당하여 파기되어야 한다**(대판 2022.3.17, 2021도17427 **합의부원 날인 누락사건**).

☑ SUMMARY | 종국재판의 사유

구분	사유
유죄판결(제321조)	범죄의 증명이 있는 때
무죄판결 (제325조)	① 피고사건이 범죄로 되지 않는 때 ② 범죄사실의 증명이 없는 때
면소판결 (제326조)	① 확정판결이 있는 때 ② 일반사면이 있은 때(《주의》 특별사면 ×) ③ 공소시효가 완성되었을 때 ④ 범죄 후의 법령개폐로 형이 폐지되었을 때
관할위반판결(제319조)	피고사건이 법원의 관할에 속하지 아니한 때
공소기각판결 (제327조)	① 피고인에 대하여 재판권이 없는 때 ② 공소제기의 절차가 법률의 규정에 위반하여 무효인 때 ③ 공소가 제기된 사건에 대하여 다시 공소가 제기되었을 때(이중기소) ④ 제329조의 규정에 위반하여 공소가 제기되었을 때 ⑤ 친고죄에 있어 고소의 취소가 있은 때 ⑥ 반의사불벌죄에 있어 처벌을 희망하지 아니하는 의사표시가 있거나 처벌을 희망하는 의사표시가 철회되었을 때
공소기각결정 (제328조 제1항)	① 제12조 또는 제13조의 규정에 의하여 재판할 수 없는 때(관할의 경합) ② 공소장에 기재된 사실이 진실하다 하더라도 범죄가 될 만한 사실이 포함되지 아니하는 때 ③ 공소가 취소되었을 때 ④ 피고인이 사망하거나 피고인인 법인이 존속하지 아니하게 되었을 때

01 유죄판결

의의	피고사건에 대하여 **범죄의 증명이 있는 때에 선고**하는 실체재판

형의 선고	① 형을 선고하는 경우
	  ㉠ 피고사건에 대하여 범죄의 증명이 있는 때에는 형의 면제 또는 선고유예의 경우 외에는 판결로써 형을 선고해야 함
	  ㉡ 형의 집행유예, 노역장의 유치기간, 재산형의 가납판결은 형의 선고와 동시에 판결로써 선고함
	② 형을 선고하지 않는 경우
	  ㉠ 피고사건에 대하여 범죄의 증명이 있지만 형을 선고하지 않는 경우로는 **형의 면제**와 **선고유예**가 있음
	  ㉡ 형의 면제 또는 선고유예를 하는 때에도 판결로써 선고해야 함(《주의》 결정으로 선고해야 함 ×)

유죄판결에 명시할 이유	① 형의 선고를 하는 때에는 판결이유에 **범죄될 사실·증거의 요지**와 **법령의 적용**을 명시해야 함 ② 법률상 범죄의 성립을 조각하는 이유 또는 형의 가중·감면의 이유되는 **사실의 진술이 있은 때에는 이에 대한 판단**을 명시해야 함

판례 |

1 유죄판결을 선고하면서 판결이유에 명시하여야 할 내용을 누락한 경우 파기사유가 되는지의 여부(적극)

형사소송법 제323조 제1항에 따르면 유죄판결의 판결이유에는 범죄사실, 증거의 요지와 법령의 적용을 명시하여야 하는 것인바, **유죄판결을 선고하면서 판결이유에 이 중 어느 하나를 전부 누락한 경우**에는 형사소송법 제383조 제1호에 정한 **판결에 영향을 미친 법률 위반**으로서 파기사유가 된다(대판 2014.6.26, 2013도 13673). 15. 국가직 9급, 16. 경찰간부, 17. 경찰승진, 18. 법원직 9급

2 양형의 조건이 되는 사유를 유죄판결 이유에 명시할 필요가 있는지의 여부(소극)

형사소송법 제39조가 **재판에 이유를 명시하라는 취지**는 처단형을 정할 때에 그 **양형의 조건이 되는 사유까지를 설시하라는 취지가 아니다**(대판 1975.10.25, 75도2580). 15. 국가직 9급

3 유죄판결 이유 관련 판례(범죄될 사실)

① 교사범, 방조범의 범죄사실 적시에 있어서는 그 **전제요건이 되는** 정범의 범죄구성 요건이 되는 사실 전부를 적시하여야 하고, 이 기재가 없는 교사범, 방조범의 사실 적시는 죄가 되는 사실의 적시라고 할 수 없다(대판 1981.11.24, 81도2422 **딸의 부탁으로 사건**). 20. 국가직 9급

② 포괄일죄에 있어서는 그 일죄의 일부를 구성하는 개개의 행위에 대하여 구체적으로 특정되지 아니하더라도 그 전체범행의 시기와 종기, 범행방법, 범행회수 또는 피해액의 합계 및 피해자나 상대방을 명시하면 이로써 그 범죄사실은 특정되는 것이다(대판 1995.2.17, 94도3297 **극동산업 대표 횡령 사건**).

③ 상해사실의 인정에 있어 상해의 부위와 정도가 증거에 의하여 명백히 확정되어야 하고 상해부위의 판시 없는 상해죄의 인정은 위법하다(대판 2002.11.8, 2002도5016).

④ 공모공동정범에 있어서의 공모나 모의는 '범죄될 사실'에 해당하므로 법원이 공모나 모의 사실을 인정하는 이상 당해 공모나 모의가 이루어진 일시, 장소 또는 실행방법, 각자 행위의 분담, 역할 등을 구체적으로 상세하게 판시할 것까지는 없더라도 적어도 공모나 모의가 성립되었다는 정도는 판결이유에서 밝혀야 한다(대판 1989.6.27, 88도2381). 14. 국가직 7급

4 유죄판결 이유 관련 판례(증거의 요지)

① '증거의 요지'는 어느 증거의 어느 부분에 의하여 범죄사실을 인정하였느냐 하는 이유 설명까지 할 필요는 없지만, 적어도 어떤 증거에 의하여 어떤 범죄사실을 인정하였는가를 알아볼 정도로 증거의 중요 부분을 표시하여야 한다(대판 2010.2.11, 2009도2338 **겉보리색소 사건**). 14·17. 국가직 7급, 16. 경찰간부, 17. 경찰승진

② 유죄판결의 증거는 범죄될 사실을 증명할 적극적 증거를 거시하면 되므로 **범죄사실에 배치되는 증거들에 관하여 배척한다는 취지의 판단이나 이유를 설시하지 아니하여도 잘못이라 할 수 없다**(대판 1986.10.14, 86도1606). 17. 경찰승진

③ **사실인정에 배치되는 증거에 대한 판단을 반드시 판결이유에 기재하여야 하는 것은 아니므로** 피고인이 알리바이를 내세우는 증인들의 증언에 관한 판단을 하지 아니하였다 하여 위법이라 할 수 없다(대판 1982.9.28, 82도1798). 15. 국가직 9급, 16. 경찰간부

5 유죄판결 이유 관련 판례(당사자 주장에 대한 판단)

① '법률상 범죄의 성립을 조각하는 이유되는 사실'의 주장이라 함은 **범죄구성요건 이외의 사실로서 법률상 범죄의 성립을 조각하는 이유되는 사실상의 주장**을 말하는 것이므로 '단순히 범죄사실을 부인함'과 같은 것은 이에 해당하지 않는다(대판 1982.6.22, 82도409).

② '형의 가중, 감면의 이유되는 사실'이란 형의 필요적 가중·감면의 이유되는 사실을 말하고 형의 감면이 법원의 재량에 맡겨진 경우, 즉 임의적 감면사유는 이에 해당하지 않는다(대판 2017.11.9, 2017도 14769 **피해를 모두 변제하였다 사건**). 18. 법원직 9급

③ 피고인이 자수하였다 하더라도 **자수한 자에 대하여는 법원이 임의로 형을 감경할 수 있음에 불과**한 것으로서 원심이 자수감경을 하지 아니하였다거나 자수감경 주장에 대하여 판단을 하지 아니하였다 하여 위법하다고 할 수 없다(대판 2011.12.22, 2011도12041). 14. 국가직 7급, 17. 국가직 9급, 18. 법원직 9급

6 당사자 주장에 대한 판단을 판결이유에 명시해야 하는 경우 I

① 피고인이 "통행로가 육로에 해당한다고 하여도 피고인의 행위는 정당방위, 정당행위에 해당한다."라고 주장한 경우(대판 2007.2.22, 2006도8750) ➡ 교통방해죄
② 피고인이 "폐업신고서를 작성·행사한 행위는 사회상규에 위배되지 않는 정당한 행위이다."라고 주장한 경우(대판 1992.12.22, 92도2047) ➡ 사문서위조 및 동행사죄

7 당사자 주장에 대한 판단을 판결이유에 명시할 필요가 없는 경우 I

① 피고인이 **"사기의 의사가 없었다."**라고 주장한 경우(대판 1983.10.11, 83도2281) ➡ 사기죄
② 피고인이 "소유권보존등기는 실체적 권리관계에 부합하는 유효한 등기이다."라고 주장한 경우(대판 1997.7.11, 97도1180) ➡ 공정증서원본실기재죄 14. 국가직 7급, 16. 경찰간부, 17. 경찰승진

8 당사자 주장에 대한 판단을 판결이유에 명시해야 하는 경우 II

① 피고인이 법정 진술과 항소이유서를 통하여 "범행 당시 술에 만취하였기 때문에 **전혀 기억이 없다.**"는 취지로 진술한 경우(대판 1990.2.13, 89도2364) ➡ 폭력행위처벌법 위반
② 피고인의 변호인이 항소이유서에서 "피고인이 감당하기 어려울 정도로 만취되어 거의 의식불명이 된 상태에서 범행을 저지른 것이다."라고 주장한 경우(대판 1984.9.11, 84도1387) ➡ 폭력행위처벌법 위반

9 당사자 주장에 대한 판단을 판결이유에 명시할 필요가 없는 경우 II

① 피고인의 항소이유서에 "범행직전에 **친구들과 소주를 약 7병을 먹고 있었다.**"고 진술한 경우(대판 1990.4.24, 90도434) ➡ 강간치상죄 등
② 피고인이 "피해자와 같이 포장마차에 술 마시러 간 것은 기억하지만 **칼을 집어던진 일은 술에 취해 기억이 없다.**"라고 진술한 경우. 다만, 피고인은 포장마차를 나와 근처 다방후문 앞 노상에서 **피해자의 얼굴 등을 때려 상처를 입힌 사실은 소상히 기억하여 그대로 시인하고 있음**(대판 1988.9.13, 88도1284) ➡ 폭력행위처벌법 위반

02 무죄판결

의의	피고사건에 대하여 형벌권의 부존재를 확인하는 판결
사유	① 피고사건이 **범죄로 되지 아니하거나 범죄사실의 증명이 없는 때**에는 판결로써 무죄를 선고해야 함 ② 무죄판결의 사유가 아닌 것 　㉠ 범죄 후 법령개폐로 형이 폐지된 경우 ➡ 면소판결의 사유 　㉡ 범죄 후 법률의 변경에 의하여 그 행위가 범죄를 구성하지 아니하는 경우 ➡ 면소판결의 사유 　㉢ 공소장에 기재된 사실이 진실하다 하더라도 범죄가 될 만한 사실이 포함되지 아니하는 경우 ➡ 공소기각결정의 사유
비용보상	① 국가는 무죄판결이 확정된 경우에는 당해 사건의 피고인이었던 자에 대하여 그 재판에 소요된 비용을 보상해야 함 15. 경찰간부 ② 비용보상은 피고인이었던 자의 청구에 따라 무죄판결을 선고한 법원의 합의부에서 결정으로 함 ③ 청구는 무죄판결이 확정된 사실을 안 날부터 3년, 무죄판결이 확정된 때부터 5년 이내에 하여야 함

⚖️판례 | 기소된 사건의 적용 법령이 헌법재판소의 위헌결정으로 소급적으로 실효된 경우, 위 사건에 대하여 행할 재판(= 무죄판결)

1 위헌결정으로 인하여 형벌에 관한 법률 또는 법률조항이 소급하여 그 효력을 상실한 경우에는 당해 조항을 적용하여 공소가 제기된 피고사건은 범죄로 되지 아니한 때에 해당한다고 할 것이어서 법원은 그 피고사건에 대하여 형사소송법 제325조 전단에 따라 무죄를 선고하여야 한다(대판 2011.9.29, 2009도12515). 16·17. 변호사, 16·20. 법원직 9급, 18. 국가직 9급, 19. 경찰채용

2 형벌에 관한 법령이 폐지되었다 하더라도 그 '폐지'가 당초부터 헌법에 위반되어 효력이 없는 법령에 대한 것이었다면 그 피고사건은 형사소송법 제325조 전단이 규정하는 '범죄로 되지 아니한 때'의 무죄사유에 해당하는 것이지 형사소송법 제326조 제4호 소정의 면소사유에 해당한다고 할 수 없다(대판 2013.7.11, 2011도14044 **긴급조치 제1호 · 제4호 위반 사건**). 14. 국가직 7급·법원직 9급, 16. 국가직 9급

3 **헌법불합치결정**에 의하여 헌법에 합치되지 아니한다고 선언되고 그 결정에서 정한 개정시한까지 법률 개정이 이루어지지 않은 경우, 그 법률조항은 소급하여 효력을 상실하고 법원은 피고사건에 대하여 형사소송법 제325조 전단에 따라 **무죄를 선고하여야 한다**[대판 2011.6.23, 2008도7562(전합)]. 14. 국가직 7급, 20. 국가직 9급

03 면소판결

의의	실체적 소송조건이 결여된 경우에 선고하는 종국재판이자 형식재판
사유	① 확정판결이 있은 때 ② 일반사면이 있은 때 ③ 공소의 시효가 완성되었을 때 14. 경찰승진·경찰간부, 15·18. 법원직 9급 ④ 범죄 후의 법령개폐로 형이 폐지되었을 때 14. 국가직 9급, 18. 경찰승진

⚖️판례 |

1 **기판력(일사부재리효력)과 면소판결**

형사소송법 제326조 제1호는 '확정판결이 있는 때'를 면소사유로 규정하고 있으므로 **확정판결이 있는 사건과 동일사건에 대하여 공소가 제기된 경우에는 판결로써 면소의 선고를 하여야 한다**(대판 2014.1.16, 2013도11649).

2 **면소판결의 사유가 되는 '사면'의 의미(= 일반사면)**

① 면소판결 사유인 형사소송법 제326조 제2호의 '사면이 있는 때'에서 말하는 **'사면'이란 일반사면을 의미할 뿐 형을 선고받아 확정된 자를 상대로 이루어지는 특별사면은 여기에 해당하지 않으므로**, 재심대상판결 확정 후에 형선고의 효력을 상실케 하는 특별사면이 있었다고 하더라도 재심심판절차를 진행하는 법원은 실체에 관한 유·무죄 등의 판단을 해야지 특별사면이 있음을 들어 면소판결을 하여서는 아니된다[대판 2015.5.21, 2011도1932(전합) **윤필용 연루 사건**]. 16·17. 변호사, 17·18. 경찰채용, 18. 국가직 7급, 21. 경찰간부

② [1] 형사소송법 제326조 제2호 소정의 면소판결의 **'사유인 사면이 있을 때'란 일반사면이 있을 때를 말하는 것인데** [2] 피고인은 1998.3.13. '부정수표단속법 위반죄로 징역 6월, 집행유예 2년의 선고를 받은 형의 언도의 효력을 상실케 하는 특별사면'을 받았음을 알 수 있으므로, 위 특별사면 이전에 저지른 것으로 공소제기된 부정수표단속법 위반의 점에 대한 공소사실은 면소판결의 대상에 해당하지 아니한다(대판 2000.2.11, 99도2983). 16. 법원직 9급

3 면소판결의 사유

① **위계간음죄**를 규정한 형법 제304조의 삭제는 법률이념의 변천에 따라 과거에 범죄로 본 음행의 상습없는 부녀에 대한 위계간음행위에 관하여 현재의 평가가 달라짐에 따라 이를 처벌대상으로 삼는 것이 부당하다는 반성적 고려에서 비롯된 것으로 봄이 타당하므로 이는 범죄 후의 법령개폐로 범죄를 구성하지 않게 되어 **형이 폐지되었을 때에 해당한다**(대판 2014.4.24, 2012도14253). → 동기설은 폐지하였지만, 형이 폐지되었으므로 면소판결에 해당함 20. 국가직 9급, 21. 경찰간부

② 종전 합헌결정일 이전의 범죄행위에 대하여 재심개시결정이 확정되었는데 그 범죄행위에 적용될 법률 또는 법률의 조항이 위헌결정으로 헌법재판소법 제47조 제3항 단서에 의하여 종전 합헌결정일의 다음 날로 소급하여 효력을 상실하였다면 범죄행위 당시 유효한 법률 또는 법률의 조항이 그 이후 폐지된 경우와 마찬가지이므로 법원은 형사소송법 제326조 제4호에 해당하는 것으로 보아 면소판결을 선고하여야 한다(대판 2019.12.24, 2019도15167 **간통 재심사건Ⅱ**).

04 관할위반판결

의의	관할권이라는 형식적 소송조건이 결여된 경우에 내려지는 종국재판이자 형식재판
사유	① 원칙: 피고사건이 법원의 관할에 속하지 아니하는 때에는 관할위반판결을 선고해야 함 14. 경찰간부 ② 예외: 법원은 피고인의 신청이 없으면 **토지관할에 관하여** 관할위반의 선고를 하지 못함. 관할위반의 신청은 **피고사건에 대한 진술 전에 해야 함** 14. 경찰간부, 15. 법원직 9급

05 공소기각판결

의의	공소기각결정과 함께 **관할권 이외의 형식적 소송조건이 결여된 경우에** 내려지는 **형식재판**이자 종국재판
사유	① 피고인에 대하여 재판권이 없는 때 15·17. 경찰간부, 15. 법원직 9급 ② 공소제기의 절차가 법률의 규정에 위반하여 무효인 때 14·15·16·17·18. 변호사·국가직 7급·국가직 9급·법원직 9급, 14·15·16·17·18·19. 경찰채용, 14·15·16·17·19. 경찰간부, 15·16·17·18. 경찰승진 ⓐ 면책특권에 해당하는 사항에 대하여 공소를 제기한 경우 ⓑ 성명모용 또는 위장출석으로 피고인이 특정되지 않은 경우 ⓒ 검사가 공소장변경허가신청서를 공소장에 갈음하는 것으로 구두진술한 경우 ⓓ 보험이 가입되어 있음에도 교통사고처리특례법 위반죄(일부 범죄 제외)로 공소를 제기한 경우 ⓔ 범의유발형 함정수사에 의하여 공소를 제기한 경우 ⓕ 친고죄나 전속고발범죄에 있어 고소·고발을 받지 않고 공소를 제기한 경우 ⓖ 반의사불벌죄에서 피해자가 처벌을 원하지 않는데도 공소를 제기한 경우 ⓗ 재정신청 기각결정이 확정된 사건에 대하여 다른 중요한 증거 발견 없이 공소를 제기한 경우 ⓘ 공소권남용이 있는 경우 ⓙ 검사의 기명날인 또는 서명이 없는 공소장에 의하여 공소를 제기한 경우 ⓚ 공소사실이 특정되지 아니한 경우 ⓛ 공소장일본주의에 위반하여 공소를 제기한 경우 ⓜ 특허권에 기한 고소를 기초로 공소를 제기하였으나 이후 특허무효의 심결이 확정된 경우

ⓝ **소년법 또는 가정폭력처벌법상 보호처분**을 받은 사건에 대하여 다시 공소를 제기한 경우
ⓞ 재정신청 기각결정이 확정된 사건에 대하여 **다른 중요한 증거 발견 없이 공소를 제기**한 경우
③ 공소가 제기된 사건에 대하여 다시 공소가 제기되었을 때(동일법원 이중기소) 15·17. 경찰간부, 15. 경찰채용, 18. 경찰승진
④ 제329조의 규정에 위반하여 공소가 제기되었을 때 18. 법원직 9급
⑤ 고소가 있어야 죄를 논할 사건에 대하여 고소의 취소가 있은 때 17. 경찰간부, 18. 경찰승진
⑥ 피해자의 명시한 의사에 반하여 죄를 논할 수 없는 사건에 대하여 처벌을 희망하지 아니하는 의사표시가 있거나 처벌을 희망하는 의사표시가 철회되었을 때

06 공소기각결정

의의	공소기각판결과 함께 **관할권 이외의 형식적 소송조건이 결여된 경우에 내려지는 형식재판**이자 종국재판
사유	① 공소가 취소되었을 때 15·17. 경찰간부 ② 피고인이 사망하거나 피고인인 법인이 존속하지 아니하게 되었을 때 17. 경찰간부·국가직 9급, 18. 법원직 9급, 19. 경찰채용 ③ 제12조 또는 제13조의 규정에 의하여 재판할 수 없는 때(관할의 경합) 15. 경찰채용, 17. 국가직 9급 ④ 공소장에 기재된 사실이 진실하다 하더라도 범죄가 될 만한 사실이 포함되지 아니하는 때 15·17. 경찰간부, 16. 경찰채용, 17. 국가직 9급

07 종국재판의 부수적 효과

구속영장의 효력	무죄, 면소, 형의 면제, 형의 선고유예, 형의 집행유예, 공소기각 또는 벌금·과료를 과하는 판결이 **선고**된 때에는 구속영장이 실효됨 14. 국가직 9급·법원직 9급
압수물의 처분관계	① 압수한 서류 또는 물품에 대하여 몰수의 선고가 없는 때에는 압수를 해제한 것으로 간주함 14. 경찰간부, 15. 법원직 9급, 16. 경찰승진 ② 압수한 장물로서 피해자에게 환부할 이유가 명백한 것은 판결로써 피해자에게 환부하는 선고를 해야 함
재산형의 가납판결	① 법원은 벌금·과료 또는 추징의 선고를 하는 경우에 직권 또는 검사의 청구에 의하여 피고인에게 벌금·과료 또는 추징에 상당한 금액의 가납을 명할 수 있음 16. 경찰간부 ② 재산형의 가납판결은 확정을 기다리지 않고 즉시 집행할 수 있음 16. 경찰간부 ③ 부정수표단속법에 의하여 벌금을 선고하는 경우에는 반드시 가납판결을 하여야 하며, 구속된 피고인에 대하여는 형사소송법 제331조의 규정에 불구하고 벌금을 가납할 때까지 피고인을 구속해야 함

제3절 재판의 확정과 효력

01 재판의 확정

의의	재판이 통상의 불복방법에 의해서는 다툴 수 없게 되어 그 내용을 변경할 수 없는 상태
재판의 확정시기	① 불복신청이 허용되지 않는 재판은 선고 또는 고지와 동시에 확정됨(예) 대법원 판결 등) ② 불복신청이 허용되는 재판은 불복신청 기간의 경과, 불복신청의 포기 또는 취하, 불복신청을 기각하는 재판의 확정에 의해서 확정됨(예) 제1심 법원의 판결 등)
재판의 확정력	① 형식적 확정력: 재판이 통상의 불복방법에 의해서는 다툴 수 없는 상태를 형식적 확정이라고 함 ② 내용적(실질적) 확정력: 재판이 형식적으로 확정되어 그 의사표시적 내용이 확정되는 것을 내용적 확정이라고 함 ③ 형식적 확정력 및 내용적 확정력은 실체재판과 형식재판 모두 발생

02 기판력(일사부재리효력)

의의		실체재판과 면소판결이 내용적으로 확정되어 대외적으로 후소법원의 심리·판단이 금지되는 효력
기판력의 효과		실체재판과 면소판결이 확정된 경우 수사기관은 그 사건에 대해 다시 수사할 수 없고, 수사를 하여 공소제기를 하더라도 법원은 면소판결을 선고해야 함
기판력 유무	기판력 ○	① 실체재판 　㉠ 유죄판결 ➡ 약식명령 및 즉결심판 포함 　㉡ 무죄판결 ② 면소판결 ③ 범칙금 납부 ④ 통고처분 이행
	기판력 ×	① 면소판결 이외의 형식재판 14. 변호사 ② 외국판결 ③ 보호처분 ④ 징계처분 ⑤ 과태료 ⑥ 행형법(형의 집행 및 수용자의 처우에 관한 법률)상 징벌 ⑦ 불기소처분 등
기판력의 효력범위	주관적 범위	기판력은 공소가 제기되어 판결을 받은 피고인에 대해서만 발생함
	객관적 범위	기판력은 원칙적으로 공소사실과 동일성이 인정되는 사실의 전부에 미침
	시적 범위	① 기판력은 사실심리가 가능한 최종적인 시점까지 미침 ② 재판시(판결선고시, 결정고지시 또는 약식명령 발령시)까지 행한 범죄에 미침
기판력의 배제		① 재판에 법률상 또는 사실상 명백한 오류가 있는 경우에 정의를 위하여 기판력(확정력)을 배제하는 제도 ② 기판력 배제사유 　㉠ 상소권회복청구 　㉡ 비상상고 　㉢ 재심

⚖ 판례 I

1 기판력이 발생하는 재판 또는 처분

① 형사소송법 제326조 제1호에 의하면 확정판결이 있는 때에는 판결로써 면소의 선고를 하도록 규정되어 있는바, 이는 확정판결의 일사부재리의 효력에 기하여 동일성이 인정되는 범죄사실에 대한 재소를 금지하는 데에 그 취지가 있는 것이므로 여기에서 말하는 '확정판결'에는 정식재판에서 선고된 **유죄판결과 무죄의 판결** 및 **면소의 판결**뿐만 아니라 확정판결과 동일한 효력이 있는 **약식명령**이나 **즉결심판** 등이 모두 포함되는 것이다(대판 1992.2.11, 91도2536). 17. 법원직 9급, 18. 국가직 9급, 20. 경찰채용

② 도로교통법 제119조 제3항은 "그 법 제118조에 의하여 범칙금 납부통고서를 받은 사람이 그 범칙금을 납부한 경우 그 범칙행위에 대하여 다시 벌받지 아니한다."고 규정하고 있는바, 이는 **범칙금의 납부에** 확정재판의 효력에 준하는 효력을 인정하는 취지로 해석하여야 한다(대판 2002.11.22, 2001도849). 19. 경찰간부

③ 경범죄 처벌법 제7조 제3항, 제8조 제3항에 의하면 "범칙금납부의 통고처분을 받고 범칙금을 납부한 사람은 그 범칙행위에 대하여 다시 벌받지 아니한다."고 규정하고 있는바, 이는 통고처분에 의한 **범칙금의 납부**에 확정판결에 준하는 효력을 인정한 것이다(대판 2011.1.27, 2010도11987).

2 기판력이 발생하지 않는 재판 또는 처분(일사부재리 원칙에 위반되지 않는 경우)

① 피고인이 동일한 행위에 관하여 **외국에서 형사처벌을 과하는 확정판결**을 받았다 하더라도 이런 외국판결은 우리나라에서는 기판력이 없으므로 여기에 일사부재리의 원칙이 적용될 수 없다(대판 1983.10.25, 83도2366). 15·20. 국가직 9급, 16·18. 경찰간부, 16. 경찰채용, 18. 경찰승진

② 가정폭력처벌법에 따른 보호처분의 결정이 확정된 경우에는 원칙적으로 그 가정폭력행위자에 대하여 같은 범죄사실로 다시 공소를 제기할 수 없으나, **그 보호처분은 확정판결이 아니고 따라서 기판력도 없으므로 보호처분을 받은 사건과 동일한 사건에 대하여 다시 공소제기가 되었다면** 이에 대해서는 면소판결을 할 것이 아니라 공소제기의 절차가 법률의 규정에 위배하여 무효인 때에 해당한 경우이므로 형사소송법 제327조 제2호의 규정에 의하여 **공소기각의 판결을 하여야 한다**(대판 2017.8.23, 2016도5423).

③ 가정폭력범죄의 처벌 등에 관한 특례법 제37조 제1항 제1호의 불처분결정이 확정된 후에 검사가 동일한 범죄사실에 대하여 다시 공소를 제기하였다거나 법원이 이에 대하여 유죄판결을 선고하였더라도 이중처벌금지의 원칙 내지 일사부재리의 원칙에 위배된다고 할 수 없다(대판 2017.8.23, 2016도5423). 20. 법원직 9급

④ 소년법상 **보호처분**을 받은 사건과 동일한 사건에 대하여 **다시 공소제기가 되었다면** 동조의 보호처분은 확정판결이 아니고 따라서 기판력도 없으므로 이에 대하여 면소판결을 할 것이 아니라 공소제기절차가 소년법 제47조(개정법 제53조)의 규정에 위배하여 무효인 때에 해당한 경우이므로 **공소기각의 판결**을 하여야 한다(대판 1985.5.28, 85도21). 15. 국가직 9급, 16. 변호사·국가직 7급, 16·18. 법원직 9급, 18·19. 경찰채용

⑤ 일사부재리의 효력은 확정재판이 있을 때에 발생하는 것이므로 검사가 일차 **무혐의결정**을 하였다가 다시 공소를 제기하였다 하여도 이를 두고 일사부재리의 원칙에 위배하는 등의 법리오해가 있다 할 수 없다(대판 1988.3.22, 87도2678).

⑥ 행정법상의 질서벌인 **과태료의 부과처분**과 형사처벌은 그 성질이나 목적을 달리하는 별개의 것이므로 행정법상의 질서벌인 과태료를 납부한 후에 형사처벌을 한다고 하여 이를 일사부재리의 원칙에 반하는 것이라고 할 수는 없다(대판 1996.4.12, 96도158). 18. 국가직 9급

⑦ 피고인이 행형법에 의한 **징벌**을 받아 그 집행을 종료하였다고 하더라도 행형법상의 징벌은 수형자의 교도소 내의 준수사항 위반에 대하여 과하는 행정상의 질서벌의 일종으로서 형법 법령에 위반한 행위에 대한 형사책임과는 그 목적, 성격을 달리하는 것이므로 징벌을 받은 뒤에 형사처벌을 한다고 하여 일사부재리의 원칙에 반하는 것은 아니다(대판 2000.10.27, 2000도3874). 16. 경찰채용, 18. 경찰승진

3 기판력의 기준이 되는 '범죄사실의 동일성'의 판단기준 및 기판력이 미치는 이유

① 공소사실이나 범죄사실의 동일성 여부는 사실의 동일성이 갖는 법률적 기능을 염두에 두고 **피고인의 행위와 그 사회적인 사실관계를 기본으로 하되 그 규범적 요소도 고려에 넣어 판단하여야 한다**(대판 2014.1.16, 2013도11649).

② 상상적 경합범에서 1개의 행위란 법적 평가를 떠나 사회관념상 행위가 사물자연의 상태로서 1개로 평가되는 것을 의미한다. 그리고 **상상적 경합관계의 경우에는 그중 1죄에 대한 확정판결의 기판력은 다른 죄에 대하여도 미친다**(대판 2017.9.21, 2017도11687). 15. 국가직 9급, 17. 변호사 · 법원직 9급, 18. 경찰승진, 21. 경찰간부

③ 동일 죄명에 해당하는 여러 개의 행위 혹은 연속된 행위를 **단일하고 계속된 범의하에 일정기간 계속하여 행하고 그 피해법익도 동일한 경우에는 이들 각 행위를 통틀어 포괄일죄로 처단하여야 할 것이나, 범의의 단일성과 계속성이 인정되지 아니하거나 범행방법 및 장소가 동일하지 않은 경우에는 각 범행은 실체적 경합범에 해당한다**(대판 2013.5.24, 2011도9549). 14. 경찰승진

4 기판력이 미치는 경우 I

① [1] 즉결심판이 확정된 "피고인은 1994.7.30. 21:00경 甲 경영의 담배집 마당에서 음주소란을 피웠다."라는 공소사실과 [2] "피고인은 [1]과 **같은 일시 · 장소에서** 피해자 A와 말다툼을 하다가 도끼를 가지고 와 A를 향해 내리치며 도끼 머리 부분으로 뒷머리를 스치게 하여 A에게 **약 2주간의 치료를 요하는 두부타박상 등을 가하였다.**"라는 공소사실(대판 1996.6.28, 95도1270 **도끼 폭행 사건**) ➡ 경범죄 처벌법 위반(음주소란) ➡ 폭력행위처벌법 위반

② [1] 즉결심판이 확정된 "피고인은 1988.5.20. 17:00경부터 23:00경까지 사이에 포장주점에 찾아와 주점손님들에게 '이 새끼들, 나를 몰라보느냐. 누구든지 싸움을 해보자'고 시비를 걸고 주먹과 드라이버로 술 탁상을 마구치는 등 약 6시간 동안 악의적으로 **영업을 방해하였다.**"라는 공소사실과 [2] "피고인은 [1]과 **같은 일시 · 장소에서** 술 주정을 하던 중 그곳의 손님인 피해자 A와 시비를 벌여 주먹으로 A의 얼굴을 1회 때리고 멱살잡이를 하다가 포장주점 밖으로 끌고 나와 주먹과 발로 복부 등을 수회 때리고 차 A로 하여금 그 이튿날 출혈로 사망케 한 것이다."라는 공소사실(대판 1990.3.9, 89도1046 **송림동 포장마차 사건**) ➡ 경범죄 처벌법 위반(업무방해) ➡ 상해치사죄 15. 국가직 9급

5 기판력이 미치지 않는 경우 I

① 범칙금의 납부에 따라 확정판결에 준하는 효력이 인정되는 범위는 범칙금 통고의 이유에 기재된 당해 범칙행위 자체 및 그 범칙행위와 동일성이 인정되는 범칙행위에 한정된다. 따라서 범칙행위와 같은 시간과 장소에서 이루어진 행위라 하더라도 **범칙행위의 동일성을 벗어난 형사범죄행위에 대하여는** 범칙금의 납부에 따라 확정판결에 준하는 일사부재리의 효력이 미치지 아니한다(대판 2012.9.13, 2012도6612 **광주 봉선동 협박 사건**). 14. 국가직 7급, 16. 경찰간부, 16 · 17 · 20. 경찰채용

② 운전자가 차량을 운전함에 있어서 도로교통법 제43조 소정의 **안전운전의 의무를** 위반하는 행위와 차량운전중 과실로 사람을 충격하여 인체에 상해를 입히는 소위 **업무상 과실치상행위는** 별개의 것이라 할 것이므로 피고인이 안전운전의무 위반으로 통고처분에 따른 범칙금을 납부하였다 하여도 이는 별개의 행위인 교통사고처리특례법 위반(업무상과실치상)의 점에 무슨 영향을 미칠 바 아니다(대판 1983.7.12, 83도1296). 15. 국가직 9급

③ [1] 범칙금의 통고처분을 받은 "피고인은 2010.9.26. 18:00경 광주 남구 봉선동 소재 쌍용사거리 노상에서 음주소란 등의 범칙행위를 하였다."라는 범칙행위와 [2] "피고인은 2010.9.26. 18:00경 광주 남구 봉선동 소재 할리스 커피숍 주차장에서 피고인과 다투던 A가 바닥에 넘어져 '사람 살려라'고 고함을 치자, 이에 격분하여 자신의 처가 운영하는 가게에서 과도를 들고 나와 A를 쫓아가며 '죽여 버린다'고 소리쳐 협박하였다."라는 공소사실(대판 2012.9.13, 2012도6612 **광주 봉선동 협박 사건**) ➡ 경범죄 처벌법 위반(음주소란 등) ➡ 폭력행위처벌법 위반 15. 국가직 9급

④ [1] 범칙금의 통고처분을 받은 "피고인은 2009.8.22. 20:35경 포항시 북구 대흥동 '킴스마트' 앞에서 **인근소란행위를 하였다.**"라는 범칙행위와 [2] "피고인이 2009.8.22. 20:20경 포항시 북구 대흥동 소재 '킴스클럽' 앞 인도 상에서 그곳 경비원인 피해자와 주차 문제로 시비가 되어 다투던 중 **주먹으로 좌측 턱을 1회 때려** 그 충격으로 피해자가 뒤로 넘어지면서 머리를 부딪히게 함으로써 16주간의 치료를 요하는 두개골 골절 등의 상해를 가하였다.**"라는 공소사실(대판 2012.9.13, 2011도6911 **대흥동 중상해 사건**) ➡ 경범죄 처벌법 위반(인근소란 등) ➡ 중상해죄

⑤ [1] 범칙금의 통고처분을 받은 "피고인은 2008.6.11. 12:30경 충남 당진군 소재 합덕 재래시장 화장실 내에서 인근소란 등의 범칙행위를 하였다."라는 범칙행위와 [2] "피고인이 2008.6.11. 11:50경 충남 당진군 소재 합덕 재래시장 앞길에서 노점상 자리 문제로 피해자와 다투던 중 손으로 피해자를 밀어 넘어뜨린 후 그곳에 있던 야채 손질용 칼 2자루를 들고 피해자의 다리 부위를 찔러 약 4주간의 치료를 요하는 상해를 가하였다."라는 공소사실(대판 2011.4.28, 2009도12249 **합덕 재래시장 사건**) ➡ 경범죄 처벌법 위반(인근소란 등) ➡ 폭력행위처벌법 위반

6 기판력이 미치는 경우 Ⅱ

① [1] 1996.4.3. 유죄판결이 선고되고 이후 확정된 "피고인들은 **폭행·협박을 사용하여 피해자 A를 1992.3.2.부터 3.11.까지 감금하였다.**"라는 공소사실과 [2] "피고인들은 **1992.3.2.부터 3.11.까지 피해자 A를 감금하면서 폭행·협박하여,** 이에 겁을 먹은 A로부터 교부받은 인감도장을 이용하여 1992.3.11. 회사 대표이사 명의를 A로부터 피고인 甲 명의로, 같은 해 4.2. 회사 부지인 부동산들의 소유 명의를 A로부터 피고인 乙 명의로 각 이전하여 위 회사의 경영권을 갈취하였다."라는 공소사실(대판 1998.8.21, 98도749 **회사경영권 갈취 사건**) ➡ 감금죄 ➡ 공갈죄

② [1] 1982.12.27. 유죄판결이 선고되고 이후 확정된 "피고인은 **1982.8.12.부터 8.18.까지 상습적으로 도박을 방조하였다.**"라는 공소사실과 [2] "피고인은 **1982.7.30.과 7.31. 양일간에 걸쳐 상습적으로 도박을 하였다.**"라는 공소사실(대판 1984.4.24, 84도195) ➡ 상습도박방조죄 ➡ 상습도박죄 14. 경찰간부·국가직 9급

③ [1] 유죄판결이 확정된 "피고인은 **당좌수표를 부산, 제주연료공업협동조합 이사장 명의로 발행**하여 그 소지인이 지급제시기간 내에 지급제시하였으나 **거래정지처분의 사유로 지급되지 아니하게 하였다.**"라는 공소사실과 [2] "피고인은 [1]**과 동일한 수표를 발행**하여 부산, 제주연료공업협동조합에 대하여 **재산상 손해를 가하였다.**"라는 공소사실(대판 2004.5.13, 2004도1299) ➡ 부정수표단속법 위반 ➡ 업무상배임죄

④ [1] 1984.9.28. 약식명령이 발령되고 같은 해 10.14. 확정된 "피고인은 **1984.4.9. 03:40경 화물자동차를 운전하고** 서울 성동구 구의동 234 앞길을 지나다가 진행방향을 잘 살피지 아니한 **업무상 과실로 진행방향 좌측에서 우측으로 직진하는 피해자 甲 운전의 택시를 받아 손괴하였다.**"라는 공소사실과 [2] "피고인은 [1]**과 동일한 교통사고로 그 택시에 타고 있던 승객들에게 상해를 입게 하였다.**"라는 공소사실(대판 1986.2.11, 85도2658) ➡ 도로교통법 위반 ➡ 교통사고처리특례법 위반 16. 경찰간부, 20. 변호사

7 기판력이 미치지 않는 경우 Ⅱ

① [1] 유죄판결이 확정된 "피고인 甲은 1997.2. 초순부터 1997.4.3. 22:00경까지 정당한 이유 없이 범죄에 공용될 우려가 있는 위험한 물건인 **휴대용 칼을 소지**하였고, 1997.4.3. 23:00경 乙이 범행 후 화장실에 버린 칼을 집어 들고 나와 용산 미8군영 내 **하수구에 버려 타인의 형사사건에 관한 증거를 인멸하였다.**"라는 공소사실과 [2] "피고인 甲은 1997.4.3. 21:50경 서울 용산구 이태원동에 있는 햄버거 가게 화장실에서 피해자 A를 칼로 찔러 **乙과 공모하여 A를 살해하였다.**"라는 공소사실(대판 2017.1.25, 2016도15526 **패터슨 이태원 살인 사건**) ➡ 증거인멸죄 등 ➡ 살인죄 17. 경찰채용, 18. 경찰간부

② [1] 유죄판결이 확정된 "피고인은 과실로 교통사고를 발생시켰다."라는 공소사실과 [2] "피고인은 고의로 교통사고를 낸 뒤 보험금을 청구하여 수령하거나 미수에 그쳤다."라는 공소사실(대판 2010.2.25, 2009 도14263 **보험사기 사건**) ➜ 교통사고처리특례법 위반 ➜ 사기 및 사기미수죄 14·17. 경찰채용, 16. 국가직 9급

③ [1] 약식명령이 확정된 "피고인은 회사의 대표이사로써 업무상 보관하던 회사 자금을 **빼돌려 횡령하였다**."라는 공소사실과 [2] "피고인은 [1]과 같이 **횡령**한 다음 그중 일부를 더 많은 장비 납품 등의 계약을 체결할 수 있도록 해달라는 취지의 묵시적 청탁과 함께 배임증재에 공여하였다."라는 공소사실(대판 2010.5.13, 2009도13463) ➜ 횡령죄 ➜ 배임증재죄 14. 국가직 7급, 14·17. 경찰채용

④ [1] 유죄판결이 확정된 "**피고인 甲은 乙·丙과 공모하여 1992.9.24. 02:00경** 서울 서초구 방배동에 있는 공중전화박스 옆에서 丁 등이 9.23. 23:40경 서울 구로구 구로동 노상에서 **피해자 A로부터 강취한 국민카드 1매를 장물인 정을 알면서도 교부받아 취득하였다**."라는 공소사실과 [2] "**피고인 甲은 乙·丙·丁·戊·己와 합동하여 1992.9.23. 23:40경** 서울 구로구 구로동 번지불상 앞길에서 甲·丙·戊는 망을 보고 乙·丁·己는 술에 취하여 졸고 있던 A에게 다가가 주먹과 발로 얼굴 및 몸통부위를 수회 때리고 차 A의 반항을 억압한 후 A 소유의 국민카드 2매 등이 들어 있는 **지갑 2개를 꺼내어 가 이를 강취하고, A에게 치료일수 미상의 안면부타박상 등을 입혔다**."라는 공소사실[대판 1994.3.22, 93도 2080(전합) **구로동 퍽치기 사건**] ➜ 장물취득죄 ➜ 강도상해죄 15. 국가직 9급

⑤ [1] 약식명령이 확정된 "피고인들은 2013.9.경부터 2016.7.21.까지 병원 시술상품을 판매하는 배너광고를 게시하면서 **배너의 구매개수와 시술후기를 허위로 게시하였다**"라는 공소사실과 [2] "피고인들은 영리를 목적으로 2013.12.경부터 2016.7.경까지 병원 시술상품을 판매하는 배너광고를 게시하는 방법으로 **총 43개 병원에 환자 50,173명을 소개·유인·알선하고, 그 대가로 환자들이 지급한 진료비 3,401,799,000원 중 15~20%인 608,058,850원을 수수료로 의사들로부터 지급받았다**"라는 공소사실(대판 2019.4.25, 2018도20928 **성형쇼핑몰 사건**) ➜ 표시광고법 위반 ➜ 의료법 위반

⑥ [1] 유죄판결이 확정된 "피고인은 조합 등의 법인카드로 공소외 1의 선거관련 비용을 결제하기로 공소외 2 등과 공모하여 **2015.2.26.** 서울 강남구 △△동 소재 □□□호텔 및 인근 중식당 등에서 조합 등의 법인카드로 선거인들의 위 호텔 및 중식당 등에 대한 **숙식료를 결제하여** 그 임무에 위배하여 피해자인 **조합 등에게 재산상 손해를 가하였다**"라는 공소사실과 [2] "피고인은 공소외 1 등과 공모하여 2015.2.27. 실시된 제25대 ○○○○○○○○ 선거에서 회장으로 입후보한 공소외 1을 당선시킬 목적으로 선거일 전날인 **2015.2.26.** 선거인들에게 서울 강남구 △△동 소재 □□□호텔 및 인근 중식당 등에서 숙식을 제공하여 재산상 이익을 제공하였다"라는 공소사실(대판 2023.2.23, 2020도12431 **호텔·중식당 숙식제공 사건**) ➜ 업무상배임죄 ➜ 중소기업협동조합법위반

8 기판력이 미치는 경우 Ⅲ

① 하나의 사건에 관하여 한 번 선서한 증인이 같은 기일에 여러 가지 사실에 관하여 기억에 반하는 허위의 진술을 한 경우 이는 하나의 범죄의사에 의하여 계속하여 허위의 진술을 한 것으로서 포괄하여 1개의 위증죄를 구성하는 것이다(대판 2007.3.15, 2006도9463). ➜ 위증죄

② 확정판결의 범죄사실 중 업무방해죄와 기소된 공소사실 중 명예훼손죄는 피고인이 **같은 일시, 장소에서 피해자의 기념전시회에 참석한 손님들에게 피해자가 공사대금을 주지 않는다는 취지로 소리를 치며 소란을 피웠다**는 1개의 행위에 의하여 실현된 경우로서 **상상적 경합관계**에 있다(대판 2007.2.23, 2005도10233). ➜ 업무방해죄 ➜ 명예훼손죄 14. 국가직 7급

③ 피고인이 여관에서 종업원을 칼로 찔러 상해를 가하고 객실로 끌고 들어가는 등 폭행·협박을 하고 있던 중, 마침 다른 방에서 나오던 여관의 주인도 같은 방에 밀어 넣은 후 주인으로부터 금품을 강취하고, 1층 안내실에서 종업원 소유의 현금을 꺼내 갔다면, 여관 종업원과 주인에 대한 각 강도행위가 각별로 강도죄를 구성하되 피고인이 피해자인 종업원과 주인을 폭행·협박한 행위는 법률상 1개의 행위로 평가되는 것이 상당하므로 위 2죄는 **상상적 경합범** 관계에 있다(대판 1991.6.25, 91도643 **서대문 화성장 강도 사건**). ➜ 특수강도죄 ➜ 강도상해죄

④ 혈중알코올농도 0.05% 이상의 음주상태로 동일한 차량을 일정기간 계속하여 운전하다가 1회 음주측정을 받았다면 이러한 음주운전행위는 동일 죄명에 해당하는 연속된 행위로서, 단일하고 계속된 범의하에 일정기간 계속하여 행하고 그 피해법익도 동일한 경우이므로 포괄일죄에 해당한다(대판 2007.7.26, 2007도4404 **목포 남교동 ➡ 용당동 ➡ 상동 음주운전 사건**). ➡ 도로교통법 위반(음주운전) 14. 경찰간부, 20. 경찰채용

9 기판력이 미치지 않는 경우 Ⅲ

① 원심은 피고인이 이 사건 주택에 무단 침입한 범죄사실로 이미 2006.5.12. 유죄판결을 받고 그 판결이 확정되었음에도 **퇴거하지 아니한 채 계속해서 이 사건 주택에 거주함**으로써 위 판결이 확정된 이후로도 피고인의 주거침입행위 및 그로 인한 위법상태가 계속되고 있다고 보아 이 부분 공소사실에 대해 유죄로 판단하였는바, 이러한 원심의 판단은 정당한 것으로서 수긍이 간다(대판 2008.5.8, 2007도11322). ➡ 주거침입죄 14. 경찰승진, 15. 경찰채용, 16. 경찰간부

② 주차장법 제29조 제1항 제2호 위반의 죄는 이른바 계속범으로서 종전에 용도 외 사용행위에 대하여 **처벌받은 일이 있다고 하더라도 그 후에도 계속하여 용도 외 사용**을 하고 있는 이상 종전 재판 후의 사용에 대하여 다시 처벌할 수 있는 것이다(대판 2006.1.26, 2005도7283). ➡ 주차장법 위반 14. 변호사

③ 감금행위가 단순히 강도상해 범행의 수단이 되는 데 그치지 아니하고 강도상해의 범행이 끝난 뒤에도 계속된 경우에는 형법 제37조의 경합범 관계에 있다(대판 2003.1.10, 2002도4380 **주점 종업원 감금·강취 사건**). ➡ 감금죄 ➡ 강도상해죄 14. 변호사·경찰승진, 14·15. 경찰채용, 15·16. 경찰간부

④ 피고인이 여관에 들어가 1층 안내실에 있던 여관의 관리인을 칼로 찔러 상해를 가하고 그로부터 금품을 강취한 다음, 각 객실에 들어가 각 투숙객들로부터 금품을 강취하였다면 **실체적 경합범의 관계**에 있다(대판 1991.6.25, 91도643 **이태원 성지장 강도 사건**). ➡ 특수강도죄 15. 경찰승진

⑤ **무면허운전으로 인한 도로교통법 위반죄에 있어서는 운전한 날마다 무면허운전으로 인한 도로교통법 위반의 1죄가 성립한다**고 보아야 할 것이고, 비록 계속적으로 무면허운전을 할 의사를 가지고 여러 날에 걸쳐 무면허운전행위를 반복하였다 하더라도 **이를 포괄하여 일죄로 볼 수는 없다**(대판 2002.7.23, 2001도6281 **이틀 무면허운전 사건**).

10 포괄일죄 관계에 있는 여러 상습사기의 범행 중 일부에 대하여 '단순사기죄'의 확정판결이 있는 경우에 그 확정판결의 기판력의 표준시 전에 저질러진 상습사기범죄에 대하여 위 확정판결의 기판력이 미치는지의 여부(소극)

상습범으로서 포괄적 일죄의 관계에 있는 여러 개의 범죄사실 중 일부에 대하여 유죄판결이 확정된 경우에, 그 확정판결의 사실심판결 선고 전에 저질러진 나머지 범죄에 대하여 새로이 공소가 제기되었다면 그 새로운 공소는 확정판결이 있었던 사건과 동일한 사건에 대하여 다시 제기된 데 해당하므로 이에 대하여는 **판결로써 면소의 선고를 하여야 하는 것인바**(형사소송법 제326호 제1호), 다만 이러한 법리가 적용되기 위해서는 전의 확정판결에서 당해 피고인이 상습범으로 기소되어 처단되었을 것을 필요로 하는 것이고, 상습범 아닌 기본 구성요건의 범죄로 처단되는 데 그친 경우에는 가사 뒤에 기소된 사건에서 비로소 드러났거나 새로 저질러진 범죄사실과 전의 판결에서 이미 유죄로 확정된 범죄사실 등을 종합하여 비로소 그 모두가 상습범으로서의 포괄적 일죄에 해당하는 것으로 판단된다 하더라도 뒤늦게 앞서의 확정판결을 상습범의 일부에 대한 확정판결이라고 보아 그 기판력이 그 사실심판결 선고 전의 나머지 범죄에 미친다고 보아서는 아니된다(대판 2010.5.27, 2010도2182). 14·16·20. 변호사, 14·15·17. 국가직 9급, 14·17. 법원직 9급, 17·19. 경찰간부, 20. 경찰승진

11 확정판결의 기판력이 미치는 시간적 효력범위(= 재판시, 즉 판결선고시, 결정고지시 또는 약식명령 발령시까지 행한 범죄에 미침)

① 포괄일죄의 관계에 있는 범행 일부에 대하여 판결이 확정된 경우에는 사실심판결 선고시를 기준으로 그 이전에 이루어진 범행에 대하여는 확정판결의 기판력이 미쳐 면소의 판결을 선고하여야 한다(대판 2014.1.16, 2013도11649). 14·17. 법원직 9급, 16. 변호사, 18. 경찰채용

② 항소이유서를 제출하지 아니하여 결정으로 항소가 기각된 경우에도 판결에 영향을 미친 사실오인이 있는 등 직권조사사유가 있으면 항소법원이 직권으로 심판하여 제1심판결을 파기하고 다시 판결할 수도 있으므로 사실심리의 가능성이 있는 최후시점은 항소기각결정시라고 보는 것이 옳다(대판 1993.5.25, 93도836). 14. 국가직 7급, 18. 경찰간부, 20. 경찰승진

③ 포괄일죄의 관계에 있는 범행의 일부에 대하여 약식명령이 확정된 경우에는 그 약식명령의 발령시를 기준으로 하여 그 이전에 이루어진 범행에 대하여는 면소의 판결을 선고하여야 한다(대판 2013.6.13, 2013도4737 **크릴새우 판매대금 횡령 사건**). 14. 국가직 7급, 14·15·16. 법원직 9급, 16·17·20. 변호사, 16·18·19. 경찰채용, 18. 경찰승진·국가직 9급, 19. 경찰간부

2025 해커스경찰
갓대환 형사법 핵심요약집
형사소송법(공판)

제4편

상소 · 비상구제절차 · 특별절차

제1장 상소

제1절 상소 통칙

01 상소의 의의와 종류

의의	① 법원의 미확정 재판에 대하여 상급법원에 불복구제를 신청하는 제도 ② 사실오인의 시정과 법령의 해석 · 적용의 통일에 목적이 있음
종류 14. 국가직 9급	① 판결에 대한 상소: 항소와 상고 ② 결정에 대한 상소: 일반항고와 특별(재)항고
상소 해당 여부	상소 ○ **항소, 상고, 항고**
	상소 ×	준항고, 검찰항고, 상소권회복청구, 재심청구, 비상상고, 이의신청, 정식재판청구, 대법원판결정정신청, 의의신청 등

02 상소권과 상소권자

상소권자	① 고유의 상소권자 　㉠ 검사와 피고인은 당사자로서 당연히 상소권을 가짐 　㉡ 검사 또는 피고인 아닌 자가 결정을 받은 때에는 항고할 수 있음(예 과태료부과결정을 받 　　은 증인 등) ② 상소대리권자 　㉠ 피고인의 법정대리인은 **피고인의 명시한 의사에 반해서도** 상소할 수 있음 　㉡ 피고인의 배우자 · 직계친족 · 형제자매 또는 원심의 대리인이나 변호인은 피고인의 명시 　　한 의사에 반하지 않는 한 상소할 수 있음
상소권의 발생 · 소멸 · 회복	발생	재판의 선고 또는 고지에 의하여 발생
	소멸	① 상소기간의 경과 ② 상소의 포기 ③ 상소의 취하
	회복	① 상소권자의 책임질 수 없는 사유로 **상소기간이 경과**하여 소멸한 상소권을 법원의 　결정으로 회복시키는 제도 ② 상소권회복청구는 그 사유가 종료한 날로부터 상소제기기간에 상당한 기간 내에 　**상소제기와 동시에 서면으로 원심법원에 제출**해야 함(주의 상소법원에 제출 ×) 18. 　경찰채용 · 법원직 9급 ③ 상소권회복청구를 받은 법원은 청구의 허부에 관한 결정을 해야 함. 법원은 이 결 　정을 할 때까지 재판의 집행을 정지하는 결정을 할 수 있음(주의 재판의 집행을 정 　지하여야 한다. ×) ④ 상소권회복 허부에 관한 결정에 대해서는 **즉시항고할 수 있음** 17. 경찰채용

판례 |

1 피고인이 상소권을 포기한 후, 변호인이 상소를 제기할 수 있는지의 여부(무효)

형사소송법 제341조 제1항에 "원심의 변호인은 피고인을 위하여 상소할 수 있다."함은 변호인에게 고유의 상소권을 인정한 것이 아니고 피고인의 상소권을 대리하여 행사하게 한 것에 불과하므로, 변호인은 피고인의 상소권이 소멸된 후에는 상소를 제기할 수 없다(대판 1998.3.27, 98도253). 14. 경찰간부, 15. 경찰채용, 16. 법원직 9급

2 제1심판결에 대하여 검사의 항소에 의한 항소심판결이 선고된 후 피고인이 동일한 제1심판결에 대하여 항소권 회복청구를 하는 경우, 법원이 취할 조치(= 기각결정)

항소심판결이 선고되면 제1심판결에 대한 항소권이 소멸되어 제1심판결에 대한 항소권 회복청구와 항소는 적법하다고 볼 수 없어, **제1심판결에 대하여 검사의 항소에 의한 항소심판결이 선고된 후 피고인이 동일한 제1심판결에 대하여 항소권 회복청구를 하는 경우 결정으로 이를 기각하여야 한다**(대결 2017.3.30, 2016모2874). 18. 법원직 9급

3 상소권회복의 사유가 될 수 있는 경우

① **교도소장이 결정정본을 송달받고 1주일이 지난 뒤에 그 사실을 피고인에게 알렸기 때문에** 피고인이나 그 배우자가 소정 기간 내에 (즉시)항고장을 제출할 수 없게 된 경우(대결 1991.5.6, 91모32) 15. 국가직 9급, 18. 국가직 7급

② **공시송달**의 방법으로 피고인이 불출석한 가운데 공판절차가 진행되고 판결이 선고되었으며, 피고인으로서는 공소장부본 등을 송달받지 못한 관계로 공소가 제기된 사실은 물론이고 판결선고 사실에 대하여 알지 못한 나머지 항소기간 내에 항소를 제기하지 못한 경우(대결 2007.1.12, 2006모691) 14·18. 법원직 9급

③ 소송촉진법 제23조, 동법 시행규칙 제19조 소정의 절차에 따라 **공시송달**의 방법으로 공소장부본 등이 송달되고 피고인의 출석 및 진술 없이 판결을 선고한 후 그 판결등본을 같은 방법으로 송달하여 피고인이 공소제기 사실이나 판결선고 사실을 전혀 몰라 피고인이 법정기간 내에 항소하지 못한 경우(대결 1986.2.12, 86모3) 15. 국가직 9급

④ 공시송달의 요건이 갖추어지지 않았음에도 1심 법원이 피고인의 소환을 **공시송달**의 방법으로 하고 피고인의 진술 없이 공판절차를 진행하여 판결이 선고되고 동 판결등본이 공시송달되어 피고인이 항소제기기간 내에 항소하지 못한 경우(대결 1984.9.28, 83모55) 15. 국가직 9급

4 상소권회복의 사유가 될 수 없는 경우

① 재판계속 중인 **형사피고인이 자기의 새로운 주소지에 대한 신고 등의 조치를 취하지 않음으로써** 소송서류 등이 송달되지 않아 공판기일에 출석하지 못하거나 판결선고 사실을 알지 못한 경우(대결 2008.3.10, 2007모795) 14. 법원직 9급, 15. 국가직 9급

② 피고인이 제1심에서 징역형 선고를 받고 항소한 후에 법원에 신고한 주소를 떠나 **이거(移居)하였음에도 법원에 새로운 주소를 신고하지 아니함으로써** 항소기록접수통지서를 비롯하여 소송관계 서류일체가 송달불능되어 상소기간 내에 상소를 못한 경우(대결 1994.11.29, 94모39)

③ 피고인이 이미 확정되어 있던 **징역형의 집행유예 판결의 선고일을 잘못 안 나머지 상고포기서를 제출한 경우**(대결 1996.7.16, 96모44)

5 재판에 대하여 적법하게 상소를 제기한 경우 다시 상소권회복을 청구할 수 있는지의 여부(소극)

[1] 상소권회복은 상소권자가 자기 또는 대리인이 책임질 수 없는 사유로 인하여 상소의 제기기간 내에 상소를 하지 못한 경우에 한하여 청구할 수 있으므로 **재판에 대하여 적법하게 상소를 제기한 자는 다시 상소권회복을 청구할 수 없다.** [2] 제1심판결에 대하여 피고인 또는 검사가 항소하여 항소심판결이 선고되면 상고법원으로부터 사건이 환송되는 경우 등을 제외하고는 항소법원이 다시 항소심 소송절차를 진행하여 판결을 선고할 수 없으므로 **항소심판결이 선고되면 제1심판결에 대하여 당초 항소하지 않았던 자의 항소권회복청구도 적법하다고 볼 수 없다.** 따라서 항소심판결이 선고된 사건에 대하여 제기된 항소권회복청구는 항소권회복청구의 원인에 대한 판단에 나아갈 필요 없이 형사소송법 제347조 제1항에 따라 결정으로 이를 기각하여야 한다. 상소권회복청구 사건을 심리하는 법원은 상소권회복청구 대상이 되는 재판에 대하여 이미 적법한 상소가 제기되었는지 또는 상소심재판이 있었는지 등을 본안기록 등을 통하여 확인해야 한다(대결 2023.4.27, 2023모350 **항소피고인 항소권회복청구 사건**).

03 상소의 이익

의의	원심재판이 당사자의 법적 이익을 침해하고 있고 이를 시정할 필요가 있는 경우에만 상소가 허용이 되는데 이를 상소의 이익이라고 함
검사의 상소이익	① 검사도 상소권자이므로 검사가 상소하는 경우에도 당연히 상소의 이익이 있어야 함 ② 검사는 피고인에게 불이익한 상소를 당연히 제기할 수 있음. 검사는 피고인의 이익을 위한 상소도 제기할 수 있음
피고인의 상소이익	① 유죄판결 　㉠ 유죄판결에 대하여 무죄를 주장하거나 경한 형의 선고를 구하는 상소를 할 수 있음 　㉡ 유죄판결이라도 상소의 취지가 피고인에게 불이익한 경우에는 상소할 수 없음 ② 무죄판결 　㉠ 무죄판결은 피고인에게 가장 유리한 판결이므로 상소할 수 없음 　㉡ 무죄판결의 이유만을 다투는 상소도 할 수 없음 ③ 면소·관할위반·공소기각 재판 　㉠ 공소기각판결에 대해서는 상소의 이익이 없기 때문에 상소할 수 없음(판례) 　㉡ 면소판결에 대해서는 실체판결청구권이 없기 때문에 상소할 수 없음. 다만, 위헌결정이 있었음에도 면소판결을 선고한 경우에는 예외적으로 상소할 수 있음(판례)

⚖️**판례 |**

1 무죄, 면소 또는 공소기각판결에 대하여 피고인에게 상소의 이익이 있는지의 여부(원칙적으로 소극)

① 피고인에게 가장 유리한 판결인 **무죄판결**에 대한 피고인의 상고는 부적법하다(대판 1994.7.29, 93도1091).

② 피고인에게는 실체판결청구권이 없는 것이므로 면소판결에 대하여 무죄의 실체판결을 구하여 상소를 할 수는 없는 것이다(대판 1984.11.27, 84도2106). 15. 국가직 7급, 17. 변호사, 18. 국가직 9급·법원직 9급

③ 원심이 공소사실에 대해서 모두 공소시효가 완성되었다는 이유로 **면소의 판결**을 한 것이 명백하므로 이에 대하여는 실체판결을 구하여 상소를 할 수 없다(대판 2005.9.29, 2005도4738 **랑데뷰룸살롱 사건**). 14·17. 국가직 9급

④ **공소기각의 재판**이 있으면 피고인은 유죄판결의 위험으로부터 벗어나는 것이므로 그 재판은 피고인에게 불이익한 재판이라고 할 수 없어서 이에 대하여 피고인은 상소권이 없다(대판 2008.5.15, 2007도 6793). 15. 국가직 7급, 17·18. 경찰간부, 18. 경찰채용, 18·20. 국가직 9급

⑤ **공소기각의 판결**이 있으면 피고인은 공소의 제기가 없었던 상태로 복귀되어 유죄판결의 위험으로부터 벗어나는 것이므로 그 판결은 피고인에게 불이익한 재판이라고 할 수 없다(대판 1988.11.8, 85도1675).

2 면소판결에 대하여 예외적으로 피고인에게 상소의 이익이 있는 경우

면소판결에 대하여 무죄판결인 실체판결이 선고되어야 한다고 주장하면서 상고할 수 없는 것이 원칙이지만, (형벌에 관한 법령이 헌법재판소의 위헌결정으로 인하여 소급하여 그 효력을 상실하였거나, 법원에서 위헌·무효로 선언된 경우) 피고인에게 무죄의 선고를 하여야 하므로 면소를 선고한 판결에 대하여 상고가 가능하다[대판 2010.12.16, 2010도5986(전합) **긴급조치 제1호 위반 사건**]. 15. 변호사, 20. 국가직 9급

04 상소의 제기·포기·취하

1. 상소의 제기

의의	상소는 상소제기기간 내에 상소장을 원심법원에 제출함으로써 이루어짐(**《주의》** 상소법원 ×) 16. 법원직 9급	
상소기간	상소기간	① 항소와 상고, 즉시항고의 제기기간은 **7일**임 18. 경찰간부 ② 보통항고는 그 결정을 취소할 실익이 있는 한 언제든지 할 수 있음 ③ 교도소 또는 구치소에 있는 피고인이 상소의 제기기간 내에 상소장을 교도소장 등에게 제출한 때에는 상소의 제기기간 내에 상소한 것으로 간주함(**재소자의 특칙**) 16. 경찰간부
	기산일	① 상소의 제기기간은 **재판을 선고 또는 고지한 날부터 진행**함 ② 기간 계산에 있어서는 초일 불산입
상소제기의 효과	정지의 효력	① 상소제기에 의하여 원칙적으로 재판의 확정과 그 집행이 정지됨 ② 예외적으로 보통항고는 집행정지의 효력이 없고, 재산형의 가납판결은 상소제기에 의하여 집행이 정지되지 않음
	이심의 효력	① 상소제기에 의하여 소송계속은 원심을 떠나 상소심으로 옮겨짐 ② 이심의 효력은 상소장·증거물·소송기록 등이 원심법원으로부터 상소법원에 송부된 때에 발생함

> **⚖️ 판례 | 상소기간의 기준일(= 재판의 선고 또는 고지한 날)**
>
> 형사소송법 제343조 제2항에서는 "상소의 제기기간은 재판을 선고 또는 고지한 날로부터 진행한다."고 규정하고 있으므로 **형사소송에 있어서는 판결등본이 당사자에게 송달되는 여부에 관계없이 공판정에서 판결이 선고된 날로부터 상소기간이 기산**되며 이는 피고인이 불출석한 상태에서 재판을 하는 경우에도 마찬가지이다(대결 2002.9.27, 2002모6). 14. 법원직 9급

적용 ○	① 상소장
	② 상소이유서
	③ 상소권회복청구서
	④ 상소포기서 및 취하서
	⑤ 재심청구서 및 그 취하서
	⑥ 소송비용집행면제신청서 및 그 취하서
	⑦ 재판해석의의신청서 및 그 취하서
	⑧ 재판집행이의신청서 및 그 취하서
	⑨ 약식명령에 대한 정식재판청구서
	⑩ 국민참여재판을 원하는지의 여부에 대한 서면
적용 ×	① 재정신청서[대결 1998.12.14, 98모127]
	② 재정신청 기각결정에 대한 재항고장[대결 2015.7.16, 2013모2347(전합) 너무 짧은 3일 사건]

2. 상소의 포기 · 취하

의의	① 상소의 포기란 상소권자가 상소제기기간 내에 상소권행사를 포기하는 의사표시를 하는 것
	② 상소의 취하란 일단 제기한 상소를 철회하는 것
포기 · 취하권자	① 검사와 피고인 및 항고권자는 상소의 포기 또는 취하를 할 수 있음
	② 피고인 또는 상소대리권자는 사형 · 무기징역 · 무기금고가 선고된 판결에 대하여는 상소의 포기를 할 수 없음 14 · 15 · 16. 경찰간부, 16. 법원직 9급
	③ 피고인의 상소대리권자는 피고인의 동의를 얻어 상소를 **취하할 수 있음**. 그러나 상소대리권자는 피고인의 동의를 얻더라도 상소를 포기할 수 없음 15. 경찰채용, 17. 법원직 9급
	④ 법정대리인이 있는 피고인이 상소의 포기 또는 취하를 할 때에는 법정대리인의 동의를 얻어야 함
방식	① 상소의 포기는 원심법원에 하여야 하고, 상소의 취하는 상소법원에 해야 함. 다만, 소송기록이 상소법원에 송부되지 아니한 때에는 상소의 취하를 원심법원에 할 수 있음(《주의》 상소의 포기 · 취하는 상소법원에 하여야 한다. ×) 15 · 16. 경찰간부
	② 상소의 포기 또는 취하는 **서면**으로 해야 함. 다만, 공판정에서는 **구술**로써 할 수 있음 15 · 18. 경찰간부, 16. 변호사
포기 · 취하의 효력을 다투는 절차	① **상소의 포기 또는 취하가 부존재 또는 무효**임을 주장하는 자는 법원에 **절차속행의 신청**을 할 수 있음(《주의》 상소권회복청구를 할 수 있다. ×)
	② 신청이 이유 있다고 인정하는 때에는 신청을 인용하는 결정을 하고 절차를 속행해야 하며, 신청이 이유 없다고 인정하는 때에는 결정으로 신청을 기각함
	③ 신청기각결정에 대하여는 즉시항고할 수 있음

⚖ 판례 |

1 변호인의 항소취하의 방법

변호인은 피고인의 동의를 얻어 상소를 취하할 수 있으므로 변호인의 상소취하에 피고인의 동의가 없다면 그 상소취하의 효력은 발생하지 아니한다. 한편 변호인이 상소취하를 할 때 원칙적으로 피고인은 이에 동의하는 취지의 서면을 제출하여야 하나, 피고인은 공판정에서 구술로써 상소취하를 할 수 있으므로 **변호인의 상소취하에 대한 피고인의 동의도 공판정에서 구술로써 할 수 있다.** 다만, 상소를 취하하거나 상소의 취하에 동의한 자는 다시 상소를 하지 못하는 제한을 받게 되므로 **상소취하에 대한 피고인의 구술 동의는 명시적으로 이루어져야만 한다**(대판 2015.9.10, 2015도7821). 16. 법원직 9급, 18. 국가직 7급

2 변호인의 항소취하가 효력이 없는 경우

피고인의 **변호인이 구술로써 항소를 취하한다고 진술하였으나 피고인이 이에 대하여 아무런 의견도 진술하지 아니한 상태에서,** 원심이 피고인에게 변호인의 항소취하에 대하여 동의하는지 여부에 관한 **명시적인 의사를 확인하지 아니한 채 변론을 종결한 경우,** 원심법정에서의 변호인의 항소취하에 피고인이 동의하였다고 인정하기 어려우므로 **변호인의 항소취하는 효력이 없다**(대판 2015.9.10, 2015도7821 **변호인 항소취하 사건**). 20. 경찰채용 · 국가직 9급 · 국가직 7급

3 법정대리인 일방만이 한 항소취하가 효력이 없는 경우

미성년자인 피고인이 항소취하서를 제출하였고, 피고인의 법정대리인 중 어머니가 항소취하 동의서를 제출하였어도 아버지가 항소취하 동의서를 제출하지 않았다면 피고인의 항소취하는 효력이 없다(대판 2019.7.10, 2019도4221). 20. 법원직 9급

05 일부상소

의의	① **상소는 재판의 일부에 대하여 할 수 있고,** 재판의 일부에 대한 상소를 일부상소라고 함 15. 경찰채용. 18. 경찰간부
	② 일부상소가 허용되지 않는 경우에 일부에 대한 상소는 전부에 대한 상소로 간주함 ➡ 상소불가분의 원칙 15 · 18. 경찰채용. 18. 경찰간부
요건	① **실체적 경합범**(《주의》 단순일죄 ×, 포괄일죄 ×, 상상적 경합범 ×)
	② **판결주문의 분리**
허용범위	**허용 ○** ① 실체적 경합범 관계에 있는 수죄에 대하여 　㉠ 일부는 유죄, 다른 일부는 무죄 · 면소 · 공소기각 재판이 선고된 경우 　㉡ 일부는 징역형, 다른 일부는 벌금형이 선고된 경우 　㉢ 전부에 대하여 무죄가 선고된 경우 ② **유죄판결과 함께 선고된 배상명령** 14. 국가직 7급
	허용 × ① 일죄의 일부 ② 주형과 일체가 된 부가형 ③ 한 개의 형이 선고된 경합범
방식	① 일부상소의 방식: 일부상소를 함에는 일부상소를 한다는 취지를 상소장에 명시해야 함
	② 상소심의 심판범위: 일부상소의 경우 상소심의 심판대상은 상소제기한 범위에만 미치므로 상소가 제기되지 않은 부분은 상소기간이 경과하면 그대로 확정됨

⚖️판례 |

1 일부상소가 허용되는 경우
① **전부 무죄판결**에 대하여는 그중 일부 공소사실만을 특정하여 상소할 수 있으므로 항소대상이 되지 아니한 부분은 심판할 수 없다(대판 1973.7.10, 73도142).
② **경합범으로 동시에 기소된** 사건에 대하여 **일부 유죄, 일부 무죄의 선고**를 하거나 **일부의 죄에 대하여 징역형을, 다른 죄에 대하여 벌금형을 선고**하는 등 판결주문이 수개일 때에는 그 1개의 주문에 포함된 부분을 다른 부분과 분리하여 일부상소를 할 수 있는 것이고 당사자 쌍방이 상소하지 아니한 부분은 분리 확정된다(대판 2006.9.28, 2004도6371).

2 일부상소가 허용되지 않는 경우 Ⅰ
불가분의 관계에 있는 재판의 일부만을 불복대상으로 삼은 경우 그 상소의 효력은 상소불가분의 원칙상 피고사건 전부에 미쳐 그 전부가 상소심에 이심되는 것이고 이러한 경우로는 일부상소가 피고사건의 주위적 주문과 불가분적 관계에 있는 주문에 대한 것, 일죄의 일부에 대한 것, 경합범에 대하여 1개의 형이 선고된 경우 경합범의 일부 죄에 대한 것 등에 해당하는 경우를 들 수 있다[대판 2008.11.20, 2008도5596(전합) **광명 필로폰 매매알선 사건**]. 18·20. 경찰채용, 20. 국가직 9급

3 일부상소가 허용되지 않는 경우 Ⅱ
① 단순일죄의 관계에 있는 공소사실의 일부에 대하여만 유죄로 인정한 경우에 피고인만이 항소하여도 그 항소는 그 일죄의 전부에 미쳐서 항소심은 무죄 부분에 대하여도 심판할 수 있다(대판 2001.2.9, 2000도5000). 20. 법원직 9급
② **포괄적 일죄**의 관계에 있는 공소사실의 일부에 대하여만 유죄로 인정하고 나머지는 무죄가 선고되어 검사는 위 무죄 부분에 대하여 불복상고하고 피고인은 유죄 부분에 대하여 상고하지 않은 경우, 공소불가분의 원칙상 경합범의 경우와는 달리 포괄적 일죄의 일부만에 대하여 상고할 수는 없으므로 검사의 무죄 부분에 대한 상고에 의해 상고되지 않은 원심에서 유죄로 인정된 부분도 상고심에 이심(移審)되어 심판의 대상이 된다고 볼 것이다(대판 1985.11.12, 85도1998).
③ 피고사건의 재판 가운데 몰수 또는 추징에 관한 부분만을 불복대상으로 삼아 상소가 제기되었다 하더라도 상소심으로서는 이를 적법한 상소제기로 다루어야 하는 것이지 몰수 또는 추징에 관한 부분만을 불복대상으로 삼았다는 이유로 그 상소의 제기가 부적법하다고 보아서는 아니되고, 그 부분에 대한 상소의 효력은 그 부분과 불가분의 관계에 있는 본안에 관한 판단부분에까지 미쳐 그 전부가 상소심으로 이심되는 것이다[대판 2008.11.20, 2008도5596(전합) **광명 필로폰 매매알선 사건**]. 14. 국가직 7급, 18. 변호사·국가직 9급, 20. 법원직 9급
④ 원심(항소심)이 두개의 죄를 경합범으로 보고 한 죄는 유죄, 다른 한 죄는 무죄를 각 선고하자 검사가 무죄 부분만에 대하여 불복상고 하였다고 하더라도 위 **두 죄가 상상적 경합관계**에 있다면 유죄 부분도 상고심의 심판대상이 된다[대판 1980.12.9, 80도384(전합) **고양주유소 가짜휘발유 사건**]. 16. 변호사·법원직 9급, 17. 경찰간부, 17·18. 경찰채용
⑤ **주문이 단일한 경합범**의 일부에 대한 상소가 있을 때에는 경합범의 전부에 대한 상소가 있는 것으로 보아야 한다(대판 1961.10.5, 60도403).

4 형사소송법의 일반이론에 따라서 상소심에 이심이 되고 또한 상소심의 심판대상이 되는 경우
① **단순일죄**의 관계에 있는 공소사실의 일부에 대하여만 유죄로 인정한 경우에 **피고인만이 항소**하여도 그 항소는 그 일죄의 전부에 미쳐서 **항소심은 무죄 부분에 대하여도 심판할 수 있다**(대판 2001.2.9, 2000도5000). 16. 국가직 9급

② 포괄적 일죄의 관계에 있는 공소사실 중 일부 유죄, 나머지 무죄의 판결에 대하여 검사만이 무죄 부분에 대한 상고를 하고 피고인은 상고하지 아니하더라도, 상소불가분의 원칙상 검사의 상고는 그 판결의 유죄 부분과 무죄 부분 전부에 미치는 것이므로 유죄 부분도 상고심에 이전되어 그 심판대상이 된다(대판 1989.4.11, 86도1629).

5 피고인의 이익을 위하여 상소심에 이심은 되지만 상소심의 심판대상이 되지 않는 경우

① 포괄일죄의 일부만이 유죄로 인정된 경우 그 유죄 부분에 대하여 피고인만이 상고하였을 뿐 무죄나 공소기각으로 판단된 부분에 대하여 검사가 상고를 하지 않았다면, 상소불가분의 원칙에 의하여 **유죄 이외의 부분**도 상고심에 이심되기는 하나 그 부분은 이미 당사자간의 공격·방어의 대상으로부터 벗어나 사실상 심판대상에서 이탈하게 되므로 상고심으로서도 그 부분에까지 나아가 판단할 수 없다(대판 2004.10.28, 2004도5014 **위사감지기 사건**). 18. 경찰채용

② 환송 전 원심에서 **상상적 경합관계에 있는 수죄에 대하여 모두 무죄가 선고되었고**, 이에 **검사가 무죄 부분 전부에 대하여 상고하였으나 그중 일부 무죄 부분에 대하여는 이를 상고이유로 삼지 아니하였다면**, 비록 **상고이유로 삼지 아니한 무죄 부분도 상고심에 이심된다고는 하나** 그 부분은 이미 당사자간의 공격방어의 대상으로부터 벗어나 사실상 심판대상에서부터도 이탈하게 되는 것이므로, **상고심으로서도 그 무죄 부분에까지 나아가 판단할 수 없는 것이고** 따라서 상고심으로부터 다른 무죄 부분에 대한 원심판결이 잘못되었다는 이유로 사건을 파기환송 받은 원심은 그 무죄 부분에 대하여 다시 심리판단하여 유죄를 선고할 수 없다고 보아야 할 것이다(대판 2008.12.11, 2008도8922 **공군중사 상관 무고 사건**). 15. 국가직 9급

③ 제1심 법원이 공소사실의 동일성이 인정되는 범위 내에서 **공소가 제기된 범죄사실에 포함된 보다 가벼운 범죄사실을 유죄로 인정하면서** 법정형이 보다 가벼운 다른 법조를 적용하여 피고인을 처벌하고, **유죄로 인정된 부분을 제외한 나머지 부분에 대하여는 범죄의 증명이 없다는 이유로 판결이유에서 무죄로 판단한 경우**, 그에 대하여 피고인만이 유죄 부분에 대하여 항소하고 검사는 무죄로 판단된 부분에 대하여 항소하지 아니하였다면 비록 그 죄 전부가 피고인의 항소와 상소불가분의 원칙으로 인하여 항소심에 이심되었다고 하더라도 **무죄 부분은 심판대상이 되지 않는다**(대판 2008.9.25, 2008도4740 **이주노동자방송국 홈페이지 사건**).

6 형법 제37조 전단의 경합범 중 일부 유죄, 일부 무죄를 선고한 판결에 대하여 검사와 피고인 쌍방이 상소를 제기하였으나, 검사의 상소만이 이유 있는 경우 파기의 범위(= 전부 파기)

① 수개의 범죄사실에 대하여 항소심이 일부는 유죄, 일부는 무죄의 판결을 하고, 그 판결에 대하여 피고인 및 검사 쌍방이 상고를 제기하였으나 유죄 부분에 대한 피고인의 상고는 이유 없고, 무죄 부분에 대한 검사의 상고만 이유 있는 경우 항소심이 유죄로 인정한 죄와 무죄로 인정한 죄가 형법 제37조 전단의 경합범 관계에 있다면 항소심판결의 유죄 부분도 무죄 부분과 함께 파기되어야 한다(대판 2009.2.12, 2007도2733). 14. 국가직 7급, 16. 국가직 9급

② 형법 제37조 전단의 경합범 관계에 있는 죄에 대하여 일부는 유죄, 일부는 무죄를 선고한 원심판결에 대하여 피고인은 상소하지 아니하고, **검사만이 무죄 부분에 한정하지 아니하고 전체에 대하여 상소한 경우에 무죄 부분에 대한 검사의 상소만 이유 있는 때에도** 원심판결의 유죄 부분은 무죄 부분과 함께 파기되어야 하므로 상소심으로서는 **원심판결 전부를 파기하여야 한다**(대판 2012.6.14, 2011도12571). 16. 국가직 9급·경찰간부

7 형법 제37조 전단의 경합범 중 일부 유죄, 일부 무죄를 선고한 판결에 대하여 검사만이 무죄 부분에 대하여 상소를 제기하였고, 그 상소가 이유 있는 경우 파기의 범위(= 일부 파기)

① 경합범 중 일부에 대하여 무죄, 일부에 대하여 유죄를 선고한 항소심 판결에 대하여 검사만이 무죄 부분에 대하여 상고를 한 경우 피고인과 검사가 상고하지 아니한 유죄판결 부분은 상고기간이 지남으로써 확정되어 상고심에 계속된 사건은 무죄판결 부분에 대한 공소뿐이라 할 것이므로 상고심에서 이를 파기할 때에는 무죄 부분만을 파기할 수밖에 없다[대판 1992.1.21, 91도1402(전합) **군산 대명동 포주 사건**]. 16. 변호사 · 국가직 9급

② 경합범 중 일부에 대하여 무죄, 일부에 대하여 유죄를 선고한 제1심판결에 대하여 **검사만이 무죄 부분에 대하여 항소를 한 경우**, 피고인과 검사가 항소하지 아니한 유죄판결 부분은 항소기간이 지남으로써 확정되어 항소심에 계속된 사건은 무죄판결 부분에 대한 공소뿐이며, 그에 따라 항소심에서 이를 파기할 때에는 **무죄 부분만을 파기하여야 한다**(대판 2010.11.25, 2010도10985 **안동 신시장 필로폰 매매 · 투약 사건**). 14. 국가직 7급

06 불이익변경금지의 원칙

의의			피고인이 항소 · 상고한 사건이나 피고인을 위하여 항소 · 상고한 사건에 대하여 **상소심은 원심판결의 형보다 중한 형을 선고하지 못한다**는 원칙 16. 경찰채용
적용범위	상소의 주체	적용 ○	① 피고인만이 상소한 경우 ② 검사가 피고인의 이익을 위하여 상소한 경우 ③ 피고인과 검사 쌍방이 상소하였으나 **검사의 상소가 기각된 경우** ④ 합중국 군대의 구성원 등에 대하여 상소가 제기된 경우
		적용 ×	① 검사만이 상소한 경우 ➡ 상소의 취지가 피고인의 이익을 위한 것이 아님 ② 피고인과 검사 쌍방이 상소한 경우 ➡ 검사의 상소가 기각되지 않았음
	사건의 유형	적용 ○	① 피고인만이 항소 또는 상고한 경우 ② 제1심의 유죄판결에 대하여 검사의 항소가 없고 피고인만의 항소가 있는 제2심의 유죄판결에 대하여 검사의 상고가 있는 경우 ➡ 상고심과 제1심과의 관계 ③ 피고인의 상고에 의하여 상고심에서 원심판결을 파기하고 사건을 항소심에 환송한 경우 ➡ 파기환송 전후의 관계 ④ 즉결심판에 피고인만 정식재판 청구한 경우 18 · 19. 경찰채용 ⑤ 재심을 청구한 경우 14. 법원직 9급
		적용 ×	① 재판서 경정사건 ② 항고사건(다수설) ③ 약식명령에 피고인만 정식재판 청구한 경우 ➡ 형종상향금지 원칙
내용			① 중형변경금지: 판결주문의 형의 선고가 원심판결보다 중하게 변경되는 것만을 금지함 ② 불이익판단 기준: 불이익변경의 판단에 있어서는 형의 경중을 규정하고 있는 형법 제41조와 제50조가 기준이 됨 ➡ ☑ SUMMARY **불이익변경금지의 원칙 관련 판례** 참고

판례 |

1 불이익변경금지원칙이 적용되는 경우

① 피고인만이 또는 피고인을 위하여 상소한 사건에서 법원은 피고인이 같은 범죄사실에 대하여 이미 선고 또는 고지받은 형보다 중한 형을 선고하지 못한다(대판 2005.10.28, 2005도5822).

② 피고인과 검사 쌍방이 항소하였으나 검사가 항소 부분에 대한 항소이유서를 제출하지 아니하여 결정으로 항소를 기각하여야 하는 경우에는 항소심은 제1심판결의 형보다 중한 형을 선고하지 못한다(대판 1998.9.25, 98도2111 **참깨 밀수입 사건**). 14. 경찰채용, 15. 경찰간부

③ 쌍방 상고사건에 있어서 상고심이 검사의 상고를 기각하고 피고인 상고에 의하여 항소심 판결을 파기 환송한 경우에 환송 후의 항소심은 환송 전 항소심이 선고한 형보다 중한 형을 선고할 수 없다(대판 1969.3.31, 68도1870).

④ 피고인과 검사 쌍방이 항소하였으나 검사가 부착명령 청구사건에 대한 항소이유서를 제출하지 아니하여 **부착명령 청구사건에 대한 검사의 항소를 기각**하여야 하는 경우에는 항소심은 불이익변경금지의 원칙에 따라 부착명령 청구사건에 관하여 제1심판결의 형보다 중한 형을 선고하지 못한다(대판 2014.3.27, 2013도9666). 16. 경찰간부

⑤ 검사의 항소가 특히 피고인의 이익을 위하여 한 취지라고 볼 수 없다면 항소심에서 제1심판결의 형보다 중한 형을 선고할 수 있다(대판 1971.5.24, 71도574). 15. 경찰간부

2 불이익변경금지원칙이 적용되지 않는 경우

① 피고인과 검사 쌍방이 상소한 결과 검사의 상소가 받아들여져 원심판결 전부가 파기됨으로써 피고인에 대한 형량 전체를 다시 정해야 하는 경우에는 불이익변경금지의 원칙은 적용되지 아니하는 것이다(대판 2008.11.13, 2008도7647). 16. 경찰채용

② 불이익변경금지의 원칙은 피고인이 상소한 사건과 피고인을 위하여 상소한 사건에 있어서는 원심판결의 형보다 중한 형을 선고하지 못한다는 것이므로 **피고인과 검사 쌍방이 상소(검사는 양형이 가볍다는 이유로 상소)한 사건에 대하여는 적용되지 아니한다**(대판 2006.6.15, 2006도1718).

3 불이익변경금지원칙이 적용되는 사건

① 제1심 유죄판결에 대하여 검사의 항소가 없고 피고인만의 항소가 있는 제2심 유죄판결에 대하여 검사의 상고가 있는 경우에 **상고심은 검사의 불복 없는 제1심판결의 형보다 중한 형을 과할 수 없다**(대판 1957.10.4, 57오1). 17. 국가직 7급

② 피고인의 상고에 의하여 상고심에서 원심판결을 파기하고, 사건을 항소심에 환송한 경우에는 환송 전 원심판결과의 관계에서도 불이익변경금지의 원칙이 적용되어 그 파기된 항소심판결보다 중한 형을 선고할 수 없다(대판 2006.5.26, 2005도8607). 14·15. 법원직 9급, 17. 국가직 7급, 18. 변호사·경찰간부

③ 즉결심판에 대하여 피고인만이 정식재판을 청구한 사건에 대하여도 즉결심판에 관한 절차법 제19조의 규정에 따라 형사소송법 제457조의2 규정을 준용하여 즉결심판의 형보다 무거운 형을 선고하지 못한다(대판 1999.1.15, 98도2550). ➔ 이 판례는 2017.12.19. 형사소송법 개정에 따라 앞으로 폐기될 것으로 예상된다. 다만, 새로운 판례가 나오기 전까지는 일단 옳은 것으로 보고 문제를 풀어야 한다. 15. 법원직 9급, 18. 경찰채용

4 불이익변경금지원칙이 적용되지 않는 사건

판결을 선고한 법원에서 당해 판결서의 명백한 오류에 대하여 판결서의 경정을 통하여 그 오류를 시정하는 것은 피고인에게 유리 또는 불리한 결과를 발생시키거나 피고인의 상소권 행사에 영향을 미치는 것이 아니므로 여기에 불이익변경금지원칙이 적용될 여지는 없다(대판 2007.7.13, 2007도3448 **74일 미결구금일수 산입 삭제 사건**). 17. 경찰간부

5 (사건을 병합심리한 후 선고한 형이) 불이익변경금지원칙에 위반되는 경우

A · B죄에 대하여 **벌금 700만원**, C · D죄에 대하여 **벌금 200만원** ➡ A · B · C · D 모든 죄에 대하여 **징역 1년에 집행유예 2년 및 사회봉사명령 80시간**(대판 2006.5.26, 2005도8607 **아들에게 폭로하겠다 사건**)
17. 국가직 9급

6 (사건을 병합심리한 후 선고한 형이) 불이익변경금지원칙에 위반되지 않는 경우

① A죄에 대하여 **징역 1년에 집행유예 2년과 추징금 1,000만원**, B죄에 대하여 **징역 1년 6월과 추징금 100만원** ➡ A · B 모든 죄에 대하여 **징역 2년과 추징금 1,100만원**(대판 2001.9.18, 2001도3448) 14. 경찰채용

② A죄에 대하여 **징역 1년에 집행유예 2년**, B죄에 대하여 **벌금 5만원** ➡ A · B 모든 죄에 대하여 **징역 8월에 집행유예 2년**(대판 1989.6.13, 88도1983)

7 불이익변경금지의 내용(= 중형변경금지)

불이익변경금지의 원칙은 피고인이 약식명령에 불복하여 정식재판을 청구한 사건에서 약식명령의 주문에서 정한 형보다 중한 형을 선고할 수 없다는 것이므로, 그 죄명이나 적용법조가 약식명령의 경우보다 불이익하게 변경되었다고 하더라도 선고한 형이 약식명령과 같거나 약식명령보다 가벼운 경우에는 불이익변경금지의 원칙에 위배된 조치라고 할 수 없다(대판 2013.2.28, 2011도14986 **타인 명의 LG파워콤 가입 사건**). 16. 경찰간부, 18. 변호사

✎ 취지만 유효

8 불이익변경금지의 원칙에 의하여 법정형에 없는 형벌도 선고할 수 있는지의 여부(적극)

약식명령에 대하여 피고인만이 정식재판을 청구한 사건에서 피고인에 대하여 사서명위조와 위조사서명행사의 범죄사실이 인정되는 경우에는 비록 사서명위조죄와 위조사서명행사죄의 법정형에 유기징역형만 있다 하더라도 불이익변경금지의 원칙이 적용되어 벌금형을 선고할 수 있는 것이므로 (공소사실의 동일성이 인정됨에도) 불이익변경금지의 원칙 등을 이유로 공소장변경허가신청을 불허할 것은 아니다(대판 2013.2.28, 2011도14986 **타인 명의 LG파워콤 가입 사건**). 16. 변호사 · 국가직 7급

✎ 취지만 유효

9 소년형사사건 및 군사재판에 있어 불이익변경금지원칙의 기준이 되는 형

① **부정기형을 파기하고 정기형을 선고함에 있어 불이익변경금지 원칙 위반 여부를 판단하는 기준은 부정기형의 장기와 단기의 중간형이 되어야 한다**[대판 2020.10.22, 2020도4140(전합)]. ➡ 불이익변경금지 원칙을 적용하여 부정기형과 정기형 사이의 경중을 가리는 경우에 부정기형 중 단기형과 정기형을 비교하여야 한다는 취지로 판시한 대판 1953.11.10. 53도14, 대판 1969.3.18, 69도114, 대판 2006.4.14, 20006도734 판례는 폐기되었다. 14. 국가직 9급, 14 · 18. 변호사

② **군사법원의 판결에 대하여 관할관이 형의 감경 또는 형의 집행을 면제**한 때에는 그 판결은 관할관의 확인조치에 따라 변경되는 것이고, 항소심 또는 상고심의 심판대상이 되는 판결은 관할관의 확인에 의하여 변경된 판결이라 할 것이므로 군사법원법 제437조에서 말하는 **'원심판결'**이라 함은 **'관할관의 확인에 의하여 변경된 판결'**을 의미한다(대판 1989.11.28, 89도780).

10 불이익변경금지의 원칙이 적용되는 처분

① **추징도 몰수에 대신하는 처분으로서 몰수와 마찬가지로 형에 준하여 평가하여야 할 것이므로 그에 관하여도 불이익변경금지의 원칙이 적용되는 것이다**(대판 2006.11.9, 2006도4888 **과천시 건설과 선임계장 사건**). 14 · 16. 경찰간부, 16. 국가직 9급

② **성폭력 치료프로그램 이수명령은 범죄인에 대한 사회 내 처우의 한 유형으로서 형벌 그 자체가 아니라 보안처분의 성격을 가지는 것이지만, 성폭력 치료프로그램의 의무적 이수를 받도록 함으로써 실질적으로는 신체적 자유를 제한하는 것이 된다**(대판 2015.9.15, 2015도11362).

③ 피고인만이 상고한 사건에서 불이익변경금지의 원칙에 따라 원심보다 형을 피고인에게 불리하도록 변경할 수 없는 이상 (등록정보의 공개명령 및 고지명령을 하여야 함에도 불구하고) **원심이 등록정보의 공개명령 및 고지명령을 하지 아니한 잘못은 원심을 파기할 사유가 되지 못한다**(대판 2014.12.24, 2014도13529).

11 불이익변경금지의 원칙이 적용되지 않는 처분

① 소송비용의 부담은 형이 아니고 실질적인 의미에서 형에 준하여 평가되어야 할 것도 아니므로 불이익변경금지원칙의 적용이 없다(대판 2008.3.14, 2008도488). 14. 경찰간부, 19. 경찰채용

② 법원이 유죄판결을 선고하면서 신상정보 제출의무 등의 고지를 누락한 경우, 당해 법원 또는 상급심 법원이 적법한 내용으로 다시 고지할 수 있고, 상급심 법원에서 **신상정보 제출의무 등을 새로 고지하더라도 형을 피고인에게 불리하게 변경하는 경우에 해당되지 아니한다**(대판 2014.12.24, 2014도13529).

12 벌금·환형유치기간과 불이익변경금지의 원칙

① 원심이 선고한 벌금형의 환형유치기간이 제1심에서 선고한 징역 1년의 형의 기간을 초과한다고 하더라도 원심에서 선고한 벌금형이 형법상 징역형보다 경한 형이라고 보아야 할 것이다(대판 1980.5.13, 80도765). 19. 경찰채용

② **징역형의 형기가 단축**된 점에 비추어 볼 때 **벌금형의 액수가 같고** 벌금형에 대한 환형유치기간이 제1심에서 선고한 환형유치기간보다 길어졌다고 하여 원심의 형량이 제1심의 그것보다 피고인에게 불이익하게 변경되었다고는 할 수 없다(대판 1994.1.11, 93도2894).

③ 피고인에 대한 **벌금형이 감경**되었다면 그 벌금형에 대한 환형유치기간이 더 길어졌다 하더라도 전체적으로 비교하여 보면 형이 불이익하게 변경되었다고 할 수는 없다(대판 1981.10.24, 80도2325). 14. 경찰간부·국가직 9급

④ 벌금형에 관하여서 그 **벌금액수가 동일**하나 벌금완납 불능의 경우 **환형유치기간에 있어서 원심의 그것이 제1심의 그것보다 2.5배나 되므로 원심의 형은 제1심의 그것보다 중하다고 아니할 수 없다**(대판 1976.11.23, 76도3161).

☑ SUMMARY | 불이익변경금지의 원칙 관련 판례

1 불이익변경금지의 원칙에 위반되는 경우

① **구류** ➡ **벌금**(대판 2004.1.15, 2003도3880)

② 징역 8월(집행유예 2년) ➡ 징역 8월(집행유예 2년) 및 **압수물 몰수**(대판 1992.12.8, 92도2020)

③ 징역 5년, 벌금 135,000,000원, 몰수 한국은행 1,000원권 18장 및 **추징 135,914,760원** ➡ 징역 5년, 벌금 133,000,000원, 몰수 한국은행 1,000원권 18장 및 **추징 230,364,000원**(대판 1986.9.23, 86도402)

④ 징역 6월(**집행유예 1년**) ➡ 징역 6월(**집행유예 2년**)(대판 1983.10.11, 83도2034)

⑤ **무기징역** ➡ 무기징역 및 **징역 6월**(대판 1981.9.8, 81도1945)

⑥ 징역 2년(집행유예 3년), 벌금 500,000원(금 2,500원을 1일로 환산한 환형유치기간 200일) 및 추징 25,764,000원 ➡ 징역 2년(집행유예 3년), 벌금 500,000원(금 1,000원을 1일로 환산한 **환형유치기간 500일**) 및 **추징 3,067,500원**(대판 1976.11.23, 76도3161)

⑦ 징역 2년(집행유예 3년) ➡ 징역 1년(집행유예 2년)과 징역 1년(집행유예 2년) 및 **성폭력치료강의수강 40시간**(대판 2018.10.4, 2016도15961 **전역한 대위 사건**)

⑧ 징역 2년 6월, 정보공개 5년, 정보고지 5년 및 **전자장치부착 5년** ➡ 징역 2년 6월, 정보공개 5년, 정보고지 5년 및 **전자장치부착 10년**(대판 2014.3.27, 2013도9666 · 2013전도199) 17. 국가직 9급

⑨ 벌금 300만원 ➡ 벌금 300만원 및 **성폭력치료프로그램이수 24시간**(대판 2015.9.15, 2015도11362) 17. 변호사

✎ 취지만 유효

⑩ 벌금 200만원 ➡ 벌금 200만원 및 **성폭력치료프로그램이수 20시간**(대판 2014.8.20, 2014도3390)
  ✎. 취지만 유효

⑪ 징역 6월(선고유예) ➡ 벌금 2,000,000원(대판 1999.11.26, 99도3776) 16. 국가직 9급, 17. 변호사, 18. 경찰간부, 20. 법원직 9급

⑫ 징역 1년(선고유예) ➡ 벌금 300,000원(대판 1984.10.10, 84도1489)

⑬ 징역 6월(집행유예 1년) ➡ 징역 8월(형집행 면제)(대판 1963.2.14, 62도248)

⑭ 금고 1년 6월(집행유예 2년) ➡ 금고 8월(대판 1970.3.24, 70도33)

⑮ 징역 1년 6월(집행유예 3년) ➡ 징역 1년(대판 2016.3.24, 2016도1131) 16. 변호사, 17·18. 국가직 9급, 18. 경찰채용, 20. 법원직 9급

⑯ 징역 6월 ➡ 징역 8월(집행유예 2년)[대판 1966.12.8, 66도1319(전합)] 20. 법원직 9급

⑰ 징역 6월 ➡ 징역 10월(집행유예 2년)(대판 1958.8.29, 57도57)

⑱ 징역 1년 6월 및 추징 26,150,000원 ➡ 징역 1년 6월(집행유예 3년), 벌금 50,000,000원(금 50,000원을 1일로 환산한 환형유치기간 1,000일) 및 추징 26,150,000원(대판 2013.12.12, 2012도7198) 18. 변호사

⑲ 징역 2년 6월 및 벌금 7,500,000원 ➡ 징역 2년 6월(집행유예 3년) 및 벌금 15,000,000원(대판 1981.1.27, 80도2977)

⑳ 징역 6월 ➡ 징역 6월(집행유예), 벌금 20,000원(대판 1970.5.26, 70도638) 21. 경찰간부

㉑ 징역 3년(집행유예 5년) ➡ 징역 8월(집행유예 1년) 및 **자격정지 1년**(대판 1985.6.11, 84도1958 **성남 성모병원 낙태 사건**)

㉒ 치료감호 ➡ 징역 1년 6월(대판 1983.6.14, 83도765 **칠득이 사건**)

㉓ 징역 1년, 성폭력치료프로그램이수 120시간 및 아동·청소년관련기관 등 취업제한 5년 ➡ 징역 1년, 성폭력치료프로그램이수 120시간, 아동·청소년관련기관 등 취업제한 5년 및 **장애인복지시설 취업제한 5년**(대판 2019.10.17, 2019도11540) 20. 국가직 7급

2 불이익변경금지의 원칙에 위반되지 않는 경우

① 추징 ➡ 몰수(대판 2005.10.28, 2005도5822 **최성규 총경 수뢰 사건**)

② 벌금 ➡ 구류(대판 2002.5.28, 2001도5131)

③ 금고 5월 ➡ 징역 5월(집행유예 2년), 보호관찰 및 수강명령 40시간(대판 2013.12.12, 2013도6608) 17. 변호사

④ 징역 7년 ➡ 징역 5년 및 벌금 10억원(대판 2002.9.10, 2002도3029)

⑤ 벌금 150,000,000원(금 150,000원을 1일로 환산한 **환형유치기간 1,000일**) ➡ 벌금 39,800,000원(금 50,000원을 1일로 환산한 **환형유치기간 796일**)(대판 2000.11.24, 2000도3945)

⑥ 징역 2년(집행유예 3년) 및 추징 536,240,000원 ➡ 징역 1년(집행유예 2년) 및 추징 657,275,000원(대판 1998.5.12, 96도2850)

⑦ 징역 1년(선고유예) ➡ 벌금 40,000,000원(선고유예) 및 추징 16,485,250원(선고유예)[대판 1998.3.26, 97도1716(전합)] 15. 국가직 9급

⑧ 징역 2년 6월, 벌금 15,000,000원(선고유예) 및 추징 11,461,400원 ➡ 징역 2년 6월(집행유예 4년), 벌금 10,000,000원 및 추징 11,461,400원(대판 1976.10.12, 74도1785)

⑨ 징역 1년 및 벌금 5,000,000원(금 20,000원을 1일로 환산한 **환형유치기간 250일**) ➡ 징역 10월 및 벌금 5,000,000원(금 10,000원을 1일로 환산한 **환형유치기간 500일**)(대판 1994.1.11, 93도2894)

⑩ 징역 및 벌금 108,000,000원(금 3,600,000원을 1일로 환산한 **환형유치기간 30일**) ➡ 징역 감경(집행유예) 및 벌금 85,000,000원(금 300,000원을 1일로 환산한 **환형유치기간 283일**)(대판 1981.10.24, 80도2325)

⑪ 징역 4년 및 벌금 19,055,000원(금 76,220원을 1일로 환산한 **환형유치기간 250일**) ➡ 징역 3년 및 벌금 16,500,000원(금 16,500원을 1일로 환산한 **환형유치기간 1,000일**)(대판 1980.11.25, 80도2224)

⑫ 징역 5년 및 벌금 15,000,000원(금 200,000원을 1일로 환산한 **환형유치기간 75일**) ➡ 징역 3년 및 벌금 7,500,000원(금 50,000원을 1일로 환산한 **환형유치기간 150일**)[대판 1977.9.13, 77도2114(전합)]

⑬ 징역 5년 및 벌금 26,600,000원(금 200,000원을 1일로 환산한 **환형유치기간 133일**) ➡ 징역 5년 및 벌금 15,000,000원(금 100,000원을 1일로 환산한 **환형유치기간 150일**)[대판 1977.9.13, 77도2114(전합)]

⑭ 징역 5년, 성폭력치료프로그램이수 40시간 및 추징 18만원 ➡ 징역 5년, 성폭력치료프로그램이수 40시간, 추징 18만원 및 취업제한 5년(취업제한 명령의 선고가 없더라도 개정 청소년성보호법 부칙 제4조 또는 제5조의 특례 규정에 따라 피고인은 아동 · 청소년 관련기관 등에 5년간 취업이 제한됨)(대판 2018.10.25, 2018도13367 **여중생 성매매알선 사건**)

⑮ **징역 9년 및 전자장치부착 10년 ➡ 징역 8년,** 정보공개 5년 및 전자장치부착 10년(대판 2011.12.22, 2011도14594)

⑯ **징역 15년 및 전자장치부착 5년 ➡ 징역 9년,** 정보공개 5년 및 전자장치부착 6년(대판 2011.4.14, 2010도16939 **친딸 수회 강간 사건**) 14. 경찰간부, 18. 경찰채용

⑰ **징역 장기 7년, 단기 5년 및 전자장치부착 5년 ➡ 징역 장기 5년, 단기 3년 및 전자장치부착 20년**(대판 2010.11.11, 2010도7955)

⑱ **주형 ➡ 주형 감축, 압수장물의 피해자 환부**(대판 1990.4.10, 90도16) 16. 국가직 9급, 18. 경찰간부 · 경찰채용

⑲ **징역 3년 및 압수물 제1호 내지 제19호 몰수 ➡ 징역 2년 및 압수물** 제1호 내지 제19호, **제23호 내지 제26호 몰수**(대판 1977.3.22, 77도67)

⑳ **징역 10월(집행유예 2년) ➡ 벌금** 10,000,000원(대판 1990.9.25, 90도1534)

㉑ **징역 1년(형집행 면제) ➡ 징역 8월(집행유예 2년)**[대판 1985.9.24, 84도2972(전합)] 16. 경찰채용, 18. 변호사

㉒ **징역 5년, 성폭력치료프로그램이수 40시간 및 추징 18만원 ➡ 징역 5년, 성폭력치료프로그램이수 40시간, 추징 18만원 및 취업제한 5년(취업제한 명령의 선고가 없더라도 개정 아청법 부칙 제4조 또는 제5조의 특례 규정에 따라 피고인은 아동 · 청소년 관련기관 등에 5년간 취업이 제한됨)**(대판 2018.10.25, 2018도13367 **여중생 성매매알선 사건**)

07 파기판결의 구속력

의의	상소심이 원심판결을 파기환송 또는 이송한 경우에 **상소심의 판단이 당해 사건에 관하여 환송 또는 이송을 받은 하급심을 구속하는 효력**
구속력의 범위	① 파기판결의 구속력은 하급심뿐만 아니라 파기판결을 한 상급법원 자신에게도 미침 ② 구속력이 미치는 판단 　㉠ 법률판단 및 사실판단 모두에 미침 　㉡ 파기의 이유가 된 소극적 · 부정적 판단에 대하여만 미침 ③ 파기판결 후 새로운 사실과 증거에 의하여 사실관계가 변경되거나 파기판결 후 법령이나 판례의 변경이 있는 경우에는 구속력이 배제됨

🔨 판례 Ⅰ

1 파기판결을 선고한 상급심 자신에게도 구속력이 미치는지의 여부(적극)

파기환송을 받은 법원은 그 파기이유로 한 사실상 및 법률상의 판단에 기속되는 것이고 그에 따라 판단한 판결에 대하여 다시 상고를 한 경우에 **그 상고사건을 재판하는 상고법원도 앞서의 파기이유로 한 판단에 기속되므로 이를 변경하지 못한다**(대판 2008.2.28, 2007도5987 **신한 회장 배임 사건**). 15. 국가직 9급

2 구속력이 미치는 판단의 범위(= 소극적 판단에만 미침)

환송판결의 하급심에 대한 구속력은 파기의 이유가 된 원판결의 사실상 및 법률상의 판단이 **정당하지 않다는 소극적인 면에서만 발생하는 것이다**(대판 1984.11.27, 84도2252 **송씨(宋氏)일가 간첩조작 사건**).

3 파기판결의 구속력이 없어지는 경우

① **환송 후 원심에서 공소사실이 변경**된 경우 환송 후 원심이 이에 대하여 새롭게 사실인정을 할 재량권을 가지게 되는 것이므로 더 이상 파기환송판결이 한 사실판단에 기속될 필요는 없다(대판 2004.4.9, 2004도340). 15. 국가직 9급

② 상고심으로부터 사건을 환송받은 법원은 그 사건을 재판함에 있어서 상고법원의 파기이유로 한 사실상 및 법률상의 판단에 기속되는 것이지만, **환송 뒤 심리과정에서 새로운 증거가 제출**되어 기속적 판단의 기초가 된 증거관계에 변동이 생기는 경우에는 그러하지 아니하다(대판 2003.2.26, 2001도1314 **불광동 치과의사 모녀살해 사건**). 15. 국가직 9급

제2절 항소

01 의의

개념		제1심판결에 불복하여 제2심 법원에 제기하는 상소
상소심 구조	복심	원심의 심리·판결을 무효로 하고 피고사건에 대하여 다시 처음부터 심리하는 구조
	속심	원심의 심리를 전제로 원심의 소송자료를 이어받아, 종결된 변론을 재개하는 것처럼 심리를 계속 이어서 하는 구조
	사후심	원심의 소송자료만을 토대로 원판결의 당·부당을 사후적으로 심사하는 구조
현행 상소심의 구조		① 항소심: 원칙적으로 속심, 예외적 사후심 ② 상고심: 사후심

⚖ 판례 |

1 항소심의 구조(= 원칙적으로 속심)

[1] 현행 형사소송법상 항소심은 기본적으로 실체적 진실을 추구하는 면에서 **속심적 기능이 강조**되고 있고, 다만 사후심적 요소를 도입한 형사소송법의 조문들이 남상소의 폐단을 억제하고 항소법원의 부담을 감소시킨다는 소송경제상의 필요에서 항소심의 속심적 성격에 제한을 가하고 있음에 불과하다. [2] **공소의 효력과 판결의 기판력의 기준시점**은 사실심리의 가능성이 있는 최후의 시점인 판결선고시라고 할 것이나, **항소된 경우 그 시점은 현행 항소심의 구조에 비추어 항소심판결 선고시라고 함이 타당**하고 그것은 파기자판한 경우이든 항소기각된 경우든 다를 바가 없다(대판 1983.4.26, 82도2829).

2 상고심의 구조(= 사후심)

① **상고심의 심판대상은 항소심 판결 당시를 기준으로 하여 그 당부를 심사하는 데 있다**(대판 1986.12.9, 86도2181).

② **상고심은 항소법원 판결에 대한 사후심이므로 항소심에서 심판대상이 되지 않은 사항은 상고심의 심판 범위에 들지 않는 것**이어서 피고인이 항소심에서 항소이유로 주장하지 아니하거나 항소심이 직권으로 심판대상으로 삼은 사항 이외의 사유에 대하여는 이를 상고이유로 삼을 수 없다(대판 2013.9.16, 2013도5214 **한화 김승연회장 사건**).

02 항소이유

상대적 항소이유	법령위반	판결에 영향을 미친 법령위반
	법령위반 이외	판결에 영향을 미친 사실오인
절대적 항소이유	법령위반	① 관할규정의 위반 ② 법원구성의 위법 14. 국가직 9급 ③ 공개에 관한 규정위반 ④ 이유불비와 이유모순
	법령위반 이외	① 형의 폐지·변경·사면 ② 재심청구의 사유 ③ 양형부당

03 항소심의 절차

항소의 제기		항소는 7일의 항소제기기간 이내에 항소장을 원심법원에 제출함으로써 이루어짐(**《주의》** 상소법원 ×) 14·18. 경찰간부, 14·15. 법원직 9급, 15. 경찰채용
원심법원의 조치		① 항소의 제기가 법률상의 방식에 위반하거나 항소권 소멸 후인 것이 명백한 때에는 원심법원은 결정으로 항소를 기각함 17. 국가직 7급 ② 항소기각결정을 할 경우를 제외하고는 원심법원은 항소장을 받은 날부터 14일 이내에 소송기록과 증거물을 항소법원에 송부해야 함 14. 경찰간부
항소이유서 등의 제출		① 항소법원이 기록의 송부를 받은 때에는 즉시 항소인과 상대방에게 그 사유를 통지해야 함 ② 항소인 또는 변호인은 기록접수통지를 받은 날로부터 20일 이내에 항소이유서를 항소법원에 제출해야 함(**《주의》** 원심법원 ×) 14·15. 법원직 9급 ③ 항소이유서의 제출을 받은 항소법원은 지체 없이 그 부본 또는 등본을 상대방에게 송달해야 함 ④ 상대방은 항소이유서의 송달을 받은 날로부터 10일 이내에 답변서를 항소법원에 제출해야 함 15. 법원직 9급
항소심의 심리	심판범위	항소법원은 항소이유(서)에 포함된 사유에 대하여 심판을 해야 함. 다만, 판결에 영향을 미친 사유에 관하여는 항소이유서에 포함되지 아니한 경우에도 직권으로 심판할 수 있음 14. 법원직 9급, 17. 경찰간부
	심리	① 항소심의 심판에 대하여도 제1심의 공판절차에 관한 규정이 원칙적으로 준용됨 ② 피고인이 공판기일에 출정하지 아니한 때에는 다시 기일을 정해야 하고 피고인이 **다시 정한 기일에 출정하지 아니한 때에는 피고인의 진술 없이 판결을 할 수 있음** 15. 국가직 9급 ③ 제1심 법원에서 증거로 할 수 있었던 증거는 항소심에서도 증거로 할 수 있음

⚖ 판례 |

1 변호인선임과 항소심의 소송기록접수통지

① [1] 피고인에게 소송기록접수통지를 한 후에 변호인의 선임이 있는 경우에는 변호인에게 다시 같은 통지를 할 필요가 없고 항소이유서의 제출기간도 피고인이 그 통지를 받은 날로부터 계산하면 되나, [2] 피고인에게 소송기록접수통지가 되기 전에 변호인의 선임이 있는 때에는 변호인에게도 소송기록접수통지를 하여야 하고 변호인의 항소이유서 제출기간은 변호인이 이 통지를 받은 날로부터 계산하여야 한다 (대판 1996.9.6, 96도166). 17. 법원직 9급

② 형사소송법 제361조의2 제2항의 규정에 의하면 항소법원은 소송기록접수통지를 하기 전에 변호인의 선임이 있는 때에는 변호인에게도 소송기록접수통지를 하도록 되어 있으므로 피고인에게 소송기록접수통지를 한 후에 변호인의 선임이 있는 경우에는 변호인에게 다시 같은 통지를 할 필요가 없는 것이고, **항소법원이 국선변호인을 선정하고 피고인과 그 변호인에게 소송기록접수통지를 한 후 피고인이 사선변호인을 선임함에 따라 항소법원이 국선변호인의 선정을 취소한 경우에도 마찬가지라고 할 것이며 이러한 경우 항소이유서의 제출기간은 국선변호인 또는 피고인이 소송기록접수통지를 받은 날로부터 계산**하여야 한다(대판 2007.3.29, 2006도5547).

③ **소송기록접수통지는 법령에 다른 정함이 있다는 등의 특별한 사정이 없는 한 서면 이외에 구술·전화· 모사전송·전자우편·휴대전화 문자전송 그 밖에 적당한 방법으로도 할 수 있고, 통지의 대상자에게 도달됨으로써 효력이 발생한다**(대판 2017.9.22, 2017모1680).

2 항소법원이 피고인에게 소송기록 접수통지를 2회에 걸쳐 한 경우 항소이유서 제출기간의 기산일(= 최초 송달의 다음날)

형사소송법 제361조의2 제1항에 따라 항소법원이 피고인에게 소송기록 접수통지를 함에 있어 2회에 걸쳐 그 통지서를 송달하였다고 하더라도 항소이유서 제출기간의 기산일은 최초 송달의 효력이 발생한 날의 다음 날부터라고 보아야 한다(대판 2010.5.27, 2010도3377). 14. 국가직 7급

3 법원이 피고인으로부터 국선변호인 선정청구를 받고도 그에 대한 허부의 결정을 지체하다가 피고인이 항소이유서 제출기간 내에 항소이유서를 제출하지 못한 경우, 법원이 취해야 할 조치

항소심 법원으로서는 항소이유서 제출기간이 지난 후라도 국선변호인 선정 결정과 함께 그 변호인에게 소송기록접수통지를 하여 국선변호인이 그 통지를 받은 날부터 기산하여 소정의 기간 내에 피고인을 위하여 항소이유서를 제출할 기회를 주든지 형사소송규칙 제44조를 유추적용하여 항소이유서 제출기간을 연장하는 조치를 취하는 방법으로 피고인에게 사선 변호인을 선임하여 항소이유서를 제출할 수 있는 기회를 실질적으로 부여함으로써 피고인으로 하여금 변호인의 조력을 받을 수 있도록 해주어야 한다(대결 2003.10.27, 2003모306). ➜ 이 판례에서 '소정의 기간'이란 형사소송법 제361조의3 제1항에 규정된 항소이유서 제출기간인 20일을 말한다.

4 피고인의 국선변호인 선정청구에 대하여 법원이 정당한 이유 없이 그 선정을 지연하여 항소이유서 제출기간이 경과한 후에야 국선변호인이 선정된 경우, 법원이 취해야 할 조치

항소법원은 형사소송규칙 제156조의2를 유추적용하여 그 **국선변호인에게도 별도로 소송기록접수통지를 하여 국선변호인이 그 통지를 받은 날로부터 기산하여 소정의 기간 내에 피고인을 위하여 항소이유서를 제출할 수 있는 기회를 주어야 한다**(대결 2000.11.28, 2000모66).

5 필요적 변호사건에서 피고인의 귀책사유에 의하지 아니한 사정으로 국선변호인이 항소이유서를 제출하지 않은 경우, 법원이 취해야 할 조치

항소법원은 종전 국선변호인의 선정을 취소하고 새로운 국선변호인을 선정하여 다시 소송기록접수통지를 함으로써 새로운 국선변호인으로 하여금 그 통지를 받은 때로부터 소정의 기간 내에 피고인을 위하여 항소이유서를 제출하도록 하여야 한다[대결 2012.2.16, 2009모1044(전합) **불성실한 국선변호인 사건**]. 14. 경찰간부, 15·16. 국가직 7급, 18. 법원직 9급

6 필요적 변호사건에서 피고인과 국선변호인에게 소송기록접수통지를 한 후 피고인이 사선변호인을 선임함에 따라 국선변호인 선정을 취소한 경우, 사선변호인에게 다시 같은 통지를 해야 하는지의 여부(소극)

필요적 변호사건에서 항소법원이 국선변호인을 선정하고 피고인과 국선변호인에게 소송기록접수통지를 한 다음 피고인이 사선변호인을 선임함에 따라 **국선변호인의 선정을 취소한 경우 항소법원은 사선변호인에게 다시 소송기록접수통지를 할 의무가 없으므로**, 사선변호인이 피고인 또는 국선변호인의 소송기록접수통지 수령일부터 항소이유서 제출기간이 지나도록 항소이유서를 제출하지 않았다면 항소이유서 부제출의 효과가 발생한다(직권조사사항이 없는 한 항소기각결정을 고지하여야 한다)[대판 2018.11.22, 2015도10651(전합) **불성실한 사선변호인 사건**]. 20. 경찰채용·국가직 9급

7 항소이유서 제출의 효력발생 시기

항소이유서는 적법한 기간 내에 항소법원에 도달하면 되는 것으로 그 도달은 항소법원의 지배권 안에 들어가 사회통념상 일반적으로 알 수 있는 상태에 있으면 되고 나아가 항소법원의 내부적인 업무처리에 따른 문서의 접수·결재 과정 등을 필요로 하는 것은 아니다(대판 1997.4.25, 96도3325). 14. 경찰간부

8 항소이유서 제출기간 경과 전에 항소사건을 심판할 수 있는지의 여부(소극)

① 형사소송법 제361조의3, 제364조 등의 규정에 의하면 항소심은 피고인 또는 변호인이 법정기간 내에 제출한 항소이유서에 의하여 심판하는 것이므로 **항소이유서 제출기간의 경과를 기다리지 아니하고는 항소사건을 심판할 수 없다**(대판 2015.12.24, 2015도17051). 16. 변호사

② 피고인의 항소이유서 제출기간 경과 전에 공판기일을 열어 이미 접수된 피고인 및 변호인 제출의 항소이유서를 심리하였더라도 **항소이유서 제출기간 경과 후에 판결이 선고되고 다른 항소이유서의 제출이 없어 위 항소이유서에 대하여 모두 판단되었으므로 피고인의 항소이유서를 제출할 기회를 박탈하였다고 할 수 없다**(대판 1975.2.10, 72도1910).

9 항소심의 심판대상이 되지 않는 경우

① 피고인이나 변호인이 **항소이유서에 포함시키지 아니한 사항을 항소심 공판정에서 진술한다** 하더라도 그 진술에 포함된 주장과 같은 항소이유가 있다고 볼 수 없다(대판 2008.7.24, 2007도4310). 14. 국가직 7급

② 피고인이 **양형부당만을 항소이유로 삼아 항소한 후 항소심 공판에서 새로 사실오인 등을 주장하였다고** 하더라도 그 주장이 이유 없어 판결에 영향을 미치지 아니한 경우라면 **항소심이 이 점에 대하여 따로 판단하지 아니하고 양형부당의 점에 관하여만 판단한 것은 정당하다**(대판 2007.1.25, 2006도7242).

04 항소심의 심판

공소기각결정	공소기각의 결정사유가 있는 때에는 결정으로 공소를 기각해야 함 14. 법원직 9급
항소기각결정	① 항소의 제기가 법률상의 방식에 위반하거나 항소권 소멸 후인 것이 명백한 때에 결정으로 항소를 기각해야 함 ② 항소이유서를 제출하지 아니한 때에도 결정으로 항소를 기각해야 함. 다만, 직권조사사유가 있거나 항소장에 항소이유의 기재가 있는 때에는 예외
항소기각판결	① 항소가 이유 없는 때에는 판결로써 항소를 기각해야 함 ② 항소가 이유 없음이 명백한 때에는 항소장, 항소이유서 기타의 소송기록에 의하여 변론 없이 판결로써 항소를 기각할 수 있음

파기판결		① 항소가 이유 있는 때에는 원심판결을 파기해야 함 ② 피고인을 위하여 원심판결을 파기하는 경우에 파기의 이유가 **항소한 공동피고인에게 공통되는 때에는 그에 대하여도 원심판결을 파기해야 함** 17·18. 경찰채용, 17. 국가직 7급 ③ 제1심판결에 기재한 범죄될 사실과 증거의 요지는 인용할 수 있으나, '법령의 적용'은 인용할 수 없다.
	자판	원심판결을 파기하고 다시 판결하는 것 ➡ 항소심의 원칙적 재판의 형식 17. 경찰간부
	환송	공소기각 또는 관할위반의 재판이 법률에 위반됨을 이유로 원심판결을 파기하는 때에는 판결로써 사건을 원심법원에 환송해야 함 15. 국가직 9급
	이송	관할의 인정이 법률에 위반됨을 이유로 원심판결을 파기하는 때에는 원칙적으로 판결로써 사건을 관할법원에 이송해야 함 17. 국가직 7급

⚖ 판례 |

1 항소심과 구두변론주의

검사가 공판정에서 구두변론을 통해 항소이유를 주장하지 않았고 피고인도 그에 대한 적절한 방어권을 행사하지 못하는 등 검사의 항소이유가 실질적으로 구두변론을 거쳐 심리되지 않았다고 평가될 경우, 항소심법원이 이러한 **검사의 항소이유 주장을 받아들여 피고인에게 불리하게 제1심판결을 변경하는 것은 허용되지 않는다**(대판 2017.8.18, 2017도7134 노숙인으로 돈벌이 병원 사건). 17. 국가직 9급

2 항소심이 자신의 양형판단과 일치하지 아니한다고 하여 양형부당을 이유로 제1심판결을 파기한 것이 위법한지의 여부(소극)

항소심은 제1심에 대한 사후심적 성격이 가미된 속심으로서 제1심과 구분되는 고유의 양형재량을 가지고 있다고 보아야 하므로 **항소심이 자신의 양형판단과 일치하지 아니한다고 하여 양형부당을 이유로 제1심판결을 파기하는 것이 바람직하지 아니한 점이 있다고 하더라도** 이를 두고 양형심리 및 양형판단 방법이 **위법하다고까지 할 수는 없다.** 그리고 위와 같은 항소심의 판단에 근거가 된 양형자료와 그에 관한 판단 내용이 모순 없이 설시되어 있는 경우에는 양형의 조건이 되는 사유에 관하여 일일이 명시하지 아니하여도 위법하다고 할 수 없다[대판 2015.7.23, 2015도3260(전합) **징역 10월 ➡ 징역 4년 사건**].

3 원심판결을 파기하여야 할 위법에 속하지 않는 경우

피고인이 범행에 사용한 도구가 스카프가 아니라 피고인이 신고 있던 양말임에도 원심이 이를 스카프로 잘못 인정한 위법이 있다 하더라도, 이는 **공소사실의 동일성의 범위 내에 속하는 것으로서 피고인의 방어권 행사에 아무런 지장이 없고 범죄의 성립이나 양형조건에도 영향이 없는 것이므로 원심의 이러한 잘못은 원심판결을 파기하여야 할 위법에 속하지 아니한다**(대판 1994.12.22, 94도2511 **의붓딸 살해미수사건**). 20. 해경간부

4 공소기각판결을 한 제1심판결이 법률에 위반되는 경우, 항소심이 취해야 할 조치(= 파기환송)

항소심이 제1심의 공소기각판결이 잘못이라고 하여 파기하면서도 사건을 제1심 법원에 환송하지 아니하고 본안에 들어가 심리한 후 피고인에게 유죄를 선고한 것은 형사소송법 제366조를 위반한 것이다(대판 2020.1.30, 2019도15987 **함정수사 인정 파기 사건**). 20. 경찰채용, 21. 경찰간부

5 상소심에서 원심의 주형 부분을 파기하는 경우, 몰수·추징 또는 소송비용 부분도 함께 파기해야 하는지의 여부(적극)

소송비용부담 부분은 본안 부분과 한꺼번에 심판되어야 하고 분리·확정될 수 없는 것이므로, 제1심 본안 부분을 파기하는 경우에는 마땅히 소송비용부담 부분까지 함께 파기하여야 한다(대판 2009.4.23, 2008도11921). 20. 국가직 9급

6 상소심에서 원심의 주형은 파기하지 않고, 부가형인 몰수·추징 부분만 파기할 수 있는지의 여부(적극)

주형과 몰수 또는 추징을 선고한 항소심판결 중 몰수 또는 추징 부분에 관해서만 파기사유가 있을 때에는 대법원은 그 부분만을 파기할 수 있다(대판 2005.10.28, 2005도5822). 16. 법원직 9급

7 항소심이 제1심의 양형이 과중하다고 인정하여 피고인의 항소이유를 받아들여 **제1심 판결을 파기하면서 제1심 그대로의 형을 선고하면 위법이다**(대판 2009.4.9, 2008도11718). 22. 해경간부

8 공동피고인을 위한 파기

① 형사소송법 제364조의2(피고인을 위하여 원심판결을 파기하는 경우에 파기의 이유가 항소한 공동피고인에게 공통되는 때에는 그 공동피고인에게 대하여도 원심판결을 파기하여야 한다)의 규정은 공동피고인 사이에서 파기의 이유가 공통되는 해당 범죄사실이 동일한 소송절차에서 병합심리된 경우에만 적용된다[대판 2019.8.29, 2018도14303(전합) **국정농단 박근혜 전대통령 사건**]. 20. 국가직 7급·법원직 9급

② 형사소송법 제364조의2에서 정한 **'항소한 공동피고인'**은 제1심의 공동피고인으로서 자신이 항소한 경우는 물론 그에 대하여 **검사만 항소한 경우까지도 포함한다**(대판 2022.7.28, 2021도10579 **검사의 항소로 무죄 사건**).

제3절 상고

01 의의 및 상고이유

개념	제2심 판결에 불복하여 대법원에 제기하는 상소
상고심의 구조	① 원칙적으로 법률문제를 심리·판단하는 법률심 ② 원칙적으로 원판결의 당·부당을 심사하는 사후심
상고이유	① 판결에 영향을 미친 헌법·법률·명령 또는 규칙의 위반이 있는 때 ② 판결 후 형의 폐지나 변경 또는 사면이 있는 때 ③ 재심청구의 사유가 있는 때 ④ 사형, 무기 또는 10년 이상의 **징역이나 금고가 선고**된 사건에 있어서 중대한 사실의 오인이 있어 판결에 영향을 미친 때 또는 형의 양정이 심히 부당하다고 인정할 현저한 사유가 있는 때(《주의》 사형·무기·7년 이상의 ×) 15. 경찰간부, 18. 법원직 9급

⚖ 판례 |

1 적법한 상고이유가 될 수 없는 경우 Ⅰ

① **경찰의 압수·수색 등이 위법**한 경우에는 형사소송법 제417조에 따라 법원에 그 처분의 취소나 변경을 청구하는 것은 별론으로 하고 그 처분이 위법하다는 사유만으로는 그 위법이 판결에 영향을 미친 것이 아닌 한 독립한 상고이유가 될 수 없다(대판 2005.10.14, 2005도6333).

② **수사기관에서의 구금장소, 변호인의 접견 등 구금에 관한 처분이 위법**한 것이라는 사실만으로는 그와 같은 위법이 판결에 영향을 미친 것이 아닌 한 **독립한 상소이유가 될 수 없다**(대판 1990.6.8, 90도646 **문익환 목사 방북 사건**). 14. 경찰승진

③ 확정판결에 대하여는 법적 안정성을 위하여 확정력과 기판력을 부여함이 원칙이고 다만 예외적으로 재심 등을 허용하는 것이 상당한 경우에 재심청구 등 특별한 불복방법을 허용하는 것이 형사소송법과 민사소송법의 기본 취지이다. 만일 확정판결에 대하여 이와 취지가 다른 확정판결이 있다는 이유만으로 다툴 수 있다면 분쟁의 종국적 해결이 지연되거나 불가능하게 되어 **소송경제에 반하거나 심급제도 자체가 무의미하게 되는 결과**가 초래되고, 재판을 통한 법질서의 형성과 유지도 어렵게 될 것이기 때문이다 (대판 2022.12.29, 2018도7575 **2번의 희망버스 시위 사건**).

2 적법한 상고이유가 될 수 없는 경우 Ⅱ

피고인에 대하여 **사형, 무기 또는 10년 이상의 징역이나 금고의 형이 선고된 경우**에 있어서도 형사소송법 제383조 제4호의 해석상 **검사는 그 형이 심히 가볍다는 이유로는 상고할 수 없다**(대판 1994.8.12, 94도 1705). 18. 법원직 9급

02 상고심의 절차

상고의 제기	상고는 7일의 상고제기기간 이내에 상고장을 원심법원에 제출함으로써 이루어짐(《주의》 상소법원 ×)	
원심법원의 조치	① **상고의 제기가 법률상의 방식에 위반하거나 상고권 소멸 후인 것이 명백한 때에는 원심법원은 결정으로 상고를 기각함** ② 상고기각결정을 할 경우를 제외하고는 원심법원은 상고장을 받은 날부터 14일 이내에 소송기록과 증거물을 상고법원에 송부해야 함	
상고이유서 등 제출	① 상고법원이 기록의 송부를 받은 때에는 즉시 상고인과 상대방에게 그 사유를 통지해야 함 ② 상고인 또는 변호인은 기록접수통지를 받은 날로부터 20일 이내에 상고이유서를 상고법원에 제출해야 함 ③ 상고이유서의 제출을 받은 상고법원은 지체 없이 그 부본 또는 등본을 상대방에게 송달해야 함 ④ 상대방은 상고이유서의 송달을 받은 날로부터 10일 이내에 답변서를 제출할 수 있음 15. 경찰간부	
상고심의 심리	심판범위	상고법원은 상고이유서에 포함된 사유에 관하여 심판해야 함. 다만, 제383조 제1호 내지 제3호의 경우에는 상고이유서에 포함되지 아니한 때에도 직권으로 심판할 수 있음

심리	① 변호사 아닌 자를 변호인으로 선임하지 못함
	② 검사와 변호인은 상고이유서에 의하여 변론해야 함
	③ 피고인 자신은 변론할 수 없으므로 상고심의 공판기일에는 피고인의 소환을 요하지 않음 14. 법원직 9급, 15. 경찰승진
	④ 상고법원은 상고장·상고이유서 기타의 소송기록에 의하여 변론 없이 판결할 수 있음. 다만, 상고법원은 필요한 경우에는 특정한 사항에 관하여 변론을 열어 참고인의 진술을 들을 수 있음 14. 법원직 9급

03 상고심의 심판

공소기각결정	공소기각 결정사유가 있는 때에는 결정으로 공소를 기각해야 함
상고기각결정	① 상고의 제기가 법률상의 방식에 위반하거나 상고권 소멸 후인 것이 명백한 때에는 결정으로 상고를 기각해야 함
	② 상고이유서를 제출하지 아니한 때에도 결정으로 상고를 기각해야 함. 다만, 상고장에 이유의 기재가 있는 때에는 예외
	③ 상고장 및 상고이유서에 기재된 상고이유의 주장이 형사소송법 제383조 각 호의 어느 하나의 사유에 해당하지 아니함이 명백한 때에는 결정으로 상고를 기각해야 함
상고기각판결	상고가 이유 없는 때에는 판결로써 상고를 기각해야 함
파기판결	① 상고가 이유 있는 때에는 원심판결을 파기해야 함
	② 피고인을 위하여 원심판결을 파기하는 경우에 파기의 이유가 **상고한 공동피고인에게 공통되는 때에는 그에 대하여도 원심판결을 파기해야 함** 14. 법원직 9급, 17. 국가직 7급

파기판결	자판	원심판결을 파기하고 다시 판결하는 것
	환송	① 공소기각 또는 관할위반의 재판이 법률에 위반됨을 이유로 원심판결을 파기하는 때에는 판결로써 사건을 원심법원에 환송해야 함
		② 기타 사유로 원심판결을 파기한 때에도 자판하는 경우가 아니면 판결로써 사건을 원심법원에 환송하거나 그와 동등한 다른 법원에 이송해야 함 ➡ 상고심의 원칙적 재판의 형식
	이송	관할의 인정이 법률에 위반됨을 이유로 원심판결을 파기하는 때에는 원칙적으로 판결로써 사건을 관할법원에 이송해야 함 14. 법원직 9급

04 비약적 상고

의의	제1심판결에 대하여 항소를 제기하지 아니하고 직접 대법원에 제기하는 상소
이유	① 원심판결이 인정된 사실에 대하여 법령을 적용하지 아니하였거나 법령의 적용에 착오가 있는 때
	② 원심판결이 있은 후에 형의 폐지나 변경 또는 사면이 있는 때
비약적 상고의 효력상실	비약적 상고가 있는 경우에도 당사자가 같은 사건에 대하여 항소를 제기한 때에는 비약적 상고는 효력을 잃음. 다만, 항소의 취하 또는 항소기각의 결정이 있는 때에는 예외로 함 14. 법원직 9급

> ⚖️ **판례 |** 제1심판결에 대한 피고인의 비약적 상고와 검사의 항소가 경합하여 피고인의 비약적 상고에 상고의 효력이 상실되고 검사의 항소에 기한 항소심이 진행되는 경우 피고인의 비약적 상고에 항소로서의 효력을 인정할 수 있는지의 여부(한정 적극)
>
> 형사소송법 제372조, 제373조 및 관련 규정의 내용과 취지, 비약적 상고와 항소가 제1심판결에 대한 상소권 행사로서 갖는 공통성, 이와 관련된 피고인의 불복의사, 피고인의 상소권 보장의 취지 및 그에 대한 제한의 범위와 정도, 피고인의 재판청구권을 보장하는 헌법합치적 해석의 필요성 등을 종합하여 보면, **제1심판결에 대하여 피고인은 비약적 상고를, 검사는 항소를 각각 제기하여 이들이 경합한 경우 피고인의 비약적 상고에 상고의 효력이 인정되지는 않더라도** 피고인의 비약적 상고가 항소기간 준수 등 항소로서의 적법요건을 모두 갖추었고, 피고인이 자신의 비약적 상고에 상고의 효력이 인정되지 않는 때에도 항소심에서는 제1심판결을 다툴 의사가 없었다고 볼 만한 특별한 사정이 없다면 **피고인의 비약적 상고에 항소로서의 효력이 인정된다**[대판 2022.5.19, 2021도17131(전합) 피고인의 비약적 상고 항소의제 사건]. ➡ "피고인의 비약적 상고와 검사의 항소가 경합한 경우 피고인의 비약적 상고에 항소로서의 효력을 인정할 수 없다"라고 판시한 판례(대판 2005.7.8, 2005도2967 · 대판 2015.9.11, 2015도10826 · 대판 2016.9.30, 2016도11358 · 대판 2017.7.6, 2017도6216)는 폐기되었다.

05 대법원판결 정정

의의	상고심판결 내용에 오류가 있는 경우에 이를 바로잡는 것
사유	판결의 내용에 오류(오기 또는 위산)가 있는 때
절차	① 상고법원은 직권 또는 검사 · 상고인 · 변호인의 신청에 의하여 판결을 정정할 수 있음 ② 판결정정의 신청은 판결선고가 있는 날로부터 10일 이내에 해야 함 15. 경찰간부 · 경찰채용 ③ 정정의 판결은 변론 없이 할 수 있음

제4절 항고

01 항고

1. 의의와 종류

의의		① 법원의 결정에 대한 상소 ② 항고는 일반항고와 특별(재)항고로 구분됨
일반항고 (1심 ➡ 2심)	즉시항고	① 즉시항고는 법률에 명문의 규정이 있는 경우에만 허용됨 14. 경찰간부 ② 즉시항고가 제기되면 원칙적으로 재판의 집행이 정지됨. 다만, 기피신청에 대한 간이기각결정과 불출석 증인에 대한 과태료부과 및 감치처분결정은 예외 14. 경찰승진, 17. 법원직 9급
	보통항고	① 즉시항고 이외의 일반항고 ② 법원의 구금, 보석, 압수, 압수물의 환부, 감정유치에 관한 결정, 소년부 송치결정 ③ 보통항고가 제기되더라도 재판의 집행은 정지되지 아니함 17. 법원직 9급

	항고 ×	① 법원의 관할 또는 판결 전의 소송절차에 관한 결정
		② 절차의 지연을 방지하기 위하여 불복이 허용되지 않음
특별(재)항고 (2심 ➡ 3심)		① 항고법원·고등법원·항소법원의 결정에 대하여 재판에 영향을 미친 법령위반이 있음을 이유로 대법원에 제기하는 상소
		② 특별항고는 언제나 즉시항고임

2. 항고의 절차

항고제기의 방법	① 항고는 항고장을 **원심법원**에 제출함으로써 이루어짐(《주의》 상소법원 ×) 14. 국가직 9급
	② 즉시항고의 제기기간은 7일이지만, 보통항고는 원심결정을 취소할 실익이 있는 한 **기간의 제한이 없음** 14. 경찰간부, 15. 법원직 9급
원심법원의 조치	① 항고기각의 결정: 항고의 제기가 법률상의 방식에 위반하거나 항고권 소멸 후인 것이 명백한 때에는 원심법원은 결정으로 항고를 기각해야 함 17. 법원직 9급
	② 경정결정: 원심법원은 항고가 이유 있다고 인정하는 때에는 결정을 경정해야 함
항고심의 심판	① 항고기각의 결정: 항고의 제기가 법률상의 방식에 위반하거나 항고권 소멸 후인 것이 명백한 때에 또는 항고가 이유 없다고 인정하는 때에는 결정으로 항고를 기각해야 함
	② 항고가 이유 있다고 인정하는 때에는 결정으로 원심결정을 취소하고 필요한 경우에는 항고사건에 대하여 직접 재판을 해야 함

> **🔎판례** | 즉시항고의 제기기간을 3일로 제한하고 있는 형사소송법 제405조가 헌법에 위반되는지의 여부 (적극, 헌법불합치)
>
> 즉시항고 제기기간을 3일로 제한하고 있는 형사소송법 제405조는 즉시항고 제기기간을 지나치게 짧게 정함으로써 실질적으로 즉시항고 제기를 어렵게 하고, 즉시항고 제도를 단지 형식적이고 이론적인 권리로서만 기능하게 하므로 입법재량의 한계를 일탈하여 재판청구권을 침해한다(헌재 2018.12.27, 2015헌바77 **즉시항고 3일 위헌 사건**).

> ☑ SUMMARY | 법원의 결정에 대한 불복방법
>
> 1 **즉시항고할 수 있는 법원의 결정**
> ① 기피신청기각결정(제23조)
> ② **구속취소결정**(제97조 제4항)
> ③ 보석에 있어 출석보증인에 대한 **과태료부과결정**(제100조의2)
> ④ 보석조건을 위반한 피고인에 대한 **과태료부과결정 및 감치처분결정**(제102조)
> ⑤ 불출석 증인에 대한 **과태료부과결정 및 감치처분결정**(제151조)
> ⑥ 증인·감정인·통역인·번역인에 대한 **과태료부과결정**(제161조, 제177조, 제183조)
> ⑦ 소송비용부담결정(제192조, 제193조)
> ⑧ 무죄판결에 대한 비용보상에 관한 결정(제194조의3)
> ⑨ 재정신청에 있어 재정신청인에 대한 **비용부담결정**(제262조의3)
> ⑩ **소송비용 집행면제신청에 관한 결정**(제487조, 제491조)
> ⑪ 국민참여재판에 있어 배심원 등에 대한 **과태료부과결정**(국민참여재판법 제60조)
> ⑫ 배상명령의 재판 ➡ **피고인의 불복**(소송촉진법 제33조)

⑬ 형사보상법상 형사보상결정(형사보상법 제20조 제1항, 헌재 2010.10.28, 2008헌마514)
⑭ 형사보상법상 보상청구 기각 또는 각하결정(형사보상법 제20조 제2항, 서울남부지법 1987.9.2, 85코3)
⑮ **재정신청기각결정**(제262조 제4항)
⑯ 공소기각결정(제328조, 제363조)
⑰ 항소기각결정(제360조, 제361조의4, 제362조)
⑱ 상고기각결정(제376조)
⑲ 항고기각결정(제407조)
⑳ **상소권회복청구에 관한 결정**(제347조)
㉑ 상소절차속행신청 기각결정(규칙 제154조)
㉒ 재심청구기각결정 및 재심개시결정(제437조)
㉓ 약식명령·즉결심판에 대한 정식재판청구 기각결정(제455조, 즉결심판법 제14조 제4항)
㉔ 재판서경정결정(규칙 제25조)
㉕ **국민참여재판을 하지 아니하기로 하는 결정**(국민참여재판법 제9조)
㉖ 집행유예취소에 관한 결정(제335조)
㉗ 형의 소멸신청 각하결정(제337조)
㉘ 재판해석에 대한 의의신청에 관한 결정(제488조, 제491조)
㉙ 형집행에 대한 이의신청에 관한 결정(제489조, 제491조)

2 보통항고할 수 있는 법원의 결정
① 구금에 관한 결정
② 구속집행정지결정(헌재 2012.6.27, 2011헌가36)
③ **접견교통권 제한결정**(대결 1996.6.3, 96모18)
④ 구속기간 갱신결정(대결 1987.2.3, 86모57)
⑤ 보석허가결정(대결 1997.4.18, 97모26)
⑥ **보증금납입조건부 구속피의자석방결정**(대결 1997.8.27, 97모21)
⑦ 압수·압수물의 환부에 관한 결정(대결 1998.3.10, 97모109)
⑧ 감정유치에 관한 결정
⑨ 소년부 송치결정(대결 1986.7.25, 86모9) ➡ 항고 7일

3 항고할 수 없는 법원의 결정
① 관할의 지정·이전·이송 등에 관한 결정
② 간이공판절차의 개시·취소에 관한 결정
③ 공판절차의 정지·갱신에 관한 결정
④ **변론의 병합·분리·재개에 관한 결정**
⑤ 재정신청에 있어 공소제기결정(제262조 제4항, 대결 2012.10.29, 2012모1090)
⑥ 공판준비기일의 지정신청에 대한 결정(제266조의7)
⑦ 피해자 등의 소송기록 열람·등사신청에 관한 재판(제294조의4)
⑧ 보석조건을 위반한 피고인에 대한 감치재판 개시결정 및 불처벌결정(규칙 제55조의5)
⑨ 불출석 증인에 대한 감치재판 개시결정 및 불처벌결정(규칙 제68조의4)
⑩ **국선변호인선임청구 기각결정**(대결 1993.12.3, 92모49)
⑪ 공소장변경허가결정(대결 1987.3.28, 87모17)
⑫ (증거개시에 있어) 열람·등사 또는 서면의 교부를 명한 결정(대결 2013.1.24, 2012모1393)
⑬ 증거신청에 대한 증거결정(대판 1990.6.8, 90도646)
⑭ 위헌제청신청 기각결정(대결 1986.7.18, 85모49)
⑮ 국민참여재판으로 진행하기로 하는 결정(대결 2009.10.23, 2009모1032)
⑯ **국민참여재판에 있어 통상절차 회부결정**(국민참여재판법 제6조, 제11조)

⑰ 국민참여재판에 있어 배심원 선정·불선정 등에 관한 결정(국민참여재판법 제29조 등)
⑱ 국민참여재판에 있어 배심원 해임결정(국민참여재판법 제32조, 제33조)
⑲ 배상명령신청 각하 또는 일부인용의 재판 ➡ **신청인의 불복**(소송촉진법 제32조)
⑳ 기타 법원의 관할 또는 판결 전의 소송절차에 관한 결정(제403조 제1항)
㉑ 관할이전신청 기각결정(대결 2021.4.2, 2020모2561)

02 준항고

의의	재판장 또는 수명법관의 재판이나 검사 또는 사법경찰관의 처분에 대하여 관할법원에 취소 또는 변경을 청구하는 불복신청 방법
대상	① 재판장 또는 수명법관의 재판 　㉠ 기피신청을 기각한 재판 　㉡ 구금·보석·압수 또는 압수물 환부에 관한 재판 　㉢ 피고인 감정유치에 관한 재판 　㉣ 증인·감정인·통역인·번역인에 대하여 과태료 또는 비용의 배상을 명한 재판 ② 검사 또는 사법경찰관의 처분 15. 변호사·경찰승진, 16. 경찰채용·국가직 7급 　㉠ 구금에 관한 처분 　㉡ 압수 또는 압수물의 환부에 관한 처분 　㉢ 변호인참여 제한에 관한 처분
절차	① 재판장 또는 수명법관의 재판에 대한 준항고 　㉠ 준항고는 서면을 관할법원에 제출함으로써 이루어짐 　㉡ 준항고는 재판의 고지가 있는 날로부터 7일 이내에 하여야 함 　㉢ 준항고의 청구를 받은 때에는 합의부에서 결정하여야 함 17. 국가직 7급 ② 검사 또는 사법경찰관의 처분에 대한 준항고 　㉠ 준항고는 서면을 관할법원에 제출함으로써 이루어짐 　㉡ 청구기간 및 관할에 대하여는 명문의 규정이 없음

⚖️**판례 |**

1 준항고의 성질 등

[1] 수사기관의 압수물의 환부에 관한 처분의 취소를 구하는 준항고는 일종의 항고소송이므로 통상의 항고소송에서와 마찬가지로 그 이익이 있어야 하고, 소송 계속 중 준항고로써 달성하고자 하는 목적이 이미 이루어졌거나 시일의 경과 또는 그 밖의 사정으로 인하여 그 이익이 상실된 경우에는 준항고는 그 이익이 없어 부적법하게 된다. [2] 검사가 영장에 기재된 기간 내에 서버데크를 준항고인들에게 환부하지 아니하였다고 하더라도 검사가 원심 소송 계속 중 이를 준항고인들에게 환부한 이상 준항고를 통하여 달성하고자 하는 목적은 이미 이루어졌으므로 준항고는 그 이익이 없어 부적법하다(대결 2015.10.15, 2013모1970 **통합진보당 압수서버 반환거부 사건**). 16·17. 국가직 7급, 18. 경찰채용

2 준항고인이 참여의 기회를 보장받지 못하였다는 이유로 압수·수색 처분에 불복하였으나 그 불복의 대상을 구체적으로 특정하기 어려운 사정이 있는 경우 법원이 취해야 할 조치

형사소송법 제417조에 따른 준항고 절차는 **항고소송**의 일종으로 당사자주의에 의한 소송절차와는 달리 대립되는 양 당사자의 관여를 필요로 하지 않는다. 따라서 준항고인이 불복의 대상이 되는 압수 등에 관한 처분을 한 **수사기관을 제대로 특정하지 못하거나 준항고인이 특정한 수사기관이 해당 처분을 한 사실을 인정하기 어렵다는 이유만으로 준항고를 쉽사리 배척할 것은 아니다**(대판 2023.1.12, 2022모1566).

3 준항고의 대상이 되는 경우

① **영장에 의하지 아니한 구금**이나 변호인 또는 변호인이 되려는 자와의 **접견교통권을 제한하는 처분**뿐만 아니라 **구금된 피의자에 대한 신문에 변호인의 참여(입회)를 불허하는 처분** 역시 구금에 관한 처분에 해당한다(대결 2003.11.11, 2003모402 **송두율 교수 사건**).

② 변호인에게 퇴실을 명한 행위는 **변호인의 피의자신문참여권을 침해한 처분**에 해당한다고 할 것이므로 이를 이유로 이 사건 준항고를 받아들여 사법경찰관의 처분을 취소한 원심의 조치는 옳다(대결 2008.9.12, 2008모793 **변호인 퇴실명령 사건**).

③ 지방법원판사의 압수영장에 의하여 수사기관의 압수처분이 이루어진 경우에 그 처분에 대하여 형사소송법 제417조에서 정한 준항고의 방법으로 불복할 수는 있다(대결 1997.9.29, 97모66). 16. 변호사

4 준항고의 대상이 되지 않는 경우

① 검사의 체포영장 또는 구속영장청구에 대한 지방법원판사의 재판은 제416조 제1항의 규정에 의하여 준항고의 대상이 되는 '재판장 또는 수명법관의 구금 등에 관한 재판'에 해당하지 아니한다(대결 2006.12.18, 2006모646 **론스타 대표 구속영장기각 사건**). 14·17. 국가직 9급, 15·18. 경찰채용, 15·17. 경찰간부

② 구속기간의 연장을 허가하지 아니하는 지방법원판사의 결정은 준항고의 대상이 되지 않는다(대결 1997.6.16, 97모1). 14. 경찰채용, 17·18. 경찰승진

③ **지방법원판사가 한 압수영장 발부의 재판에 대하여는 준항고로 불복할 수 없다**(대결 1997.9.29, 97모66). 16. 변호사, 18. 경찰채용

④ 검사가 압수·수색영장의 청구 등 강제처분을 위한 조치를 취하지 아니한 것 그 자체를 형사소송법 제417조 소정의 '압수에 관한 처분'으로 보아 이에 대해 준항고로써 불복할 수는 없다(대결 2007.5.25, 2007모82 **영장불청구 사건**). 14. 국가직 9급

⑤ 형사소송법 제417조의 규정은 검사 또는 사법경찰관이 '수사단계에서' 압수물의 환부에 관하여 처분을 할 권한을 가지고 있을 경우에 그 처분에 불복이 있으면 준항고를 허용하는 취지라고 보는 것이 상당하므로 **형사소송법 제332조의 규정에 의하여 압수가 해제된 것으로 되었음에도 불구하고 검사가 그 해제된 압수물의 인도를 거부하는 조치에 대해서는 형사소송법 제417조가 규정하는 준항고로 불복할 대상이 될 수 없다**(대결 1984.2.6, 84모3). 20. 국가직 9급

제2장 비상구제절차

제1절 재심

01 의의와 대상

의의	유죄의 확정판결에 **중대한 사실오인이 있는 경우** 판결을 받은 자의 이익을 위하여 이를 시정하는 비상구제절차 17. 경찰간부
대상	① **유죄의 확정판결**: 재심은 원칙적으로 유죄의 확정판결에 대해서만 인정됨(**《주의》** 무죄 ×, 면소 ×, 공소기각 ×, 미확정 ×, 파기된 판결 ×, 결정 ×) 14·18. 경찰채용, 15·17. 법원직 9급, 17·18. 경찰간부 ② **상소기각판결**: 재심은 항소 또는 상고를 기각한 판결에 대해서도 인정이 됨 14·18. 경찰채용, 17·18. 경찰간부, 17. 법원직 9급

⚖ 판례 ┃

1 재심의 대상이 되는 경우

① **특별사면으로 형선고의 효력이 상실된 유죄의 확정판결도** 형사소송법 제420조의 '유죄의 확정판결'에 해당하여 재심청구의 대상이 된다(대판 2015.10.29, 2012도2938). 16·17. 경찰채용, 18. 변호사·법원직 9급, 20. 국가직 7급

② **판결서가 작성되지 않았거나** 작성된 다음 멸실되어 존재하지 않더라도 판결이 선고되었다면 판결은 성립하여 존재한다고 보아야 하고, 그것이 유죄 확정판결이라면 **재심의 대상이 될 수 있다**[대결 2019.3.21, 2015모2229(전합) **여순반란 희생자 재심 사건**].

2 재심의 대상이 되지 않는 경우

① 면소판결은 유죄 확정판결이라 할 수 없으므로 **면소판결을 대상으로 한 재심청구는 부적법하다**(대결 2018.5.2, 2015모3243 **긴급조치 불법체포·감금 사건**). 18. 경찰채용, 20. 변호사

② 무죄의 선고를 받은 자가 유죄의 선고를 받기 위하여는 (재심이) 허용되지 아니한다(대결 1983.3.24, 83모5).

③ [1] 상고심에 계속 중인 미확정판결에 대한 재심청구는 법률상의 방식에 위배된 부적법한 것이다. [2] 상고심에 계속 중인 미확정의 재심대상 판결이 재심법원에 의한 재심청구기각 결정 후에 상고취하로 확정되었다 하여도 위 재심청구가 적법하게 치유되는 것은 아니다(대결 1983.6.8, 83모28).

④ 형사소송법상 재심청구는 유죄의 확정판결에 대하여서만 할 수 있고 결정에 대하여는 재심청구가 허용되지 않는다(대결 1991.10.29, 91재도2). 17. 경찰간부

⑤ 환송판결은 유죄의 확정판결이라 할 수 없으므로 환송판결을 대상으로 한 재심청구는 부적법하다(대결 2006.6.27, 2005재도18).

⑥ 약식명령에 대한 정식재판절차에서 유죄판결이 선고·확정된 경우 '효력이 상실된 약식명령'은 재심의 대상이 될 수 없다(대판 2013.4.11, 2011도10626 **실효된 약식명령 재심 사건**). 14·16. 법원직 9급·국가직 9급, 18. 변호사·경찰승진, 19·21. 경찰간부

⑦ 항소심에서 파기되어버린 제1심판결에 대해서는 재심을 청구할 수 없다(대결 2004.2.13, 2003모464 **실효된 제1심판결 재심 사건**). 16. 경찰간부, 17. 법원직 9급, 18. 변호사·경찰승진

⑧ 상고심 계속 중 피고인이 사망하여 공소기각결정이 확정된 경우 '효력이 상실된 항소심의 유죄판결'은 재심의 대상이 될 수 없다(대판 2013.6.27, 2011도7931 **실효된 항소심판결 재심 사건**). 14·18. 법원직 9급, 17. 경찰채용·국가직 9급, 19. 경찰간부

02 재심의 사유

오류형 17. 경찰간부	① 원판결의 증거된 서류 또는 증거물이 확정판결에 의하여 위조 또는 변조인 것이 증명된 때 ② 원판결의 증거된 증언·감정·통역·번역이 확정판결에 의하여 허위인 것이 증명된 때 ③ 무고로 인하여 유죄의 선고를 받은 경우에 그 무고의 죄가 확정판결에 의하여 증명된 때 ④ 원판결의 증거된 재판이 확정재판에 의하여 변경된 때 ⑤ 저작권·특허권·실용신안권·의장권·상표권을 침해한 죄로 유죄의 선고를 받은 사건에 관하여 그 권리에 대한 무효의 심결 또는 무효의 판결이 확정된 때 ⑥ 원판결·전심판결 또는 그 판결의 기초된 조사에 관여한 법관, 공소의 제기 또는 그 공소의 기초된 수사에 관여한 검사나 사법경찰관이 그 직무에 관한 죄를 범한 것이 확정판결에 의하여 증명된 때. 다만, 원판결의 선고 전에 법관, 검사 또는 사법경찰관에 대하여 공소의 제기가 있는 경우에는 원판결의 법원이 그 사유를 알지 못한 때에 한함 ✎ 상소기각판결에 대해서는 ①②⑥ 3개만이 재심사유가 됨
신규형	유죄의 선고를 받은 자에 대하여 **무죄 또는 면소를 인정하거나**, 형의 선고를 받은 자에 대하여 **형의 면제 또는 원판결이 인정한 죄보다 경한 죄를 인정할 명백한 증거가 새로 발견된 때** (《주의》 무죄·면소·공소기각을 인정할 증거 ×)

⚖ 판례 |

1 형사소송법 제420조 제2호 재심사유 관련 판례

① 형사소송법 제420조 제2호에서 원판결의 '**증거된 증언, 감정, 통역 또는 번역이 확정판결에 의하여 허위인 것이 증명된 때**'라 함은 그 증인, 감정인, 통역인 또는 번역인이 위증 또는 허위의 감정, 통역 또는 번역을 하여 그 죄에 의하여 처벌되어 그 판결이 확정된 경우를 말하는 것이다(대판 2005.4.14, 2003도1080).

② '**원판결의 증거된 증언**'이 나중에 확정판결에 의하여 허위인 것이 증명된 이상 그 허위증언 부분을 제외하고서도 **다른 증거에 의하여 그 '죄로 되는 사실'이 유죄로 인정될 것인지 여부에 관계없이 형사소송법 제420조 제2호 소정의 재심사유가 있다고 보아야 한다**(대판 2010.9.30, 2008도11481). 14. 변호사

2 형사소송법 제420조 제2호 재심사유에 해당하지 않는 경우

① **원판결의 증거된 증언을 한 자가** 그 재판과정에서 자신의 증언과 반대되는 취지의 증언을 한 **다른 증인을 위증죄로 고소하였다가 그 고소가 허위임이 밝혀져 무고죄로 유죄의 확정판결을 받은 경우**는 형사소송법 제420조 제2호의 **재심사유에 포함되지 아니한다**(대판 2005.4.14, 2003도1080). 17. 경찰승진

② 재심대상이 된 피고사건과 별개의 사건에서 증언이 이루어지고 그 **증언을 기재한 증인신문조서나 그 증언과 유사한 진술이 기재된 진술조서가 재심대상이 된 피고사건에 서증으로 제출되어 이것이 채용**된 경우는 형사소송법 제420조 제2호에 규정된 '**원판결의 증거된 증언**'에 해당한다고 할 수 없으므로, **그 증언이 확정판결에 의하여 허위인 것으로 증명되었더라도 위 제2호 소정의 재심사유에 포함될 수 없다**(대결 1999.8.11, 99모93).

3 형사소송법 제420조 제5호 재심사유에 있어 '형의 면제'의 의미(= 필요적 면제)

형사소송법 제420조 제5호는 형의 선고를 받은 자에 대하여 형의 면제를 인정할 명백한 증거가 새로 발견된 때를 재심사유로 들고 있는바, 여기서 **형의 면제라 함은 형의 필요적 면제의 경우만을** 말하고 **임의적 면제는 해당하지 않는다**(대결 1984.5.30, 84모32). 14. 변호사, 15. 경찰채용

4 형사소송법 제420조 제5호 재심사유에 있어 '원판결이 인정한 죄보다 경한 죄'의 의미

① '원판결이 인정한 죄보다 경한 죄'라 함은 원판결이 인정한 죄와는 별개의 죄로서 그 법정형이 가벼운 죄를 말하는 것이므로, 동일한 죄에 대하여 **공소기각을 선고받을 수 있는 경우는 여기에서의 경한 죄에 해당하지 않는다**(대결 1997.1.13, 96모51).

② '원판결이 인정한 죄보다 경한 죄'라 함은 원판결이 인정한 죄와는 별개의 죄로서 그 법정형이 가벼운 죄를 말하므로 필요적이건 임의적이건 형의 감경사유를 주장하는 것은 포함하지 않는다(대판 2007.7.12, 2007도3496).

③ '원판결이 인정한 죄보다 경한 죄를 인정할 경우'라 함은 원판결에서 인정한 죄와는 별개의 죄로서 그보다 경한 죄를 말한다 할 것이고 원판결에서 인정한 죄 자체에는 변함이 없고, 다만 **양형상의 자료에 변동을 가져올 사유에 불과한 것은 여기에 해당하지 아니한다**(대결 1992.8.31, 92모31).

5 형사소송법 제420조 제5호 재심사유에 있어 '증거의 신규성'의 판단기준(= 절충설)

형사소송법 제420조 제5호에서 정한 재심사유에서 무죄 등을 인정할 **'증거가 새로 발견된 때'**라 함은 재심대상이 되는 **확정판결의 소송절차에서 발견되지 못하였거나 또는 발견되었다 하더라도 제출할 수 없었던 증거로서 이를 새로 발견하였거나 비로소 제출할 수 있게 된 때**를 말한다. 피고인이 재심을 청구한 경우 재심대상이 되는 확정판결의 소송절차 중에 그러한 증거를 제출하지 못한 데에 과실이 있는 경우에는 그 증거는 이 사건 조항에서의 '증거가 새로 발견된 때'에서 제외된다고 해석함이 상당하다[대결 2009.7.16, 2005모472(전합) **무정자증 사건**]. 14·15. 변호사, 15·17. 경찰채용, 16. 경찰간부·국가직 7급, 17·18·20. 경찰승진, 17. 법원직 9급

6 형사소송법 제420조 제5호 재심사유에 있어 '증거의 명백성'의 판단기준(= 종합평가설)

'무죄 등을 인정할 **명백한 증거**'에 해당하는지 여부를 판단할 때에는 법원으로서는 **새로 발견된 증거만을 독립적·고립적으로 고찰하여 그 증거가치만으로 재심의 개시 여부를 판단할 것이 아니라**, 재심대상이 되는 확정판결을 선고한 법원이 사실인정의 기초로 삼은 증거들 가운데 새로 발견된 증거와 유기적으로 밀접하게 관련되고 모순되는 것들은 함께 고려하여 평가하여야 하고, 그 결과 단순히 재심대상이 되는 유죄의 확정판결에 대하여 그 정당성이 의심되는 수준을 넘어 그 판결을 그대로 유지할 수 없을 정도로 고도의 개연성이 인정되는 경우라면 그 새로운 증거는 이 사건 조항에서의 '명백한 증거'에 해당한다[대결 2009.7.16, 2005모472(전합) **무정자증 사건**]. 14. 변호사, 16. 국가직 7급·국가직 9급, 17. 경찰채용, 18. 경찰승진

7 형사소송법 제420조 제7호 재심사유 관련 판례

형사소송법 제420조 제7호의 재심사유 해당 여부를 판단함에 있어 사법경찰관 등이 범한 직무에 관한 죄가 사건의 실체관계에 관계된 것인지 여부나 당해 사법경찰관이 직접 피의자에 대한 조사를 담당하였는지 여부는 고려할 사정이 아니다(대결 2008.4.24, 2008모77 **정보과 형사 협박 사건**). 14. 변호사, 15·16·17. 경찰채용

8 확정된 항소심판결에 대하여 항소심에 소송촉진법 제23조의2에 의한 재심청구를 할 수 있는지의 여부(적극)

소송촉진법 제23조 규정에 따라 진행된 제1심의 불출석 재판에 대하여 검사만 항소하고 **항소심도 불출석 재판으로 진행한 후에 제1심판결을 파기하고 새로 또는 다시 유죄판결을 선고하여 그 유죄판결이 확정된 경우**, 소송촉진법 제23조의2 제1항 규정을 유추적용하여 귀책사유 없이 제1심과 항소심의 공판절차에 출석할 수 없었던 피고인은 **항소심 법원에 그 유죄판결에 대한 재심을 청구할 수 있다**[대판 2015.6.25, 2014도17252(전합) **소송촉진법 제2심 재심청구 사건**]. 17. 국가직 7급·경찰간부

9 항소기각 또는 상고기각판결로 제1심판결이 유죄로 확정된 경우 위헌결정에 따른 재심의 대상(제1심판결)

형벌에 관한 법률조항에 대하여 헌법재판소의 **위헌결정이 선고되어** 헌법재판소법 제47조에 따라 재심을 청구하는 경우 그 재심사유는 **형사소송법 제420조 제1호, 제2호, 제7호 어느 것에도 해당하지 않는다.** 즉 형벌조항에 대하여 헌법재판소의 위헌결정이 있는 경우 헌법재판소법 제47조에 의한 재심은 원칙적인 재심대상판결인 제1심 유죄판결 또는 파기자판한 상급심판결에 대하여 청구하여야 한다. **제1심이 유죄판결을 선고하고, 그에 대하여 불복하였으나 항소 또는 상고기각판결이 있었던 경우에 헌법재판소법 제47조를 이유로 재심을 청구하려면 재심대상판결은 제1심판결이 되어야 하고, 항소 또는 상고기각판결을 재심대상으로 삼은 재심청구는 법률상의 방식을 위반한 것으로 부적법하다**(대결 2022.6.16, 2022모509 **윤창호법 위헌 재심대상 사건**).

✎ 위헌으로 결정된 법률 또는 법률의 조항에 근거한 유죄의 확정판결에 대하여는 재심을 청구할 수 있다(헌법재판소법 제47조 제4항).

03 재심개시절차

의의	재심사유 유무를 심사하여 다시 심판할 것인가의 여부를 결정하는 절차
관할	재심청구는 **원판결의 법원이 관할함**(《주의》 대법원 ×) 15. 법원직 9급 ✎ 원판결: 재심사유가 있다고 하여 재심청구의 대상으로 삼은 판결
청구권자	① 검사 ② 유죄의 선고를 받은 자 등 16. 법원직 9급 　㉠ 유죄의 선고를 받은 자 　㉡ 유죄의 선고를 받은 자의 법정대리인 　㉢ 유죄의 선고를 받은 자가 사망하거나 심신장애가 있는 경우에는 그 배우자·직계친족·형제자매
청구의 시기 등	① 재심청구시기 　㉠ 재심청구의 시기에는 **제한이 없음** 15. 법원직 9급, 17·18. 경찰간부 　㉡ 재심청구는 형의 집행을 종료하거나 형의 집행을 받지 아니하게 된 때에도 할 수 있음 14. 법원직 9급, 18. 경찰간부 ② 재심청구의 방식과 효과 　㉠ 재심청구를 함에는 재심청구서에 원판결의 등본 및 증거자료를 첨부하여 관할법원에 제출해야 함 　㉡ **재심의 청구는 형의 집행을 정지하는 효력이 없음.** 다만, 관할법원에 대응한 검찰청 검사는 재심청구에 대한 재판이 있을 때까지 형의 집행을 정지할 수 있음(《주의》 형의 집행을 정지하여야 한다. ×) 14. 경찰채용·법원직 9급, 18. 경찰간부 ③ 재심청구의 취하 　㉠ 재심청구는 (재심심판의 제1심판결선고 전까지) 취하할 수 있음 14. 경찰채용 　㉡ 재심청구를 취하한 자는 동일한 이유로 다시 재심을 청구하지 못함 14. 경찰채용, 18. 경찰간부
재심청구에 대한 재판	① 재심청구의 심리 　㉠ 재심청구를 받은 법원은 필요한 경우 사실조사를 할 수 있음 　㉡ 재심청구에 대하여 결정을 함에는 **청구한 자와 상대방의 의견을 들어야 함** 14. 경찰채용 ② 재심청구에 대한 재판 　㉠ 청구기각결정: 재심청구가 법률상의 방식에 위반하거나 청구권의 소멸 후인 것이 명백한 때 또는 재심청구가 이유 없다고 인정하는 때 　㉡ 재심개시결정: 재심청구가 이유 있다고 인정하는 때

③ 재심청구기각결정 또는 재심개시결정에 대하여는 즉시항고를 할 수 있음
④ 재심개시의 결정을 할 때에는 법원은 결정으로 **형의 집행을 정지할 수 있음**

⚖ 판례 Ⅰ

1 재심의 관할법원(= 재심청구의 대상이 된 판결을 선고한 법원)

① 재심의 청구는 원판결의 법원이 관할하도록 되어 있고 여기서 **원판결**이라고 하는 것은 재심청구인이 재심사유가 있다고 하여 **재심청구의 대상으로 하고 있는 그 판결**을 가리킨다(대결 1986.6.12, 86모17).

② 관할은 재판권을 전제로 하는 것이므로 **군법회의판결이 확정된 후 군에서 제적되어 군법회의에 재판권이 없는 경우에는 재심사건이라 할지라도 그 관할은 원판결을 한 군법회의가 아니라 같은 심급의 일반법원에 있다**[대판 2015.5.21, 2011도1932(전합) **윤필용 연루 사건**]. 17. 법원직 9급·국가직 7급

2 재심개시절차에서 재심사유가 재심대상판결에 영향을 미칠 가능성 여부를 고려할 수 있는지의 여부(소극)

재심개시절차에서는 형사소송법을 규정하고 있는 재심사유가 있는지 여부만을 판단하여야 하고 나아가 재심사유가 재심대상판결에 영향을 미칠 가능성이 있는가의 실체적 사유는 고려하여서는 아니된다(대결 2008.4.24, 2008모77 **정보과 형사 협박 사건**).

3 재심이 개시된 사건에서 범죄사실에 대하여 적용하여야 할 법령(= 재심판결 당시의 법령)

① **재심이 개시된 사건에서 범죄사실에 대하여 적용하여야 할 법령은 재심판결 당시의 법령이고,** 재심대상판결 당시의 법령이 변경된 경우 법원은 범죄사실에 대하여 재심판결 당시의 법령을 적용하여야 하며, 법령을 해석할 때에도 재심판결 당시를 기준으로 하여야 한다(대판 2011.10.27, 2009도1603 **춘천 역전파출소장 딸 강간·살인 사건**).

② **재심이 개시된 사건에서 범죄사실에 대하여 적용하여야 할 법령은 재심판결 당시의 법령이다.** 따라서 법원은 재심대상판결 당시의 법령이 변경된 경우에는 그 범죄사실에 대하여 재심판결 당시의 법령을 적용하여야 하고, 폐지된 경우에는 형사소송법 제326조 제4호를 적용하여 그 범죄사실에 대하여 면소를 선고하는 것이 원칙이다[대판 2010.12.16, 2010도5986(전합) **긴급조치 제1호 위반 사건**]. 15. 변호사, 16. 경찰채용

4 재심청구인이 재심청구 후 그 청구에 대한 결정이 확정되기 전에 사망한 경우 법원이 취해야 할 조치(= 재심청구절차 종료 선언)

형사소송법이나 형사소송규칙에는 재심청구인이 재심의 청구를 한 후 그 청구에 대한 결정이 확정되기 전에 사망한 경우에 재심청구인의 배우자나 친족 등에 의한 재심청구인 지위의 승계를 인정하거나 형사소송법 제438조와 같이 재심청구인이 사망한 경우에도 절차를 속행할 수 있는 규정이 없으므로 재심청구절차는 재심청구인의 사망으로 당연히 종료하게 된다(대결 2014.5.30, 2014모739). 16·17. 경찰채용, 17·20. 국가직 7급, 18·20. 법원직 9급

5 1개의 형이 확정된 경합범 중 일부 범죄사실에 대하여만 재심사유가 있는 경우, 재심법원의 심리범위(= 일부재심설)

[1] 경합범 관계에 있는 수개의 범죄사실을 유죄로 인정하여 한 개의 형을 선고한 불가분의 확정판결에서 그중 일부의 범죄사실에 대하여만 재심청구의 이유가 있는 것으로 인정된 경우에는 형식적으로는 1개의 형이 선고된 판결에 대한 것이어서 그 판결 전부에 대하여 재심개시의 결정을 할 수밖에 없지만 [2] 비상구제수단인 재심제도의 본질상 재심사유가 없는 범죄사실에 대하여는 재심개시결정의 효력이 그 부분을 형식적으로 심판의 대상에 포함시키는데 그치므로 재심법원은 그 부분에 대하여는 이를 다시 심리하여 유죄인정을 파기할 수 없고, 다만 그 부분에 관하여 새로이 양형을 하여야 하므로 양형을 위하여 필요한 범위에 한하여만 심리를 할 수 있을 뿐이라고 할 것이다(대판 1996.6.14, 96도477). 14. 법원직 9급, 17. 국가직 7급·국가직 9급, 18. 경찰채용, 19. 경찰간부, 20. 국가직 7급

04 재심심판절차

의의	재심개시의 결정이 확정된 사건에 대하여 법원이 그 심급에 따라 다시 심판을 하는 절차
심판의 특칙	① 원칙: 재심심판절차도 일반 공판절차에 관한 규정이 그대로 적용됨 ② 특칙 　㉠ 사망자 또는 회복할 수 없는 심신장애자를 위하여 재심청구가 있는 때 또는 유죄의 선고를 받은 자가 재심의 판결 전에 사망하거나 회복할 수 없는 심신장애자로 된 경우라도 공판절차정지와 공소기각결정에 관한 규정은 적용되지 아니함 15. 변호사, 17. 경찰간부 　㉡ 재심피고인이 사망하거나 또는 회복할 수 없는 심신장애자가 된 때에는 피고인이 출정하지 아니하여도 심판을 할 수 있음. 다만, 변호인이 출정하지 아니하면 개정하지 못함 　㉢ 재심심판절차에서는 공소취소를 할 수 없음
재심의 재판	① 불이익변경의 금지: 재심에는 원판결의 형보다 중한 형을 선고하지 못함 14·15·16. 법원직 9급 ② 무죄판결의 공시: 재심에서 무죄의 선고를 한 때에는 그 판결을 관보와 그 법원소재지의 신문지에 기재하여 공고해야 함

⚖ 판례 Ⅰ

1 재심개시결정 확정 사건에 대하여 법원이 심급에 따라 다시 심판하도록 규정한 형사소송법 제438조 제1항에서 '다시' 심판한다는 것의 의미

형사소송법 제438조 제1항은 "재심개시의 결정이 확정한 사건에 대하여는 제436조의 경우 외에는 법원은 그 심급에 따라 다시 심판을 하여야 한다."고 규정하고 있다. 여기서 **'다시' 심판한다는 것은 재심대상판결의 당부를 심사하는 것이 아니라 피고사건 자체를 처음부터 새로 심판하는 것을 의미하므로 재심대상판결이 상소심을 거쳐 확정되었더라도 재심사건에서는 재심대상판결의 기초가 된 증거와 재심사건의 심리과정에서 제출된 증거를 모두 종합하여 공소사실이 인정되는지를 새로이 판단하여야 한다**(대판 2015.5.14, 2014도2946 **강기훈 유서대필 재심 사건**).

2 집행유예기간이 경과하여 형선고의 효력이 상실된 확정판결에 대한 재심심판사건에서 벌금형을 선고할 수 있는지의 여부(적극)

원판결이 선고한 집행유예가 실효 또는 취소됨이 없이 유예기간이 지난 후에 새로운 형을 정한 재심판결이 선고되는 경우에도, 그 유예기간 경과로 인하여 원판결의 형선고 효력이 상실되는 것은 원판결이 선고한 집행유예 자체의 법률적 효과로서 재심판결이 확정되면 당연히 실효될 원판결 본래의 효력일 뿐이므로 이를 형의 집행과 같이 볼 수는 없고, 재심판결의 확정에 따라 원판결이 효력을 잃게 되는 결과 그 집행유예의 법률적 효과까지 없어진다 하더라도 재심판결의 형이 원판결의 형보다 중하지 않다면 불이익변경금지의 원칙이나 이익재심의 원칙에 반한다고 볼 수 없다(대판 2018.2.28, 2015도15782 **상해·간통 재심 사건**). 20. 경찰간부·국가직 7급

3 재심심판절차에서 집행유예를 할 때 집행유예의 시기(집행유예를 선고한 판결확정일)

[1] 재심판결이 확정됨에 따라 원판결이나 그 부수처분의 법률적 효과가 상실되고 형 선고가 있었다는 기왕의 사실 자체의 효과가 소멸하는 것은 재심의 본질상 당연한 것으로서 **원판결의 효력 상실 그 자체로 인하여 피고인이 어떠한 불이익을 입는다 하더라도 이를 두고 재심에서 보호되어야 할 피고인의 법적 지위를 해치는 것이라고 볼 것은 아니다.** [2] 피고인이 재심대상판결에서 정한 집행유예 기간 중 특정범죄 가중처벌 등에 관한 법률 위반(보복협박 등)죄로 징역 6개월을 선고받고 그 판결이 확정됨으로써, 위 집행유예가 실효되고 피고인에 대하여 유예된 형이 집행된 이 사건에서, 원심은 그 판시와 같은 이유를 들어 재심판결에서

피고인에게 또다시 집행유예를 선고할 경우 그 집행유예 기간의 시기는 재심대상판결의 확정일이 아니라 재심판결의 확정일로 보아야 하고, 그로 인하여 재심대상판결이 선고한 집행유예의 실효 효과까지 없어진다고 하더라도, 이는 재심판결이 확정되면 재심대상판결은 효력을 잃게 되는 재심의 본질상 당연한 결과이므로, 재심판결에서 정한 형이 재심대상판결의 형보다 중하지 않은 이상 **불이익변경금지의 원칙이나 이익재심의 원칙에 반하지 않는다고 판단하였다**(대판 2019.2.28, 2018도13382). <small>22. 국가직 7급</small>

4 특별사면으로 형선고의 효력이 상실된 확정판결에 대한 재심심판사건에서 다시 유죄로 인정되는 경우 법원이 취해야 할 조치

특별사면으로 형선고의 효력이 상실된 유죄의 확정판결에 대하여 재심개시결정이 이루어져 재심심판법원이 그 심급에 따라 다시 심판한 결과 무죄로 인정되는 경우라면 무죄를 선고하여야 하겠지만, **그와 달리 유죄로 인정되는 경우에는**, 피고인에 대하여 다시 형을 선고하거나 피고인의 항소를 기각하여 제1심판결을 유지시키는 것은 이미 형선고의 효력을 상실하게 하는 특별사면을 받은 피고인의 법적 지위를 해치는 결과가 되어 이익재심과 불이익변경금지의 원칙에 반하게 되므로 **재심심판법원으로서는 '피고인에 대하여 형을 선고하지 아니한다'는 주문을 선고할 수밖에 없다**(대판 2015.10.29, 2012도2938). <small>16. 경찰채용, 17. 국가직 7급·국가직 9급</small>

5 재심심판절차에서 별개의 공소사실을 추가하는 공소장변경을 할 수 있는지의 여부 등

재심심판절차에서는 특별한 사정이 없는 한 검사가 재심대상사건과 **별개의 공소사실을 추가하는 내용으로 공소장을 변경하는 것은 허용되지 않고**, 재심대상사건에 일반 절차로 진행 중인 **별개의 형사사건을 병합하여 심리하는 것도 허용되지 않는다**[대판 2019.6.20, 2018도20698(전합) 재심판결의 확정력 사건]. <small>20. 국가직 9급</small>

6 재심판결의 기판력 관련 판례

상습범으로 유죄의 확정판결('선행범죄'라 한다)을 받은 사람이 그 후 동일한 습벽에 의해 범행을 저질렀는데('후행범죄'라 한다) 유죄의 확정판결에 대하여 재심이 개시된 경우, (재심심판절차에서 선행범죄, 즉 재심대상판결의 공소사실에 후행범죄를 추가하는 내용으로 공소장을 변경하거나 추가로 공소를 제기한 후 이를 재심대상사건에 병합하여 심리하는 것이 허용되지 않으므로) **동일한 습벽에 의한 후행범죄가 재심대상판결에 대한 재심판결 선고 전에 저지른 범죄라 하더라도 재심판결의 기판력이 후행범죄에 미치지 않는다**[대판 2019.6.20, 2018도20698(전합) 재심판결의 확정력 사건]. <small>20. 경찰간부·국가직 7급·경찰승진</small>

제2절 비상상고

의의	확정판결에 **심판의 법령위반이 있는 경우** 이를 시정하는 비상구제절차
대상	① 비상상고의 대상은 모든 확정판결임 <small>15. 법원직 9급</small> ② 공소기각결정이나 상소기각결정도 대상이 되고, 당연무효판결도 대상이 됨 ③ 상급심의 파기판결에 의해 효력을 상실한 재판의 법령위반 여부를 다시 심사하는 것은 무익할 뿐만 아니라, 법령의 해석·적용의 통일을 도모하려는 비상상고 제도의 주된 목적과도 부합하지 않는다. 따라서 상급심의 파기판결에 의해 **효력을 상실한 재판은 형사소송법 제441조에 따른 비상상고의 대상이 될 수 없다**(대판 2021.3.11, 2019오1 형제복지원 비상상고 사건Ⅱ). <small>22. 국가직 7급</small>
비상상고의 이유	① 판결의 법령위반: 판결내용에 직접 영향을 미친 법령위반 ➔ 원판결이 피고인에게 불이익한 때에는 파기자판, 원판결이 피고인에게 불이익하지 않은 때에는 부분파기 ② 소송절차의 법령위반: 판결내용에 영향을 미치지 않은 법령위반 ➔ 부분파기

비상상고의 절차	① 비상상고의 신청권자는 검찰총장이고 관할법원은 대법원임 15. 법원직 9급
	② 비상상고의 신청시기에는 제한이 없음 15. 법원직 9급
	③ 공판기일에 검사는 신청서에 의하여 진술해야 함
비상상고의 판결	**기각판결**	비상상고가 이유 없다고 인정하는 때에는 판결로써 이를 기각해야 함
	파기판결	① 부분파기 ➡ 피고인에게 판결의 효력이 미치지 않음 　㉠ 판결의 법령위반을 이유로 파기하는 경우 원판결이 피고인에게 불이익하지 않 　　은 때에는 그 위반된 부분을 파기해야 함 　㉡ 소송절차의 법령위반을 이유로 파기하는 경우 그 위반된 절차를 파기해야 함 ② 파기자판 ➡ 피고인에게 판결의 효력이 미침 　판결의 법령위반을 이유로 파기하는 경우 원판결이 피고인에게 불이익한 때에는 　원판결을 파기하고 피고사건에 대하여 다시 판결을 함
판결의 효력	① 비상상고의 판결은 원판결이 피고인에게 불이익하여 파기자판을 하는 경우를 제외하고는 피 　고인에게 그 효력이 미치지 않음
	② 부분파기의 경우 원판결 자체는 파기되지 않으므로 그 원판결에 대한 재심청구도 허용됨

⚖️ **판례 |**

1 비상상고의 사유가 될 수 있는 경우

① **처벌을 희망하지 아니하는 피해자의 의사표시가 있었음을 간과**한 채, 구 정보통신망법 위반의 **공소사실을 유죄로 판단**한 경우(대판 2010.1.28, 2009오1)

② **공소시효가 완성**된 사실을 간과한 채 **약식명령을 발령**한 경우(대판 2006.10.13, 2006오2)

③ 피고인이 판결선고 당시 군복무 중이었는데도 **수원지방법원이** 사건을 관할 군사법원에 이송하지 않고 피고인에 대하여 **재판권을 행사**한 경우(대판 2006.4.14, 2006오1)

④ **친족상도례 규정을 적용**하여 형을 면제하거나 공소를 기각하여야 함에도 불구하고 법원이 **유죄판결(형선고)을 선고**한 경우(대판 2000.10.13, 99오1)

⑤ 경범죄 처벌법 제3조 제3항 제2호(거짓신고)의 죄를 범한 피고인에 대하여 **즉결심판을 담당하는 판사가** 즉결심판절차에서 허용되는 범위를 넘는 **벌금 30만원을 선고한 경우**(대판 2015.5.28, 2014오3 **벌금 30만원 즉심 사건**)

⑥ 법원이 피고인에 대하여 징역 2년과 **벌금 24억원을 선고하면서** (형법 제70조 제2항에 따라 500일 이상의 유치기간을 정하였어야 함에도) 800만원을 1일로 환산하여 **300일의 노역장유치를 명한 경우**(대판 2014.12.24, 2014오2)

⑦ 성폭력범죄를 범한 피고인에게 형의 집행을 유예하면서 **보호관찰을 받을 것을 명하지 않은 채 위치추적 전자장치 부착을 명한 경우**(대판 2011.2.24, 2010오1 · 2010전오1)

2 비상상고의 사유가 될 수 없는 경우

① 법원이 원판결의 선고 전에 **피고인이 이미 사망**한 사실을 알지 못하여 공소기각의 결정을 하지 않고 **실체판결**을 한 경우(대판 2005.3.11, 2004오2 **사망자 징역 8월 선고 사건**) 16. 변호사

② 피고인이 **전과사실이 없음**에도 불구하고 법원이 전과사실이 있는 것으로 판시하고 **누범가중의 판결**을 한 경우(대판 1962.9.27, 62오1 **황당한 누범가중 사건**)

제3장 특별절차

제4편 상소·비상구제절차·특별절차

제1절 약식절차

01 의의와 약식명령의 청구

의의	공판절차를 경유하지 않고 검사가 제출한 자료만을 조사하여 피고인에게 벌금·과료 또는 몰수의 형을 **과하는 간이한 재판절차**
청구의 대상 및 방식	① 청구의 대상 　㉠ 지방법원 관할사건으로 **벌금·과료** 또는 **몰수**에 처할 수 있는 범죄임(《주의》 벌금·과료·몰수·구류 ×) 15. 변호사, 16. 법원직 9급, 18. 경찰채용·국가직 9급 　㉡ 단독판사 또는 합의부 관할 불문 ② 청구의 방식 　㉠ 약식명령의 청구는 **공소제기와 동시에 서면으로 해야 함** 　㉡ 검사는 약식명령의 청구와 동시에 약식명령을 하는데 필요한 증거서류 및 증거물을 법원에 제출함 ➡ **공소장일본주의의 예외** 16. 국가직 7급·국가직 9급, 18. 경찰승진

02 약식절차의 심판

법원의 사건심사	① 약식명령의 청구가 있으면 법원은 검사가 제출한 서류와 증거물을 기초로 서면심사를 하게 됨 ② 약식절차에서는 전문법칙이 적용되지 않음 ➡ 기타 증거법칙은 전부 적용됨 ③ 약식절차에서는 공소장변경이 허용되지 않음
공판절차로의 이행	약식명령의 청구가 있는 경우에 그 사건이 약식명령으로 할 수 없거나 약식명령으로 하는 것이 적당하지 아니하다고 인정하는 때에는 공판절차에 의하여 심판해야 함(《주의》 약식명령청구 기각결정 ×) 15. 경찰채용, 16. 국가직 7급, 17. 경찰간부, 18. 경찰승진
약식명령	① 약식명령의 발령: 법원은 약식명령의 청구에 대하여 서면심사를 하고 공판절차에 이행할 경우가 아니면 청구가 있는 날로부터 14일 이내에 약식명령을 해야 함 16. 국가직 7급, 18. 경찰승진 ② 약식명령의 기재사항: 약식명령에는 범죄사실·적용법령·주형·부수처분과 약식명령의 고지를 받은 날로부터 7일 이내에 정식재판의 청구를 할 수 있음을 명시해야 함(《주의》 증거의 요지를 기재 ×) ③ 약식명령으로 유죄 선고는 가능하지만, 징역형이나 무죄·면소·공소기각은 선고할 수 없음 ④ 약식명령의 고지는 검사와 피고인에 대한 재판서의 송달에 의해야 함 19. 경찰채용 ⑤ 약식명령의 효력: 확정된 약식명령은 확정판결과 동일한 효력이 있음 14·15. 법원직 9급

3장

03 정식재판의 청구

의의	약식명령에 불복하여 정식의 공판절차에 의한 심판을 구하는 불복절차
정식재판 청구권자	① 정식재판청구권자는 검사와 피고인 ② 피고인은 **정식재판청구권을 포기할 수 없음** 16. 국가직 7급, 18. 경찰승진·법원직 9급, 19. 경찰채용
정식재판 청구절차	① 정식재판청구의 방법 　㉠ 정식재판청구는 약식명령의 고지를 받은 날로부터 7일 이내에 약식명령을 한 법원에 　　서면으로 해야 함 16. 국가직 7급, 17. 경찰간부, 18. 경찰승진 　㉡ 정식재판청구에는 상소에 관한 규정이 준용됨 ② 정식재판청구의 취하 　㉠ 정식재판청구는 제1심판결선고 전까지 취하할 수 있음 15·16. 법원직 9급, 17. 경찰간부 　㉡ 정식재판청구를 취하한 자 또는 취하에 동의한 자는 그 사건에 대하여 다시 정식재판청구 　　를 하지 못함
정식재판 청구에 대한 재판	① 청구기각결정 18. 경찰승진 　㉠ 정식재판의 청구가 법령상의 방식에 위반하거나 정식재판청구권의 소멸 후인 것이 명백한 　　때에는 결정으로 기각함 　㉡ 기각결정에 대하여 즉시항고를 할 수 있음 ② 공판절차에 의한 심판 　㉠ 정식재판의 청구가 적법한 때에는 공판절차에 의하여 심판해야 함 　㉡ 피고인이 공판기일에 출석하지 아니한 때에는 다시 기일을 정하여야 하고 피고인이 다시 　　정한 기일에 출석하지 아니한 때에는 피고인의 진술 없이 판결할 수 있음 　㉢ 피고인이 정식재판을 청구한 사건에 대하여는 **약식명령의 형보다 중한 종류의 형을 선고 　　하지 못함**(《주의》 불이익변경금지원칙이 적용된다. ×) 18. 국가직 9급·법원직 9급, 18·19. 경찰채용 　㉣ 피고인이 정식재판을 청구한 사건에 대하여 **약식명령의 형보다 중한 형을 선고하는 경우 　　에는 판결서에 양형의 이유를 적어야 함** 18. 경찰채용·국가직 9급·법원직 9급, 19. 경찰간부 　㉤ 약식명령은 정식재판청구에 의한 **판결이 있는 때에 그 효력을 잃음** 17. 경찰간부, 18. 법원직 9급

⚖ 판례 |

1 정식재판청구기간의 기산일

약식명령의 고지는 검사와 피고인에 대한 재판서의 송달에 의하도록 규정하고 있으므로 약식명령은 그 재판서를 피고인에게 송달함으로써 효력이 발생하고, 변호인이 있는 경우라도 반드시 변호인에게 약식명령 등본을 송달해야 하는 것은 아니다. 따라서 정식재판청구기간은 피고인에 대한 약식명령 고지일을 기준으로 하여 기산하여야 한다(대결 2017.7.27, 2017모1557). 18. 국가직 7급·법원직 9급, 18·19·20. 경찰채용

2 정식재판청구 관련 판례

[1] 정식재판청구서에 청구인의 기명날인이 없는 경우에는 정식재판의 청구가 법령상의 방식을 위반한 것으로서 그 청구를 결정으로 기각하여야 하고, 이는 정식재판의 청구를 접수하는 법원공무원이 청구인의 기명날인이 없는데도 이에 대한 보정을 구하지 아니하고 적법한 청구가 있는 것으로 오인하여 청구서를 접수한 경우에도 마찬가지이다. [2] 다만, 법원공무원의 위와 같은 잘못으로 인하여 적법한 정식재판청구가 제기된 것으로 신뢰한 채 정식재판청구기간을 넘긴 피고인은 자기의 '책임질 수 없는 사유'에 의하여 청구기간 내에 정식재판을 청구하지 못한 때에 해당하여 **정식재판청구권의 회복을 구할 수 있을 뿐이다**(대결 2008.7.11, 2008모605).

3 정식재판청구권회복청구 관련 판례

① 변호인이 정식재판청구서를 제출할 것으로 믿고 피고인이 스스로 적법한 정식재판의 청구기간 내에 정식재판청구서를 제출하지 못하였더라도 그것이 피고인 또는 대리인이 책임질 수 없는 사유로 인하여 정식재판의 청구기간 내에 정식재판을 청구하지 못한 때에 해당하지 않는다(대결 2017.7.27, 2017모1557). 18·20. 경찰채용, 18. 국가직 7급

② 약식명령에 대한 정식재판청구권의 회복청구를 하는 경우에는 약식명령이 고지된 사실을 안 날로부터 정식재판청구기간에 상당한 기간인 7일 이내에 서면으로 정식재판청구권회복청구를 함과 동시에 정식재판청구를 하여야 하므로 위 **7일 이내에 정식재판청구권 회복청구만을 하였을 뿐 정식재판청구를 하지 아니하였다면 그 정식재판청구권 회복청구는 소정방식을 결한 것으로서 허가될 수 없다**(대결 1983.12.29, 83모48).

③ 청구인이 주거지를 변경하고도 주민등록을 정리하지 않았을 뿐 아니라 그 **변경사실에 대한 신고조차 하지 않았기 때문에 약식명령을 공소장에 기재된 전 주소지에 송달**하였으나 소재불명으로 송달불능이 되자 공시송달 방법으로 송달하였다면 이는 청구인에게 책임질 수 없는 사유에 기인하였다고는 볼 수 없다(대결 1983.6.29, 83모33).

④ 사무소에 나가지 아니하여 사무소로 송달된 약식명령을 송달받지 못하였다 할지라도 **자신에 대하여 소추가 제기된 사실을 알고 있었던 자로서는 스스로 위 사무소에 연락하여 우편물을 확인하거나 기타 소송진행상태를 알 수 있는 방법 등을 강구하였어야 할 것이므로** 이에 이르지 않은 이상 위와 같은 사정은 **자기가 책임질 수 없는 사유가 아니라 할 것이다**(대결 2002.9.27, 2002모184). 15. 국가직 9급

⑤ 약식명령에 대한 정식재판의 청구는 서면으로 제출하여야 하고(형사소송법 제453조 제2항), 공무원 아닌 사람이 작성하는 서류에는 연월일을 기재하고 기명날인 또는 서명하여야 하고, 인장이 없으면 지장으로 한다(형사소송법 제59조). 따라서 **정식재판청구서에 청구인의 기명날인 또는 서명이 없다면 법령상의 방식을 위반한 것으로서 그 청구를 결정으로 기각하여야 한다. 이는 정식재판의 청구를 접수하는 법원공무원이 청구인의 기명날인이나 서명이 없음에도 불구하고 이에 대한 보정을 구하지 아니하고 적법한 청구가 있는 것으로 오인하여 청구서를 접수한 경우에도 마찬가지이다.** 그러나 법원공무원의 위와 같은 잘못으로 인하여 적법한 정식재판청구가 제기된 것으로 신뢰한 피고인이 그 정식재판청구기간을 넘기게 되었다면, 이때 피고인은 자기가 '책임질 수 없는 사유'로 청구기간 내에 정식재판을 청구하지 못한 때에 해당하여 정식재판청구권의 회복을 구할 수 있다(대판 2023.2.13, 2022모1872). 23. 법원직 9급

4 확정된 정식재판청구권회복결정의 효력

정식재판청구권회복결정이 부당하더라도 이미 그 결정이 확정되었다면 정식재판청구사건을 처리하는 법원으로서는 정식재판청구권회복청구가 적법한 기간 내에 제기되었는지 여부나 그 **회복사유의 존부 등에 대하여는 살펴 볼 필요 없이 통상의 공판절차를 진행하여 본안에 관하여 심판하여야 한다**(대결 2005.1.17, 2004모351). 14. 법원직 9급

5 형종상향금지 적용 여부

① 피고인뿐만 아니라 **검사가 피고인에 대한 약식명령에 불복하여 정식재판을 청구한 사건에 있어서는 형**사소송법 제457조의2에서 정한 '약식명령의 형보다 중한 종류의 형을 선고하지 못한다'는 형종상향의 금지 원칙이 적용되지 않는다(대판 2020.12.10, 2020도13700 **벌금 ➡ 징역 사건**).

② 형사소송법 제457조의2 제1항에서 정한 형종상향의 금지 원칙은 **피고인만이 정식재판을 청구한 사건과 다른 사건이 병합·심리된 다음 경합범으로 처단되는 경우에도 정식재판을 청구한 사건에 대하여는 그대로 적용된다**(대판 2020.3.26, 2020도355 형종상향금지 위반사건Ⅱ). 22. 국가직 7급

③ 피고인이 절도죄 등으로 벌금 300만원의 약식명령을 발령받은 후 이에 대해 정식재판을 청구하자, 제1심 법원이 정식재판청구 사건을 통상절차에 의해 공소가 제기된 다른 점유이탈물횡령 등 사건들과 병합한 후 각 죄에 대해 모두 징역형을 선택한 다음 경합범 가중하여 징역 1년 2월을 선고한 것은 형사소송법 제457조의2 제1항에서 정한 형종상향금지의 원칙을 위반한 잘못이 있다(대판 2020.1.9, 2019도15700 **형종상향금지 위반 사건**).

01 의의와 절차

의의	20만원 이하의 벌금·구류·과료에 처할 범죄에 대하여 공판절차에 의하지 아니하고, 판사가 즉결하여 심판하는 절차 15. 경찰채용, 17·18. 경찰간부, 17. 경찰승진

즉결심판의 청구	① 청구권자: 즉결심판의 청구권자는 관할 경찰서장 또는 해양경찰서장임 ➡ 기소독점주의에 대한 예외 14. 경찰간부·국가직 9급
	② 관할: 즉결심판은 관할 지방법원, 지원 또는 시군법원의 '판사'가 관할함
	③ 청구의 대상: 즉결심판은 **20만원 이하의 벌금·구류·과료**에 처할 사건을 대상으로 함 ➡ 선고형을 의미하므로 형법상 범죄도 즉결심판 대상이 가능 14. 경찰간부·경찰채용
	④ 피고인에 대한 고지: 즉결심판을 청구할 때에는 사전에 피고인에게 즉결심판의 절차를 이해하는 데 필요한 사항을 서면 또는 구두로 알려주어야 함 17. 경찰채용
	⑤ 청구의 방식
	   ㉠ 즉결심판을 청구함에는 즉결심판청구서를 제출해야 하며, 즉결심판청구서에는 피고인의 성명 기타 피고인을 특정할 수 있는 사항·죄명·범죄사실·적용법조를 기재해야 함
	   ㉡ 경찰서장은 즉결심판의 청구와 동시에 즉결심판을 함에 필요한 **서류 또는 증거물을 판사에게 제출해야 함** ➡ 공소장일본주의의 예외 14. 경찰채용, 18. 경찰간부

02 즉결심판의 심리와 선고

판사의 심사	① 판사는 사건이 즉결심판을 할 수 없거나 즉결심판절차에 의하여 심판함이 적당하지 아니하다고 인정하는 때에는 즉결심판청구를 기각해야 함 14. 경찰승진, 15·17. 경찰채용, 16. 국가직 7급, 18. 경찰간부 ② 기각결정이 있는 때에는 경찰서장은 지체 없이 사건을 관할 지방검찰청 또는 지청의 장에게 송치해야 함 14·15. 경찰승진, 15·17. 경찰채용, 16. 국가직 7급

심리의 특칙	① 판사는 즉결심판청구를 기각한 경우를 제외하고는 즉시 심판을 해야 함
	② 개정
	   ㉠ 심리와 재판의 선고는 공개된 법정에서 행하되 **그 법정은 경찰관서 외의 장소에 설치되어야 함**(《주의》 경찰서에 설치할 수 있다. ×) 16. 경찰승진·경찰간부
	   ㉡ 피고인이 기일에 출석하지 아니한 때에는 개정할 수 없는 것이 원칙
	   ㉢ 피고인에게 벌금**이나 과료를 선고하는 경우** 또는 피고인 등이 불출석심판을 청구하고 법원이 이를 허가한 때에는 피고인이 출석하지 아니하더라도 심판할 수 있음(《주의》 벌금·구류·과료를 선고하는 경우 ×) 14·18. 경찰승진, 15·16. 경찰채용, 17. 경찰간부
	③ 불개정: 판사는 상당한 이유가 있는 경우에는 개정없이 피고인의 진술서 등에 의하여 심판할 수 있음. 다만, 구류에 처하는 경우에는 그러하지 않음 14. 경찰승진, 15·16·17. 경찰채용
	④ 증거법칙
	   ㉠ 즉결심판절차에서는 **전문법칙과 자백의 보강법칙이 적용되지 아니함** 15. 변호사, 16. 경찰승진, 16·17. 경찰간부, 17. 경찰채용
	   ㉡ **기타 증거법칙은 전부 적용됨** 14. 경찰승진, 17. 경찰간부·경찰채용

즉결심판의 선고	① 즉결심판으로 선고할 수 있는 형벌은 **20만원 이하의 벌금·구류·과료**임. 판사가 벌금 또는 과료를 선고하였을 때에는 이에 대한 가납명령을 할 수 있음 ② 즉결심판으로 형의 선고뿐만 아니라 무죄·면소 또는 공소기각을 선고 또는 고지할 수도 있음 14. 경찰채용, 16. 경찰간부, 17. 경찰승진 ③ 유치명령: 판사는 구류의 선고를 받은 피고인이 일정한 주소가 없거나 또는 도망할 염려가 있을 때에는 5일을 초과하지 아니하는 기간 경찰서유치장에 유치할 것을 명령할 수 있음 14·15·17. 경찰채용 ④ 즉결심판의 효력: 확정된 즉결심판은 **확정판결과 동일한 효력이 있음** 15·18. 경찰채용, 16. 경찰승진, 17. 경찰간부
형집행과 서류의 보존	**형집행** 형의 집행은 경찰서장이 하고 그 집행결과를 지체 없이 검사에게 보고해야 함
	서류의 보존 즉결심판서 및 관계서류와 증거는 관할 경찰서에 이를 보존함(《주의》 관할 지방검찰청에 보존 ×) 17·18. 경찰승진

03 정식재판의 청구

의의	즉결심판에 불복하여 정식의 공판절차에 의한 심판을 구하는 불복절차
정식재판 청구권자	① 피고인은 유죄의 즉결심판에 대하여 정식재판청구를 할 수 있음 16. 경찰간부, 18. 경찰채용 ② 경찰서장은 무죄·면소·공소기각의 즉결심판에 대하여 정식재판청구를 할 수 있음 16. 경찰간부, 18. 경찰채용
정식재판 청구의 절차	① 정식재판청구의 방법 　㉠ 피고인은 즉결심판의 선고 또는 고지를 받은 날부터 **7일 이내**에 정식재판청구서를 경찰서장에게 제출해야 함 16. 국가직 9급·경찰채용, 17. 경찰승진 　㉡ 경찰서장은 즉결심판의 선고 또는 고지를 받은 날부터 **7일 이내**에 검사의 승인을 얻어 정식재판청구서를 판사에게 제출해야 함 ② 정식재판청구를 받은 판사의 조치 등 　㉠ 판사는 정식재판청구서를 받은 날부터 7일 이내에 경찰서장에게 사건기록과 증거물을 송부함 　㉡ 경찰서장은 지체 없이 관할 지방검찰청의 장에게 이를 송부하고, 그 검찰청의 장은 지체 없이 관할법원에 이를 송부해야 함 ③ 정식재판청구의 취하 　㉠ 정식재판청구는 **제1심판결선고 전까지** 취하할 수 있음 　㉡ 정식재판청구를 취하한 자 또는 포기나 취하에 동의한 자는 다시 정식재판청구를 하지 못함
정식재판 청구에 대한 재판	① 청구기각결정 　㉠ 정식재판의 청구가 법령상의 방식에 위반하거나 정식재판청구권의 소멸 후인 것이 명백한 때에는 결정으로 기각함 　㉡ 기각결정에 대하여 즉시항고를 할 수 있음 ② 공판절차에 의한 심판 　㉠ 정식재판의 청구가 적법한 때에는 공판절차에 의하여 심판해야 함 　㉡ 피고인만이 정식재판을 청구한 사건에 대하여는 즉결심판의 형보다 중한 형을 선고하지 못함 18. 경찰채용 　㉢ 즉결심판은 정식재판청구에 의한 판결이 있는 때에 그 효력을 잃음 15. 경찰승진, 18. 경찰채용

⚖️ **판례 |**

1 **즉결심판에 대하여 정식재판청구가 있는 경우, 검사가 그에 대하여 다시 공소를 제기할 수 있는지의 여부 (소극)**

   검사가 정식재판을 청구한 즉결심판사건에 대하여 법원에 사건기록과 증거물을 그대로 송부하지 아니하고 **즉결심판이 청구된 위반 내용과 동일성 있는 범죄사실에 대하여 약식명령을 청구한 경우**, 공소제기 절차가 법률의 규정에 위반하여 무효인 때에 해당하거나 공소가 제기된 사건에 대하여 다시 공소가 제기되었을 때에 해당하므로 법원은 **공소기각판결을 선고하여야 한다**(대판 2017.10.12, 2017도10368 **즉심사건 약식명령청구 사건**).

2 **범칙금 납부기간 도과 전 즉결심판청구나 공소제기 가능 여부(소극)**

   경찰서장이 범칙행위에 대하여 통고처분을 한 이상, 범칙자의 위와 같은 절차적 지위를 보장하기 위하여 통고처분에서 정한 범칙금 납부기간까지는 원칙적으로 경찰서장은 즉결심판을 청구할 수 없고, 검사도 동일한 범칙행위에 대하여 공소를 제기할 수 없다고 보아야 한다. 이 때 검사가 공소를 제기하면 법원은 법률의 규정에 위반되어 무효이므로 공소기각판결을 선고하여야 한다(대판 2020.4.29, 2017도13409). 21. 경찰간부

제3절 소년보호절차와 소년형사절차

01 통칙

소년의 의의	만 19세 미만의 자	
소년의 종류	범죄소년	① 죄를 범한 14세 이상 19세 미만의 소년 ➡ **범죄 성립** ○ ② **형벌 또는 보호처분**을 부과할 수 있음
	촉법소년	① 형벌 법령에 저촉되는 행위를 한 10세 이상 14세 미만의 소년 ➡ **범죄 성립** × ② 보호처분만 부과할 수 있음
	우범소년	① 성격이나 환경에 비추어 앞으로 형벌 법령에 저촉되는 행위를 할 우려가 있는 10세 이상 19세 미만의 소년 ➡ **범죄 성립** × ② **보호처분**만 부과할 수 있음
관할	소년보호사건	① 범죄소년, 촉법소년 또는 우범소년에 대하여 **보호처분을 부과**하는 절차 ② 소년의 행위지, 거주지 또는 현재지를 관할하는 가정법원소년부 또는 지방법원 소년부 단독판사가 함
	소년형사사건	① 범죄소년에 대하여 **형벌을 부과**하는 절차 ② 성년과 동일하게 일반법원이 관할함

02 소년보호절차

사건의 송치	경찰서장의 송치	① **촉법소년과 우범소년이 있을 때에는** 경찰서장은 직접 관할 소년부에 송치해 야 함 17. 경찰채용 ② 소년부는 금고 이상의 형에 해당하는 범죄사실이 발견된 경우 형사처분을 할 필요가 있다고 인정하면 사건을 관할 지방법원에 대응한 검찰청 검사에게 송치 해야 함 ③ 소년부는 사건의 본인이 **19세 이상인 것으로 밝혀진 경우** 사건을 관할 지방법 원에 대응하는 검찰청 검사에게 송치해야 함
	검사의 송치	① 검사는 소년에 대한 피의사건을 수사한 결과 보호처분**에 해당하는 사유가 있다 고 인정한 경우에는** 사건을 관할 소년부에 송치해야 함 14. 경찰간부 ② 소년부는 금고 이상의 **형사처분을 할 필요가 있다고 인정할 때에는** 검사에게 송치할 수 있음. 송치한 사건은 검사가 다시 소년부에 송치할 수 없음 14. 경찰간부
	법원의 송치	① 법원은 소년에 대한 피고사건을 심리한 결과 보호처분**에 해당할 사유가 있다고 인정하면** 사건을 관할 소년부에 송치해야 함 14. 변호사 · 경찰간부, 18. 경찰간부 ② 소년부는 사건의 본인이 **19세 이상인 것으로 밝혀지면** 송치한 법원에 사건을 다시 이송해야 함
판사의 결정	심리불개시 또는 개시결정	① 사건의 심리를 개시할 수 없거나 개시할 필요가 없다고 인정하면 심리를 개시 하지 아니한다는 결정을 함 ② 사건을 심리할 필요가 있다고 인정하면 심리개시 결정을 함
	불처분 또는 처분결정	① 심리결과 보호처분을 할 수 없거나 할 필요가 없다고 인정하면 그 취지의 결정 을 함 ② 심리결과 보호처분을 할 필요가 있다고 결정으로써 보호처분을 해야 함
보호처분		① 보호처분의 결정: 소년부 판사는 심리결과 보호처분을 할 필요가 있다고 인정하면 결정으로써 보호처분을 해야 함 ② 보호처분의 취소 　㉠ 사건 본인이 처분 당시 19세 이상인 것으로 밝혀진 경우 소년부 판사는 보호처분을 취소하 고 사건을 검사 또는 법원으로 송치(이송)함 　㉡ 사건 본인이 행위 당시 또는 처분 당시 10세 미만으로 밝혀진 경우 소년부 판사는 보호처분 을 취소해야 함 　㉢ 사건 본인에 대하여 유죄판결이 확정된 경우 소년부 판사는 보호처분을 취소할 수 있음
보호처분의 효력 등		① 공소시효의 정지: 소년부 판사의 심리개시 결정이 있었던 때로부터 그 사건에 대한 **보호처분의 결정이 확정될 때까지 공소시효는 진행이 정지됨** ② 공소제기의 금지 등 　㉠ 보호처분을 받은 소년에 대하여는 그 심리가 결정된 사건은 **다시 공소를 제기하거나 소년 부에 송치할 수 없음** 　㉡ 다만, 처분 당시 19세 이상인 것으로 밝혀져서 소년부 판사가 보호처분을 취소하고 사건을 검찰청 검사에게 송치한 경우에는 공소를 제기할 수 있음

03 소년형사절차

통칙	소년형사사건에 관하여 소년법에 특별한 규정이 없으면 일반 형사사건의 예에 따름
구속의 제한	① 소년에 대한 **구속영장은 부득이한 경우가 아니면 발부하지 못함** ② 소년을 구속하는 경우에는 특별한 사정이 없으면 다른 피의자나 피고인과 **분리하여 수용해야 함**
심리의 특칙	① 법원은 소년에 대한 형사사건에 관하여 필요한 사항을 조사하도록 조사관에게 위촉할 수 있음 ② 소년에 대한 형사사건의 심리는 다른 피의사건과 관련된 경우에도 심리에 지장이 없으면 그 절차를 분리해야 함 ③ 소년에 대한 형사사건의 심리는 친절하고 온화하게 해야 함
재판의 특칙	① 사형·무기형의 완화 ㉠ **죄를 범할 당시** 18세 미만인 소년에 대하여 사형 또는 무기형으로 처할 경우에는 15년의 유기징역으로 함 ㉡ 죄를 범할 때에 18세 이상이라면, 비록 재판시에 소년이라고 하더라도 사형 또는 무기형 선고가 가능함 ② 부정기형 선고 ㉠ **사실심판결 선고시에 소년**이 법정형 장기 2년 이상의 유기형에 해당하는 죄를 범한 때에는 그 형의 범위 안에서 장기와 단기를 정하여 선고함. 장기는 10년, 단기는 5년을 초과하지 못함 14. 변호사, 15·18. 경찰간부 ㉡ 형의 집행유예나 형의 선고유예를 선고할 때에는 부정기형을 선고하지 않음(《주의》 집행유예나 선고유예 선고시에는 부정기형을 선고한다. ×) 17. 경찰채용, 18. 경찰간부 ③ 작량감경: **사실심판결 선고시에 소년**의 특성에 비추어 상당하다고 인정되는 때에는 그 형을 감경할 수 있음 ④ 환형처분의 금지: 18세 미만인 소년에 대하여는 벌금형의 환형으로 노역장유치선고를 하지 못함 (《주의》 18세 미만 소년에 대하여는 벌금형 선고와 환형유치가 모두 금지된다. ×) 14. 경찰간부, 17. 경찰채용
형집행의 특칙	① 분리수용 ㉠ 징역 또는 금고의 선고를 받은 소년에 대하여는 특별히 설치된 교도소 또는 일반교도소 내에 특히 분계된 장소에서 그 형을 집행함 ㉡ 소년이 형의 집행 중에 23세가 되면 일반 교도소에서 집행할 수 있음 20. 경찰채용 ② 보호처분이 계속 중일 때에 징역, 금고 또는 구류를 선고받은 소년에 대하여는 먼저 그 형을 집행함 15. 경찰간부 ③ 가석방요건의 완화: 무기형에는 5년, 15년의 유기형에는 3년, 부정기형에는 단기의 3분의 1이 경과하면 가석방을 허가할 수 있음 15. 경찰간부

1 항소심에서 부정기형이 선고된 후 상고심 계속 중 성년이 된 경우 정기형으로 고칠 수 있는지의 여부(소극)

① 항소심판결 선고 당시 미성년이었던 피고인이 상고 이후에 성년이 되었다고 하여 항소심의 부정기형의 선고가 위법이 되는 것은 아니다(대판 1998.2.27, 97도3421). 16. 국가직 7급·법원직 9급, 17. 경찰채용

② 항소심판결 선고 당시 미성년자로서 **부정기형을 선고받은 피고인이 상고심 계속 중에 성년이 되었다** 하더라도 항소심의 부정기형선고를 정기형으로 고칠 수는 없다(대판 1990.11.27, 90도2225).

2 소년법 제60조 제2항 소정의 '소년' 여부의 판단시기(= 사실심판결 선고시)

소년법이 적용되는 '소년'이란 19세 미만인 사람을 말하므로 **피고인이 소년법의 적용을 받으려면 심판시에 19세 미만이어야 한다.** 따라서 소년법 제60조 제2항의 적용대상인 '소년'인지의 여부도 심판시, 즉 사실심판결 선고시를 기준으로 판단되어야 한다(대판 2009.5.28, 2009도2682·2009전도7). 14. 경찰승진

제4절 배상명령과 범죄피해자구조

01 배상명령

1. 의의와 요건

의의	공소제기된 사건의 범죄로 인하여 손해가 발생한 경우 법원이 직권 또는 피해자의 신청에 의하여 피고인에게 손해의 배상을 명하는 절차
대상범죄	① 형법 　㉠ 상해죄, 중상해죄, 특수상해죄, 특수중상해죄, 상해치사죄, 폭행치사상죄(**존속에 대한 앞 6개 범죄는 제외**), 과실치사상죄, 강간·추행죄, 절도·강도죄, 사기·공갈죄, 횡령·배임죄, 손괴죄 　㉡ 위 죄를 가중처벌하는 죄 및 그 죄의 미수의 죄 ② 특별법 　㉠ 성폭력처벌법 제10조부터 제14조까지, 제15조 및 청소년성보호법 제12조 및 제14조에 규정된 죄 　㉡ 위 죄를 가중처벌하는 죄 및 그 죄의 미수의 죄 ③ 법원은 ①②의 죄 및 기타의 죄에 대한 피고사건에 있어서 피고인과 피해자 사이에 합의된 손해배상액에 관하여도 배상명령을 할 수 있음
배상명령의 범위	피고사건의 범죄행위로 인하여 발생한 직접적인 물적 피해, 치료비손해 및 위자료임(**《주의》 직·간접적인 물적 피해 ×**) 18. 경찰간부

2. 배상명령의 절차

배상명령의 신청	① 배상명령은 법원의 **직권** 또는 피해자 등의 **신청**에 의함 15·16. 법원직 9급
	② 검사는 배상신청 대상범죄로 공소제기한 경우에는 지체 없이 피해자 또는 그 법정대리인(피해자가 사망한 경우 그 배우자·직계친족·형제자매 포함)에게 배상신청을 할 수 있음을 통지해야 함 16. 경찰간부
	③ 배상명령의 신청
	    ⊙ 배상명령의 신청은 피해자 또는 그 상속인이 할 수 있음
	    ⓛ 피해자는 제1심 또는 제2심 공판의 변론종결시까지 사건이 계속된 법원에 배상명령을 신청할 수 있음(《주의》약식명령 ×, 즉결심판 ×, 소년보호사건 ×) 16. 법원직 9급
	    © 배상명령을 신청함에는 신청서를 제출해야 함. 다만, 피해자가 증인으로 법정에 출석한 때에는 말로써 배상을 신청할 수 있음 16. 법원직 9급
	    @ 배상명령의 신청은 민사소송에 있어서의 소의 제기와 동일한 효력이 있음
	④ 법원은 신청인에게 공판기일을 알려야 함. 신청인이 공판기일을 통지받고도 출석하지 아니하였을 때에는 신청인의 진술 없이 재판할 수 있음(《주의》신청인이 출석하지 아니하면 신청을 철회한 것으로 본다. ×) 16·18. 경찰간부

배상명령의 재판	① 배상신청의 각하
	    ⊙ 배상신청이 적법하지 않거나 이유 없다고 인정되는 경우 또는 배상명령을 하는 것이 타당하지 않다고 인정되는 경우에는 결정으로 이를 각하해야 함 16. 경찰간부
	    ⓛ **신청을 각하하거나 그 일부를 인용한 재판에 대하여 불복을 신청하지 못하며 다시 동일한 배상신청을 할 수 없음** 16. 경찰간부
	② 배상명령의 선고
	    ⊙ 배상명령은 유죄판결의 선고와 동시에 해야 함 16. 법원직 9급, 18. 경찰간부
	    ⓛ 배상명령은 일정액의 금전지급을 명함으로써 하고 배상의 대상과 금액을 유죄판결의 주문에 표시해야 함
	③ 배상명령에 대한 불복
	    ⊙ 유죄판결에 대한 상소의 제기가 있는 때에는 배상명령은 피고사건과 함께 상소심에 이심됨
	    ⓛ 피고인은 유죄판결에 대하여 상소를 제기함이 없이 **배상명령에 대하여만 상소제기기간에 (7일 이내) 즉시항고를 할 수 있음** 14. 국가직 7급

배상명령의 효력	① 확정된 배상명령 또는 가집행 선고있는 배상명령이 기재된 유죄판결서의 정본은 민사집행법에 의한 강제집행에 관하여는 집행력 있는 민사판결정본과 동일한 효력이 있음 15. 법원직 9급 ② 배상명령이 확정된 때에는 그 인용금액 범위 안에서 피해자는 다른 절차에 의한 손해배상을 청구할 수 없음

⚖판례 | 배상명령을 신청할 수 없는 경우

1 피고인에게 유죄를 선고하면서 배상신청을 각하한 제1심판결에 대하여 피고인이 항소한 경우, **제1심에서 배상신청이 각하되었으므로 항소심에서 다시 같은 배상신청을 할 수 없다**(대판 2014.1.23, 2013도14383).

2 제1심 법원으로서는 공판절차의 진행이나 배상신청에 대한 결정을 함에 있어 피해자의 배상신청이 소촉법이 정한 나머지 요건을 갖추었으나 **변론종결 후에 접수되었다는 이유로 이를 각하하는 경우 피해자가 더 이상 배상명령 제도를 통해서는 구제받을 수 없다**(대판 2022.1.14, 2021도13768).

02 범죄피해자구조제도

의의	범죄로 인하여 생명·신체에 대한 피해를 받은 자에 대하여 국가가 구조금을 지급하여 피해자를 구조해 주는 제도	
구조의 요건	구조대상 피해자	타인의 범죄행위로 피해를 당한 사람과 그 배우자(사실상의 혼인관계 포함), 직계친족 및 형제자매
	구조대상 범죄	사람의 생명 또는 신체를 해치는 죄에 해당하는 행위로 인하여 **사망**하거나 **장해** 또는 **중상해**를 입은 경우
	구조의 사유	① 피해자가 피해의 전부 또는 일부를 배상받지 못하는 경우 ② 자기 또는 타인의 형사사건의 수사 또는 재판에서 고소·고발 등 수사단서를 제공하거나 진술, 증언 또는 자료제출을 하다가 피해자가 된 경우
구조금의 지급	① 관할기관 　㉠ 구조금 지급에 관한 사항을 심의·결정하기 위하여 각 지방검찰청에 범죄피해구조심의회(지구심의회)를 두고, 법무부에 범죄피해구조본부심의회(본부심의회)를 둠 　㉡ 지구심의회는 구조금 지급에 관한 사항을 심의·결정하고, 본부심의회는 재심신청사건 등을 심의·결정함 ② 구조금의 신청 등 　㉠ 구조금을 받으려는 사람은 관할 지구심의회에 신청해야 함 　㉡ 신청은 범죄피해의 발생을 안 날부터 **3년**이 지나거나 범죄피해가 발생한 날부터 **10년**이 지나면 할 수 없음 ③ 구조결정 및 재심신청 　㉠ 지구심의회는 신속하게 구조금을 지급하거나 지급하지 아니한다는 결정을 해야 함 　㉡ 지구심의회에서 지급신청을 기각 또는 각하하면 신청인은 2주일 이내에 본부심의회에 재심을 신청할 수 있음 ④ 소멸시효 등 　㉠ 구조금을 받을 권리는 구조결정이 송달된 날부터 **2년**간 행사하지 아니하면 시효로 소멸됨 　㉡ 구조금을 받을 권리는 양도하거나 담보로 제공하거나 압류할 수 없음	

제4장 재판의 집행과 형사보상

제1절 재판의 집행

01 재판집행의 일반원칙

의의	① 재판의 의사표시 내용을 국가권력에 의하여 강제적으로 실현하는 절차 ② 형의 집행, 부수처분(추징·소송비용 등)의 집행, 각종 영장의 집행 등	
재판집행의 시기	원칙	재판은 특별한 규정이 없으면 확정한 후에 집행함
	예외	① 확정 전 집행 　㉠ 벌금·과료·추징의 선고를 하는 경우에 가납의 재판이 있는 때에는 확정을 기다리지 않고 즉시 집행할 수 있음 16. 경찰간부 　㉡ 불복이 허용되지 않는 결정과 명령은 즉시 집행할 수 있음 ② 확정 후 일정기간 경과 후 집행 　㉠ 노역장유치의 집행은 벌금 또는 과료의 재판이 확정된 후 30일 이내에는 집행할 수 없음 　㉡ 사형은 법무부장관의 명령 없이는 집행할 수 없음 　㉢ 보석의 경우 제98조 제1호·제2호·제5호·제7호 및 제8호의 조건은 이를 이행한 후가 아니면 보석허가결정을 집행하지 못함 　㉣ 소송비용부담의 재판은 소송비용집행 면제신청기간(10일) 내 또는 그 신청에 대한 재판이 확정될 때까지 집행할 수 없음 15. 경찰간부
재판집행의 지휘	① 재판의 집행은 원칙적으로 그 재판을 한 법원에 대응한 **검찰청 검사가 지휘함**(《주의》 법원이 지휘 ×) ② 소환과 형집행장발부 　㉠ 사형·징역·금고·구류의 선고를 받은 자가 구금되지 아니한 때에는 검사는 형을 집행하기 위하여 이를 소환함 　㉡ 소환에 응하지 아니한 때에는 검사는 형집행장을 발부하여 구인해야 함(《주의》 지방법원 판사가 발부하여 구인 ×) 14. 법원직 9급 　㉢ 형집행장은 구속영장과 동일한 효력이 있음	

⚖**판례** |

1 집행할 형의 기준

　판결은 그 선고에 의하여 효력을 발생하고 **판결원본의 기재**에 의하여 효력을 발생하는 것이 아니므로 **양자의 형이 다른 경우에는 검사는 선고된 형을 집행**하여야 한다(대결 1981.5.14. 81모8). 16. 경찰간부

2 형집행장 집행과 사법경찰관리의 직무

벌금미납자에 대한 노역장유치 집행을 위하여 검사의 지휘를 받아 형집행장을 집행하는 사법경찰관리도 검사의 지휘를 받아 벌금미납자에 대한 노역장유치의 집행을 위하여 형집행장의 집행 등을 할 권한이 있으므로, 이 경우 벌금미납자에 대한 검거는 사법경찰관리의 직무범위에 속한다고 보아야 한다(대판 2011.9.8, 2009도13371 **지명수배자 미검거 사건**). 14. 경찰승진

3 형집행장 집행시 준용되는 구속에 관한 조항

형집행장의 집행에 관하여는 형사소송법 제1편 제9장에서 정하는 피고인의 구속에 관한 규정이 준용되므로 사법경찰관리가 벌금형을 받은 이를 그에 따르는 노역장 유치의 집행을 위하여 구인하려면, 검사로부터 발부받은 형집행장을 그 상대방에게 제시하여야 한다(대판 2013.9.12, 2012도2349 **지명수배자 우연히 발견 사건**). 15·16. 경찰간부, 15. 국가직 7급, 18. 법원직 9급

02 형의 집행

형집행의 순서		**2 이상의 형의 집행**은 자격상실·자격정지·벌금·과료와 몰수 외에는 그 **중한 형을 먼저 집행함**. 다만, 검사는 소속 장관의 허가를 얻어 중한 형의 집행을 정지하고 다른 형의 집행을 할 수 있음 16. 경찰간부
사형		① 사형은 법무부장관의 명령에 의하여 집행하고, 법무부장관이 사형의 집행을 명한 때에는 5일 이내에 집행해야 함(《주의》 대통령의 명령에 의하여 집행 ×) ② 사형집행의 명령은 판결이 확정된 날로부터 6월 이내에 해야 함
자유형	**집행의 방법**	자유형(징역·금고·구류)의 집행은 검사가 형집행지휘서에 의하여 지휘하고 교도소에 구치하여 집행함
	미결구금일수 산입	① 판결선고 전의 구금일수는 그 **전부를** 유기징역, 유기금고, 벌금이나 과료에 관한 유치 또는 구류에 **산입함** ② 판결선고 후 판결확정 전 구금일수(판결선고 당일의 구금일수 포함)는 **전부를 본형에 산입함** 17. 경찰채용·국가직 9급 ③ 상소기각결정시에 송달기간이나 즉시항고기간 중의 미결구금일수는 **전부를 본형에 산입함** 16. 경찰간부

	자유형의 집행정지	① 필요적 집행정지: **심신장애로 의사능력이 없는 상태에 있는 때에는** 형을 선고한 법원에 대응한 검찰청 검사 등은 심신장애가 회복될 때까지 형의 집행을 정지함
		② 임의적 집행정지: 아래와 같은 사유가 있을 때 형을 선고한 법원에 대응한 검찰청 검사 등은 형의 집행을 정지할 수 있음
		  ㉠ 형의 집행으로 인하여 현저히 건강을 해하거나 생명을 보전할 수 없을 염려가 있는 때
		  ㉡ 연령 70세 이상인 때
		  ㉢ 잉태 후 6월 이상인 때
		  ㉣ 출산 후 60일을 경과하지 아니한 때
		  ㉤ 직계존속이 연령 70세 이상 또는 중병이나 장애인으로 보호할 다른 친족이 없는 때
		  ㉥ 직계비속이 유년으로 보호할 다른 친족이 없는 때
		  ㉦ 기타 중대한 사유가 있는 때

자격형	자격상실 또는 자격정지의 선고를 받은 자에 대하여는 이를 수형자원부에 기재하고 지체 없이 그 등본을 형의 선고를 받은 자의 등록기준지와 주거지의 시·구·읍·면장에게 송부해야 함
재산형	① 집행의 주체 등 17. 경찰간부 　㉠ 재산형은 검사의 명령에 의하여 집행함 　㉡ 재산형의 집행은 민사집행법의 집행에 관한 규정을 준용함. 다만, 국세징수법에 따른 국세 체납처분의 예에 따라 집행할 수 있음 ② 집행의 대상이 되는 재산 　㉠ 선고를 받은 본인의 재산에만 집행하는 것이 원칙임 　㉡ 몰수 또는 조세·전매 기타 공과에 관한 법령에 의하여 재판한 벌금 또는 추징은 그 재판을 받은 자가 재판확정 후 사망한 경우에는 그 상속재산에 대하여 집행할 수 있음 16·17 경찰간부 　㉢ 법인에 대하여 벌금·과료·몰수·추징·소송비용 또는 비용배상을 명한 경우, 법인이 그 재판확정 후 합병에 의하여 소멸한 때에는 합병 후 존속한 법인 또는 합병에 의하여 설립된 법인에 대하여 집행할 수 있음 17. 경찰간부 ③ 몰수형의 집행: 몰수물은 검사가 처분해야 함

🔨 판례 |

1 본형에 통산될 미결구금에 해당하는 경우

① 상소제기 후 상소취하한 때까지의 구금 또한 피고인의 신체의 자유를 박탈하고 있다는 점에서 실질적으로 자유형의 집행과 다를 바 없으므로 상소제기기간 중의 판결확정 전 구금과 구별하여 취급할 아무런 이유가 없고, 따라서 상소제기 후 상소취하한 때까지의 구금일수에 관하여는 형사소송법 제482조 제2항을 유추적용하여 그 전부를 본형에 산입하여야 한다고 봄이 상당하다(대결 2010.4.16, 2010모179). 14. 변호사, 15. 국가직 7급

② 형사소송법 제92조 제3항에 의하면 "제22조에 의한 기피신청으로 인하여 공판절차가 정지된 기간은 구속기간에 산입하지 아니한다."고 규정되어 있는바, **기피신청으로 인하여 공판절차가 정지된 상태의 구금기간도 판결선고 전의 구금일수에는 산입되어야 한다**(대판 2005.10.14, 2005도4758). 17. 국가직 9급

2 본형에 통산될 미결구금에 해당하지 않는 경우

① **외국에서 이루어진 미결구금**을 형법 제57조 제1항에서 규정한 '본형에 당연히 산입되는 미결구금'과 같다고 볼 수 없다[대판 2017.8.24, 2017도5977(전합) **필리핀 5년 미결구금 사건**]. 20. 국가직 9급

② 피고인이 범행 후 미국으로 도주하였다가 대한민국정부와 미합중국정부간의 **범죄인인도조약에 따라 체포되어 인도절차를 밟기 위한 절차에 해당하는 기간**은 본형에 산입될 미결구금일수에 해당하지 않는다(대판 2005.10.28, 2005도5822 **최성규 총경 수뢰 사건**). 16. 경찰간부

③ 정식재판청구기간을 도과한 약식명령에 기하여 **피고인을 노역장에 유치하는 것**은 형의 집행이므로 그 유치기간은 형법 제57조가 규정한 미결구금일수에 해당하지 아니한다(대판 2007.5.10, 2007도2517). 17. 국가직 9급

④ 형의 집행과 구속영장의 집행이 경합하고 있는 경우에는 구속 여부와 관계없이 피고인 또는 피의자는 형의 집행에 의하여 구금을 당하고 있는 것이어서, 구속은 관념상은 존재하지만 사실상은 형의 집행에 의한 구금만이 존재하는 것에 불과하므로 이러한 경우의 미결구금은 본형에 통산하여서는 아니된다(대판 2001.10.26, 2001도4583 **징역과 구속 경합 사건**).

03 재판집행에 대한 구제방법

의의신청	① 형의 선고를 받은 자는 집행에 관하여 **재판의 해석에 대한 의의가 있는 때에는** 재판을 선고한 법원에 의의신청을 할 수 있음 ② 의의신청의 관할법원은 재판을 선고한 법원임 ③ 의의신청에 대하여 법원은 결정을 해야 하고, 이 결정에 대하여 즉시항고를 할 수 있음
이의신청	① 재판의 집행을 받은 자 또는 그 법정대리인이나 배우자는 **집행에 관한 검사의 처분이 부당함을 이유로** 재판을 선고한 법원에 이의신청을 할 수 있음 ② 이의신청의 관할법원은 재판을 선고한 법원임 ③ 이의신청에 대하여 법원은 결정을 해야 하고, 이 결정에 대하여 즉시항고를 할 수 있음

> ⚖️**판례 | 의의신청 또는 이의신청의 사유**
>
> 형사소송법 제488조의 **의의신청**은 판결의 취지가 명료하지 않아 그 해석에 대한 의의가 있는 경우에 적용되는 것이고, 같은 법 제489조의 이의신청은 재판의 집행에 관한 검사의 처분이 부당함을 이유로 하는 경우에 적용되는 것이므로 재판의 내용 자체를 부당하다고 주장하는 것은 이에 해당되지 아니한다(대판 1987.8.20, 87도1057). 16. 경찰간부

제2절 형사보상과 명예회복

01 의의

1. 의의

의의	국가의 형사사법권의 행사로 인하여 위법·부당하게 미결구금이나 형집행을 받은 자에 대하여 국가가 그 손해를 보상해 주고 명예를 회복시켜 주는 제도
성질	① 형사보상은 객관적으로 위법·부당한 공권력의 행사가 있는 경우에 공무원의 고의·과실 유무를 불문하고 국가가 보상하여 주는 무과실책임 ② 형사보상법은 다른 법률의 규정에 의하여 손해배상을 청구하는 것을 금하지 않음

2. 보상의 요건

피의자 보상	요건	① 피의자로서 구금되었던 자 중 검사로부터 **불기소처분**을 받은 자는 보상을 청구할 수 있음 ② 불기소처분은 협의의 불기소처분을 의미함(**주의** 기소유예를 포함한다. ×) 18. 경찰간부
	제한사유	① 본인이 수사·재판을 그르칠 목적으로 거짓 자백을 하거나, 다른 유죄의 증거를 만듦으로써 구금된 것으로 인정되는 경우 ② 구금기간 중에 다른 사실에 대하여 수사가 이루어지고, 그 사실에 관하여 범죄가 성립한 경우 ③ 보상을 하는 것이 선량한 풍속이나 그 밖에 사회질서에 위배된다고 인정할 특별한 사정이 있는 경우

피고인 보상	요건	① 피고인이 **무죄판결**을 받은 경우 구금 또는 형집행에 대한 보상을 청구할 수 있음 ② **면소·공소기각의 재판**을 받은 자는 면소·공소기각의 재판을 할 만한 사유가 없었 더라면 무죄의 재판을 받을 만한 현저한 사유가 있었을 때에 구금 또는 형집행에 대 한 보상을 청구할 수 있음 18. 경찰간부 ③ 치료감호의 독립 청구를 받은 피치료감호청구인의 치료감호사건이 범죄로 되지 아니 하거나 범죄사실의 증명이 없는 때에 해당되어 **청구기각의 판결**을 받아 확정된 경우 구금에 대한 보상을 청구할 수 있음
	제한사유	① 형법 제9조 및 제10조 제1항의 사유로 무죄재판을 받은 경우 ② 본인이 수사 또는 심판을 그르칠 목적으로 거짓 자백을 하거나 다른 유죄의 증거를 만듦으로써 기소·미결구금 또는 유죄재판을 받게 된 것으로 인정된 경우 ③ 1개의 재판으로 경합범의 일부에 대하여 무죄재판을 받고 다른 부분에 대하여 유죄재 판을 받았을 경우

⚖ 판례 I

1 형사보상청구의 기각 요건인 '수사 또는 심판을 그르칠 목적'의 증명책임 및 판단 방법

[1] 형사보상법 제3조 제2호에 의하여 법원이 보상청구의 전부 또는 일부를 기각하기 위해서는 본인이 단순히 허위의 자백을 하거나 또는 다른 유죄의 증거를 만드는 것만으로는 부족하고 본인에게 '수사 또는 심판을 그르칠 목적'이 있어야 한다. [2] 수사기관의 추궁과 수사 상황 등에 비추어 볼 때 본인이 범행을 부인하여도 형사처벌을 면하기 어려울 것이라는 생각으로 부득이 자백에 이르게 된 것이라면 '수사 또는 심판을 그르칠 목적'이 있었다고 섣불리 단정할 수 없다(대결 2008.10.28, 2008모577). 14. 경찰승진

2 형사보상법 제26조 제1항 제1호에 해당하는 경우

긴급조치 제9호 위반으로 유죄판결을 선고받고 이후 긴급조치 폐지로 면소판결을 선고받은 피고인이 형사보상을 청구한 경우, **대법원이 긴급조치 제9호의 위헌·무효를 선언하였다면 이는 형사보상법 제26조 제1항 제1호의 사유(면소의 재판을 할 만한 사유가 없었더라면 무죄재판을 받을 만한 현저한 사유가 있었을 경우)에 해당한다**[대결 2013.4.18, 2011초기689(전합) 긴급조치 제9호 위반 사건 II].

3. 보상의 내용

사형	집행 전 구금에 대한 보상금 외에 3,000만원 이내에서 모든 사정을 고려하여 타당하다고 인정하는 금액을 더하여 보상함
구금	구금일수에 따라 최저임금법에 따른 일급 최저임금액 이상 대통령령으로 정하는 금액 이하의 비율에 의한 보상금을 지급함
벌금·과료	징수한 벌금·과료의 금액에 징수일의 다음 날부터 보상결정일까지의 일수에 대하여 법정이율(연 5分)을 적용하여 계산한 금액을 더한 금액을 보상함
몰수·추징	① 몰수의 경우 몰수물을 반환하고, 그것이 이미 처분되었을 때에는 보상결정시의 시가에 따라 보상함 ② 추징의 경우 그 액수에 징수일의 다음 날부터 보상결정일까지의 일수에 대하여 법정이율(연 5分)을 적용하여 계산한 금액을 더한 금액을 보상함

02 형사보상의 절차

청구권자 등	① 청구권자
	  ㉠ 협의의 불기소처분을 받은 피의자
	  ㉡ 무죄·면소·공소기각·치료감호청구기각의 재판을 받은 피고인
	② 형사보상청구권은 양도 또는 압류할 수 없음. 다만, 상속은 가능함 14. 경찰승진

피의자보상	① 청구의 절차
	  ㉠ 피의자보상에 관한 사항을 심사·결정하기 위하여 지방검찰청에 피의자보상심의회를 둠
	  ㉡ 보상청구는 검사로부터 공소를 제기하지 아니하는 처분의 **고지·통지를 받은 날부터 3**
	    년 이내에 해야 함
	② 피의자보상의 청구에 대한 심의회의 결정에 대하여는 행정심판을 청구하거나 행정소송을 제기할 수 있음
	③ 심의회의 보상결정이 송달된 후 2년 이내에 보상지급의 청구를 하지 아니한 때에는 권리를 상실함

피고인보상	① 청구의 절차
	  ㉠ 보상청구는 무죄재판을 한 법원에 대하여 해야 함. 보상청구는 법원합의부에서 재판함
	  ㉡ 보상청구는 **무죄재판이 확정된 사실을 안 날부터 3년, 무죄재판이 확정된 때부터 5년** 이내에 해야 함 14·17. 경찰승진, 15. 경찰간부
	② 법원의 결정 17. 경찰승진
	  ㉠ 보상청구가 부적법한 때에는 각하결정
	  ㉡ 보상청구가 이유 없는 때에는 기각결정
	  ㉢ 보상청구가 이유 있는 때에는 보상결정
	③ 법원의 결정에 대한 불복
	  ㉠ 각하결정 및 기각결정: **7일** 이내에 즉시항고할 수 있음
	  ㉡ **보상결정**: 1주일 이내에 즉시항고할 수 있음 14·17. 경찰승진, 18. 경찰채용
	④ 보상금 지급을 청구하려는 자는 보상을 결정한 법원에 대응하는 검찰청에 보상금 지급청구서를 제출해야 함. 17. 경찰승진 보상결정이 송달된 후 2년 이내에 보상금 지급의 청구를 하지 아니할 때에는 권리를 상실함
	⑤ 보상금 지급청구서를 제출받은 검찰청은 3개월 이내에 보상금을 지급해야 함

03 명예회복

의의	무죄판결 등이 확정된 경우 수사 또는 재판과정에서 훼손된 명예를 회복시키기 위하여 법무부 인터넷 홈페이지에 그 사실을 게재하는 제도
청구	① 청구권자 　㉠ 무죄판결의 확정판결을 받은 피고인 　㉡ 면소 또는 공소기각의 확정재판을 받은 피고인 　㉢ 치료감호청구기각의 확정판결을 받은 피치료감호청구인 ② 청구의 절차 　㉠ 피고인은 해당 사건을 기소한 지방검찰청에 '법무부 인터넷 홈페이지에의 무죄재판서 게재'를 청구할 수 있음 　㉡ 게재청구는 무죄재판이 확정된 때부터 3년 이내에 해야 함
게재	① 게재청구가 있을 때에는 그 청구를 받은 날부터 1개월 이내에 무죄재판서를 법무부 인터넷 홈페이지에 게재해야 함 ② 게재기간은 1년으로 함

MEMO

2025 대비 최신개정판

해커스경찰
갓대환
형사법 형사소송법 (공판)
핵심요약집

개정 2판 1쇄 발행 2024년 4월 1일

지은이	김대환 편저
펴낸곳	해커스패스
펴낸이	해커스경찰 출판팀

주소	서울특별시 강남구 강남대로 428 해커스경찰
고객센터	1588-4055
교재 관련 문의	gosi@hackerspass.com
	해커스경찰 사이트(police.Hackers.com) 교재 Q&A 게시판
	카카오톡 플러스 친구 [해커스경찰]
학원 강의 및 동영상강의	police.Hackers.com

ISBN	979-11-6999-968-7 (13360)
Serial Number	02-01-01

**경찰공무원 1위,
해커스경찰 police.Hackers.com**

해커스 경찰

· 해커스 스타강사의 **경찰 형사소송법 무료 특강**
· **해커스경찰 학원 및 인강**(교재 내 인강 할인쿠폰 수록)

한경비즈니스 선정 2019 한국 소비자 만족지수 교육(경찰공무원) 부문 1위

경찰공무원 1위 해커스

경찰승진 전 강좌 패스

해커스경찰 스타강사진 강의로
경찰승진 계급별 시험 완벽대비!

실무종합
송광호

형법/형사소송법
김대환

실무종합
김재규

경찰승진 전 강좌
무제한 수강

경장, 경사, 경위
계급별 완벽대비!

현직자 맞춤
합격 커리큘럼 제공

이론   문제풀이   테마특강

해커스경찰 police.Hackers.com

문의 1588-4055